朱舜水在日本的活動及其貢獻研究

金澤　　水戶

(東京)
江戶

林俊宏◎著

提要

　　中、日之間，一衣帶水，地緣接近，交通稱便。隋、唐以降，兩國人民往來日趨頻繁；文化交流關係密切。於明、清改朝，地坼天崩之際，一群不甘臣服的知識分子，東渡扶桑，尋覓棲身之所。後來他們對日本文化的發展都有所貢獻，其中朱舜水，以其光明磊落，中規中矩的人格，與誠摯和藹的風範，將其平實淹貫的學識，教導日本友人及門生，使江戶時代的儒學風氣因而振興發展，影響最為深遠。從明、清思想發展的角度，表彰朱舜水歷經時代環境考驗，本著堅忍不拔的毅力，知其不可為而為的精神，在東瀛傳播儒學思想，鞠躬盡瘁，死而後已。肯定他在日本活動的重要性及貢獻，是撰述本文的意義所在。

　　全文分為七部份：

　　緒論，首先說明個人之所以探討這一主題，乃有感於日本脫胎自明治維新而邁向近代化，其中江戶時代的儒學思潮產生了相當大的影響力，而當時悵悵浮海來到日本的朱舜水，因緣際會應聘到江戶、水戶傳播儒學，在中、日文化交流史上寫下光輝燦爛的一頁。其次，回顧歷來中、日學者研究朱舜水的成果，論述其得失。三者，說明利用信而有徵的朱氏文集為主，參考其友人、門生的著作為輔，採文獻分析法，從文化變遷的觀點撰述本文。

　　壹　朱舜水在日本活動的經緯。依年代順序，將朱舜水在日本活動 38 年的來龍去脈，分為海外經營期、長崎困頓期和江戶講學期 3 小節，這是以縱線（時間）發展為主的論述脈絡，記敘其人生經歷的過程。

　　貳　朱舜水與日本友人、門生的關係。從朱舜水與德川光圀、

友人、門生接觸交往的情形，談他在日本的人際互動，呈現其影響的層面。這是以橫切面（空間）為範疇的論述輪廓，表現其誠摯待人的態度。

　　參　朱舜水與江戶時代儒學各學派的關係。就朱舜水與水戶學派、日本朱子學派、古學派等代表學者筆談、書簡往覆答詢中，探析他們心靈深處與時代脈動息息相扣的密切關係，論證朱舜水在日本傳播的，是以孔孟思想為本的儒家思想。

　　肆　朱舜水對日本學術文化的貢獻（上）。從思想的層面探討，有 3 項：一、提倡以儒為宗的思想；二、注重實理實學的觀念；三、培養敦禮存誠的風氣。

　　伍　朱舜水對日本學術文化的貢獻（下）。從實務的層面探討，有 3 項：一、指導纂修《大日本史》；二、規畫理想的教育體制；三、提高使用漢語的水準。

　　最後提出結論，在十七世紀中、日文化交流的舞臺上，朱舜水扮演了重要的角色。

關鍵詞：朱之瑜（舜水）、德川光圀、江戶時代、日本儒學、水戶
　　　　學派、日本朱子學派、古學派、實學思想

目 次

附　表

附　圖

緒　論

一、研究目的

（一）表彰時代劇變下飄零的讀書人風骨

1664（寬文 4）年，明遺民朱舜水（1600～1682）曾對專程到長崎探訪鴻儒的水戶藩儒臣小宅生順（1638～1674）感歎說：「僕以中華穢亂，義不應死，飄零海外已二十年。」[1]他於 1645（弘光元、順治 2、正保 2）年起，從事抗清復明運動，經營海外；失敗後，滿懷悲憤，寄寓長崎；後來應聘到江戶（今東京）講學，終則抱憾病逝東瀛，為時達 38 載，都無法回歸故鄉。至今猶永眠水戶瑞龍山麓德川家墓園。

韋祖輝〈明遺民東渡述略〉謂：從崇禎皇帝殉國至康熙 23 年（1644～1684）間，商人、遺民和南明使臣東渡日本者，絡繹不絕。當

▲「明徵君子朱子墓」（位於水戶瑞龍山德川家墓園）

---

[1] 朱舜水與小宅生順於 1664（寬文 4）年在長崎見面，距朱氏經營海外，於 1645（弘光元、正保 2）年，首次由舟山到長崎，恰好 20 年。朱舜水〈答小宅生順書十九首〉1，《朱舜水集》卷 9，北京：中華書局，頁 311。在朱氏文集中，數次使用「飄零異國」、「飄零海外」、「漂泊異鄉」、「漂泊舟次」或「飄零偃蹇」，來表達他在海外奮鬥艱辛的處境。見前揭書卷 4，頁 40；卷 11，頁 386；卷 17，頁 513。

時依德川幕府的規定，商人在長崎交易完畢後，必須乘舟返航，不得長期居留；而對學有專長，具儒學、禪學、醫學、藝術造詣的遺民，則採較寬容的態度。[2]當時先後浮海前往日本，尋找安身立命之所的士人為數不少，較著名的如到水戶藩（今茨城縣）的朱舜水、到尾張藩（今愛知縣）的陳元贇（1587～1671）和紀伊藩（今和歌山縣）的釋獨立（1596～1672）等，[3]他們的處境，就像當代名儒唐君毅（1909～1978）筆下「飄零花果」的知識分子，[4]處在變亂的時代環境，情非得已而逃離故土，流落海外，對江戶時代的文化發展有所貢獻，[5]其中以朱舜水的影響層面最大，獲得史家的肯定。

　　梁啟超（1873～1929）認為：「朱之瑜的影響雖然不在中國，但以中國人而傳播中國思想到日本，開發日本三百年來的文化，是很值得做專傳的。」[6]進而，將朱舜水與王夫之（1619～1692），並稱「兩畸儒」，[7]肯定他在明清思想史上的地位。侯外廬則推崇朱舜水反理學的思想，具有十七世紀中國啟蒙價值。[8]陶清也提出朱舜水為「明遺民九大思想家」之一，[9]論證其實學思想在明末清初的實學思潮中的意義。

　　本文試從中日文化交流的觀點著手，為這位漂泊異邦，堅忍不

2　韋祖輝〈明遺民東渡述略〉，《明史研究論叢》第 3 輯，蘇州：古籍出版社，頁 302。

3　陳元贇於 1638（寬永 15）年，應德川義直禮聘到尾張藩，傳授詩文、柔道、製陶法等。釋獨立於 1655（明曆元）年，隨釋隱元到日本，博學能詩，兼工篆隸，精醫術，留寓日本凡 19 年。

4　唐君毅《說中華民族之飄零花果》，臺北：三民書局，1974。

5　大庭　修說：「大凡考察兩地間的文化交流，總不外乎研究其具體承擔這一交流的人與物。……江戶時代的中、日文化交流，完全依賴中國人渡來日本。……這些來航唐人，對日本來說極為重要，可以說他們對江戶時代的文化發展有著很大貢獻。」《江戶時代中國典籍流播日本之研究》附篇第 1 章，杭州：杭州大學出版社，頁 417。

6　梁啟超《中國歷史研究法（補編）》第 6 章，臺北：臺灣中華書局，頁 94。

7　梁啟超《中國近三百年學術史》7，臺北：臺灣中華書局，頁 74。

8　侯外廬《中國思想通史》第五卷，北京：人民出版社，頁 253～265。

9　陶清《明遺民九大家哲學思想研究》第 11 章，臺北：洪葉文化公司，頁 685～741。

屈的典型讀書人，將他在日本講學、與友人門生交往數十年的情境，以及與當時儒學各派代表人物心靈互動的歷程，留下見證。

（二）肯定朱舜水在日本傳播儒學的貢獻

接著將視線轉到鄰國日本。明、清鼎革之際，正值近世日本發展的奠基者德川家康（1542～1616），憑其堅忍豪邁的精神，南征北討，崛起群雄，於 1600（慶長 5）年關原之役後，[10]掌握統治全國的實權，終結鎌倉、室町時代以來連綿 410 年（1193～1603）的兵禍戰亂，政治趨於統一，社會逐漸進入以都市為中心的商品經濟時代。1603（慶長 8）年，德川氏恢復幕府政治的組織與體制，就任征夷大將軍，設幕府於江戶，號令全國，開創江戶時代 265 年（1603～1867）的新紀元。此穩定的後期封建社會，是日本明治維新運動發展的胚胎期，亦為邁向近代化文明的搖籃。[11]

當時幕府將軍總攬朝政，社會安定，產業漸興，町人經濟掘起，人民生活富足。幕府為確保體制長久不墜，對外，實行禁教與鎖國；對內，一方面分封親信為藩侯到各地管轄，厚植實力；另一方面，著手擷取儒學的封建倫理，推行「文治」政策，培養倫常觀念及人文涵養，確立良好的道德標準，保持上下井然的秩序，維持君臣和諧的關係，奠定日本近世長足發展的契機。

在文化上，仍然本著大化革新（646）以來的風氣，不斷吸收中華文化，學習各種文物制度。在思想上，也持續發揚早於十三、十五世紀即傳入，給日本思想界注入新思維活力的儒家學說。如德川家康邀請日本朱子學派名儒者林　羅山（1583～1657）到幕府任職，並定朱子學說為官學。其目的是期望藉朱子學中哲學、政治、

---

[10] 豐臣秀吉逝後，德川家康與石田三成等在美濃關原一決勝負的戰役。

[11] 相當於中國明神宗萬曆 31 年至清穆宗同治 6 年（1603～1867）。

倫理三位一體的學說使江戶幕藩封建體制得到合理性的詮釋。[12]因此，朱子學說在江戶時代蔚然興盛，受到十分重視，產生深遠的影響。

隨著幕藩體制的逐漸確立，繼任的幕府將軍德川秀忠（1576～1632）、家光（1604～1651）、家綱（1641～1680）3 代，承襲父祖遺教，亦各崇儒興文。至第 5 代將軍德川綱吉（1646～1709），特好儒學，設儒官，建聖堂（孔廟）。各地藩侯如水戶藩（今茨城縣）的德川光圀（1628～1700）、加賀藩（今石川縣）的前田綱紀（1643～1724）等，也都因之大事鼓吹，提倡儒家思想，特意招聘儒者來推動此風氣。因此，培養了元祿年間（1688～1703），儒學興盛，家讀戶誦，前所未有的情景。[13]

當時，中國由於發生了大動亂，兵馬倥傯，一批學識淵博，多才多藝的明朝遺民，或由於感到復明無望，不肯辮髮髡首；或由於不堪忍受佛門厄運，而相繼逃離故國，前往東瀛。在這種時空背景、主客觀因素配合下，他們因緣際會成了各地藩主網羅請教的對象，有機會登上中、日文化交流的舞臺，扮演溝通的角色，作精彩的演出，其中對日本學術文化發展貢獻最大的莫過於被譽為餘姚四鄉賢之一的朱舜水。[14]

---

[12] 江戶幕府的組織與政策，在第 3 代將軍德川家光時，修訂《武家諸法度》，整頓對大名的統制和對百姓在政治、經濟各方面的統治，確立全國的體制。幕府將全國三千萬石貢賦的約四分之一──七百萬石的要地列為直轄地，並控制重要都市、港灣、礦山，獨占貨幣鑄造權，且擁有八方騎本──直屬部隊，實施強權政治。而各地具有相對獨立性的封建領地──即「大名領藩」，在藩內復設行政機構，雖有某程度的自治權，卻不許有超出幕府統治的行為，這種以幕府為上層，以藩為底部的，對人民、土地的強烈統制政治形態，稱為幕藩體制。

[13] 原 念齋《先哲叢談》卷1「林 鳳岡」2 條說：「元祿中，文教大照，家讀戶誦，先是所未有也。」東京：平凡社，頁46。

[14] 餘姚龍泉山南坡，坐北朝南，並列著四鄉賢：嚴光（西元前 37～？）、王陽明（1472～1528）、朱舜水和黃宗羲（1610～1695）的碑亭。王水照〈舜水風範，長留東瀛〉，1986 年 10 月 16 日《文學報》。

他以客卿的身分，向日本朝野提示了「明德篤行」的實學思想以及政治、教育方面的革新途徑，演練釋奠禮儀等，得到學術界敬重，名列水戶學派前期代表人物之一，實屬古今罕見。所以，朱舜水在日本活動的情景及其貢獻內涵，是十七世紀中、日文化交流史上重要的一頁，為值得我們研究的課題。

二、文獻回顧

朱舜水注重實學而輕詩文，從未刻意撰述，文集中收錄的作品，如大義懍然的〈安南供役紀事〉、忠憤填膺的〈中原陽九述略〉、規畫賅博的〈學宮圖說〉、參酌通融的〈太廟典禮議〉，和辨析明確的〈改定釋奠儀注〉等名篇，以及書信、問答筆語、讀書批注、論辯說記、策問、雜著、志、疏、揭、議、啟、序跋、贊箴規銘、祭文及祝告文，幾乎都是他在日本講學期間，為答覆水戶藩主德川氏、門生及友人的詢問而提筆，舉凡歷史文物的流變，國家治安的大計，學術興替的關鍵，道德文章的修養，以及地理山川、農耕技術、建築設計、動植物名稱等，有問必答，精闢論述，都是他的經驗心得的結晶。逝世後才由門人輯錄，又經學者編校而成。

歷年來學者研究朱舜水的概況，1992 年，徐興慶（1956～ ）編〈朱舜水研究參考文獻〉，收錄 1684 至 1991 年間，在日本、中國、臺灣刊行的相關文獻，計：〈A〉傳記資料、全集、詩文 21 部；〈B〉專書 16 部；〈C〉論文 128 篇，資料蒐羅豐富。[15]2 年後，錢明也編了〈朱舜水著作及研究資料索引〉，收錄到 1995 年為止的資料，凡：〈甲〉文獻版本 18 部；〈乙〉中文研究資料 109 部（篇）；〈丙〉日文研究資料 54 部（篇）；〈丁〉續補 18 部（篇），比前者多收了 32

---

[15] 徐興慶編注《朱舜水集補遺》附錄 3，臺灣：學生書局，頁 317～329。

篇參考論文。[16]不過，上述 2 種均僅列出目錄而已，未作評論。

本節在既有的基礎上，加上個人搜集有關的文獻，[17]分別從日本、中國及臺灣 3 地，各依編輯作品、整理材料和詮釋思想的階段，說明歷年來學者研究朱舜水的情形，以資借鏡。

（一）日本方面

目前所知朱舜水的作品，當年若無日人費心為之編纂刊印，恐將淹沒而不彰；日本學者展開朱氏思想研究，則已是他逝世二百多年以後的事了。

在文集編輯方面，於 1684（貞享元）年，門生加賀藩儒臣五十川剛伯（？～1699）著手蒐錄其作品，編輯了《明朱徵君集》10 卷（加賀本），上呈加賀侯前田綱紀審核，這是朱舜水在日本輯成的第一種文集。前田氏閱後認為：「是書體例未可，且多遺漏，欲是正增補。」不久他因病而薨，[18]故文集增補的作業未繼續進行，此文集傳本罕見。

1708（寶永 5）年，安積　覺（1656～1737）奉命將朱舜水授課的筆記等，編輯為《朱氏舜水談綺》3 卷，分裝元、亨、利、貞 4 冊，保存珍貴的資料。

到 1715（正德 5）年，水戶藩主德川光圀命儒臣安積　覺等人出其所藏，旁搜博採，依類編輯成書的《朱舜水先生文集》28 卷（水戶本）刊行於京都，題曰：「門人權中納言從三位源光圀輯，男權中納言從三位綱條校」。卷首有德川綱條及朱氏門人安東守約（1622

---

[16] 張立文等主編《中日文化交流的偉大使者─朱舜水研究》附錄，北京：人民出版社，頁 261～275。

[17] 見參考文獻所列，如朱舜水《舜水先生外集》（寫本）7 卷・附遺文 1 卷、小宅生順《西遊手錄》、人見竹洞《人見竹洞詩文集》、青山　勇《朱文恭遺事》（寫本）等。

[18] 永山近彰〈書《朱徵君集》後〉，《朱舜水全集》凡例，東京：文會堂，頁 3。

～1701）序。[19] 上述加賀本及水戶本 2 種文集所收內容互有出入，都是朱舜水寓居日本期間的作品。

1912（明治 45）年，稻葉君山（1876～1940）乃取加賀本和水戶本 2 種合校，以水戶本文集為主，列於前，加賀本次之；而加賀本中已見水戶本的篇章則刪削之，僅存其目。又取清張廷枚編《姚江詩存》所收錄朱舜水早期在明時創作的詩《泊舟稿》[20] 列于後。附錄雕像、墓影、墨跡及可以考證朱氏在日本生活的相關史料 42 種，合編為《朱舜水全集》28 卷（稻葉本），卷首有後藤新平（1857～1929）序文，這是朱舜水著作中較完備的。[21] 而高須芳次郎（1880～1948）所編《朱舜水集》2 種，各僅收錄五篇作品的選集而已。

重要的參考資料，有小宅生順所記錄，直接與朱舜水對談的《西遊手錄》與人見竹洞（1637～1696）筆錄的《舜水墨談》2 種，已公諸於世，不但保存了當年朱氏和小宅氏及人見氏晤面筆談的記錄，也可以校補文集的闕漏。[22] 又，東洋文庫珍藏手抄本《舜水先生外集》7 卷・附遺文 1 卷，迄今未見學者論述引用。[23]

朱舜水病逝後，首先為他立傳的是門人今井弘濟（1652～1689）、安積　覺合撰〈舜水先生行實〉；而安積氏更將受教時的見聞，寫成〈朱文恭遺事〉，留下珍貴記錄；他也奉命撰述〈明故徵君文恭先生碑陰〉及〈略譜〉2 篇。另一位弟子安東守約，則取朱

---

[19] 1720（享保 5）年，茨城多左衛門復刻水戶本文集，謂之「享保本」。

[20] 稻葉君山編《朱舜水全集》，東京：文會堂，頁 709～713。

[21] 日本國會圖書館（342-81）藏。臺中東海大學圖書館也有收藏此書。稻葉本收錄水戶本：頁 1～595；加賀本：頁 597～708。

[22] 小宅生順《西遊手錄—與朱魯璵筆談》1 卷，記錄 6 回筆談內容，凡 63 條。將《手錄》與《朱舜水集》卷 11〈問答四（筆語）〉所收〈答野節問三十一條〉、〈答小宅生順六十一條〉校對，有 38 條未收入文集。

[23] 東洋文庫藏 IV/2-E/809。（線裝本五冊）於第 1 冊末，蓋有「東京林維之助藏書」印，未署編抄者姓氏及年月。計卷 1：書一 35 通；卷 2：書二 5 通；卷 3：空白；卷 4：尺牘二 13 通；卷 5：批評 7 篇、贊 4 篇；卷 6：雜著・筆語：10 條；卷 7：附錄 51 篇；附遺文 21 篇、友人門生祭文 5 篇。

舜水寫給他的書信和筆語，輯為《心喪集語》2 卷，表達其哀悼的傷懷。1914（大正 3）年，水戶彰考館館員編輯《朱舜水記事纂錄》，分事蹟篇、祠堂篇及遺事篇 3 卷，收錄朱氏在江戶、水戶期間言行與逝後歲時享祭儀節、祭文的各項資料，留下他活躍東瀛的足跡和後人懷念的情景，翔實可靠。

其次，日本學術界研究朱舜水的風氣比中國早，研究成果也較豐碩。從 1901（明治 34）年起，高瀨武次郎撰〈朱舜水〉；2 年後，栗田 勤撰〈朱舜水祠堂考〉，概述朱氏事蹟，揭開研究朱氏生平思想的序幕。1912（明治 45）年，朱舜水紀念會編印《朱舜水》一書，收入德川賴倫〈湊川碑と朱舜水〉等 6 篇論文，使朱氏在日本的活動和貢獻，得到學界的重視。繼而井上哲次郎（1855～1944）撰〈朱舜水事蹟及其學說〉，認為朱舜水的學說屬於朱子學派，而非陽明學派。岩橋遵成（1883～1933）著《徂徠研究序論》，謂朱舜水的學風與山鹿素行（1622～1685）、荻生徂徠（1666～1728）的相近，故也可稱他為古學派人物。稻葉君山撰〈朱舜水考〉，全面介紹了朱舜水的事跡，推稱他為明末遺民的第一流人物。中山久四郎（1874～1961）撰〈朱舜水と日本文化〉，肯定朱舜水對日本漢學的貢獻。今關天彭（1884～1971）撰〈朱舜水とその餘韻〉、〈朱舜水人物附張斐〉等，考證朱氏海外經營及寓日期間的事蹟。名越時正（1915～）著《水戶學の道統》等，評價朱舜水在水戶學派中的地位。最具代表性的是石原道博（1910～），他致力研究朱舜水四十多年，著有《朱舜水》一書，將朱氏生平，分為〈中國時代〉、〈日本時代〉兩階段來敘述，綱舉目張，頗能補前人之不足。其次，綜合有關的研究成果，從學問思想、生活、知友門人及彰考四方面，論析朱氏的人格風範與學術價值。他另外發表了詮釋考證朱氏學說

生涯事蹟的論文凡 65 篇，[24]論著的質量都得到肯定的評價，成就最大。

　　日本學者研究朱舜水，多側重於生平事蹟及著作的考察，及與日本的關係。至於涉及朱氏學術思想等內在因素，則少有深入的詮釋。而田原　剛所撰《朱舜水研究》，雖具自立的體系，不過稍覺粗疏，未作較深刻的論證。

（二）中國方面

　　由於朱舜水始終堅持反清的立場，無法見容於清朝，受到政治因素的箝制，有關他的事物和音訊成了禁忌，一概被封鎖，當時幾乎無人提起。[25]加上他個性內斂自守，作風隱晦，不喜與人交際，如雖和黃宗羲同鄉，並同在舟山一年，但從未跟黃氏與其他學者來往。甚至離開故國，僑居日本期間，也都深藏若虛，不輕易曝露自己的身世。[26]

　　又因交通阻隔，他在海外宣揚儒學的事蹟，清朝早期並未傳回中國，所以，湯壽潛（1857～1917）在〈舜水遺書序〉感慨的說：「顧康、雍以來述遺民者，往往不知有先生。」[27]意謂於康熙、雍正年間（1662～1735），朱氏的事功猶穆然無聞。到 1872（同治 11）

---

[24] 石原道博《米壽記念石原道博選集》著書、論文目錄，東京：圖書刊行會，頁 287～357。

[25] 康熙 15 年（1676），姚江受託至長崎訪求朱舜水的近況，由於幕府鎖國禁令，2 人僅以書信互通消息而未見面。姚氏返國後，被清朝官員查知，而以犯禁充於軍。後來朱毓仁將此事告訴今井弘濟說：「前者姚江之來，不及至家，中途遭事，而毓仁家貧，不能贖之，居常鬱陶。」對姚氏的遭遇深表歉疚。今井弘濟、安積　覺〈舜水先生行實〉，《朱舜水集》附錄 1，北京：中華書局，頁 622。

[26] 如從未公開魯王敕書，即可為證，安積　覺〈明故徵君文恭先生碑陰〉說：「平居不妄言笑，……魯王敕書，奉持隨身，未嘗示人，歿後出，今猶見在。」原藏在小漆盒中，隨身攜帶。今由水戶德川博物館珍藏。《朱舜水集》附錄 1，北京：中華書局，頁 631。

[27] 湯壽潛〈舜水遺書序〉，《朱舜水全集》，臺北：世界書局，頁 1。

年，朱氏族人朱湛然藉出使日本之便，才攜回水戶本《朱舜水先生文集》，這是朱氏作品首度傳回故國。[28]由於其作品深富民族意識，得到革命志士的喜愛，故民國成立前後，朱舜水的人格風範特別受到崇敬，興起一股研究的熱潮，[29]如浙江總督湯壽潛等學政界人士於1913（民國2）年組成舜水學社，並在杭州清泰門側立祠紀念之。而馬浮（1883～1967）則取稻葉本《朱舜水全集》加以刪定，分類編輯，鏊訂為《舜水遺書》（後改名《朱舜水全集》）25卷附錄4卷（馬浮本），此書除了在文末附注的按語及校勘外，未見特色。其缺失為刪削有不當之處，如水戶本卷16「規」2篇，即未收錄；又所收書簡、問答、筆語等部份不全，無法見其全貌。這是中國最早編輯刊行的朱氏文集。[30]而1926（民國15）年許嘯天從馬浮編《舜水遺書》中選出論學的文章，標點分段，編為《朱舜水集》5卷，由於並非全本，且篇章淆亂，校勘不精，文字訛誤，學術價值稍遜。1962年朱謙之（1899～1972）依據稻葉本點校整理的《朱舜水集》22卷（中華本），有校勘記、標點和附錄5種，補闕校誤，最具學術價值。

在研究方面，雖然，黃宗羲於1676（永曆30、康熙15）年根據傳聞而撰〈兩異人傳〉，文中的「諸士奇」，或即指朱舜水。[31]湯壽潛說：「太沖記兩異人，甚至諱『朱』作『諸』。」[32]文中「太沖」係黃宗羲的字，當時知此文者甚少，影響不大。邵念魯（1648～1711）

---

[28] 朱衍緒〈明遺民族祖楚嶼先生家傳〉，轉引自錢明〈朱舜水事跡回傳故國考之一〉，《孔孟月刊》39：4，頁27。又，《餘姚縣志》卷25〈朱之瑜〉記載：「同治之季，先生族孫衍緒，因從弟湛然，隨使日本，屬訪軼事，獲日人所輯《全集》二十八卷而歸。」《朱舜水集》附錄1，北京：中華書局，頁641。

[29] 魯迅〈雜憶〉，《魯迅作品集》6，臺北：風雲時代出版公司，頁250。

[30] 1991年，北京中國書店也出版馬浮本文集。

[31] 黃宗羲〈兩異人傳〉，《黃宗羲全集》第11冊，浙江：古籍出版社，頁53。錢明〈朱舜水事跡回傳故國考之一〉謂此文是目前所知國內最早的有關朱舜水的記載。《孔孟月刊》39：4，頁27。

[32] 湯壽潛〈朱舜水全集序〉，《朱舜水全集》，臺北：世界書局，頁1。

在朱舜水逝後所作的小傳《明遺民所知錄傳》17〈朱之瑜〉，成了後世各類朱氏傳記的藍本。不過，其中有誤記，以訛傳訛，流傳至今。[33]1873（同治12）年，朱衍緒根據文集而撰〈明遺民族祖楚嶼先生家傳〉，久香亦撰《朱舜水先生年譜稿》，可惜此2者均未公開刊行。[34]1905（光緒31）年，苟任發表〈朱張二先生傳〉後，朱舜水和張斐（1624～？）在中、日交流史上曾發揮重大作用的事蹟，才逐漸受到學界的矚目。1912（民國元）年，馬瀛撰〈明朱舜水言行錄〉扼要的介紹朱氏在日本的言行給國人，將他與王陽明、黃宗羲並稱為明代餘姚3大儒。真正對朱舜水研究產生影響力的是梁啟超。當年他因戊戌政變（1898）失敗，避難日本後，才發現朱舜水具有高超的民族氣節，衷心佩服，故依據馬浮所編《舜水遺書》而編撰《朱舜水先生年譜》，開風氣之先，表章其事功，使國人知道朱氏在剝窮之際，仍秉持堅強的毅力，奮鬥到底，具有不撓不撓的人格與高風亮節的情操。這本年譜，雖然梁容若（1906～1997）評為「詳于紀行，而略于記學」、「譜中記與舜水關係人物事實，多詳略失誼。」；[35]錢穆（1895～1990）也說：「梁譜詳其行事經歷，略其學思傳承。」[36]但就整體而言，仍不失為梁啟超「著述年譜之示範」。之後陸續有學者編寫詳略不一的朱氏年譜、年表，溯其嚆矢，咸推梁譜最具有學術價值。[37]而後梁氏在《中國近三百學術史》中

---

[33] 邵念魯依傳聞所撰〈朱之瑜〉一文有不少誤記，如謂「之瑜以不發兵而用罪人，身入東京，面陳方略；會己大定，乃留東京。」不符史實。又說：朱氏在日本「闡良知之教」。其實，在朱氏文集中有批評陽明思想的文章，而未見提倡「良知說」的內容。《思復堂文集》卷3，臺北：華世出版社，頁453。

[34] 錢明〈朱舜水事跡回傳故國考之一〉，《孔孟月刊》39：4，頁28。

[35] 梁容若〈梁任公著《朱舜水年譜》補正〉，《中日文化交流史論》第2編，北京：商務印書館，頁223。

[36] 錢穆〈讀《朱舜水集》〉，《中國學術思想史論叢》8，臺北：東大圖書公司，頁13。

[37] 繼梁啟超之後，計有水戶彰考館員輯〈先生略年譜〉（《朱舜水記事纂錄》卷1，頁20～22）；郭垣編〈年譜〉（《朱舜水》頁5～19）；中山久四郎〈朱舜水先生年譜〉（《斯文》24，頁5～8）；石原道博編〈略年譜〉（《朱舜水》頁282～294）；

專列一章討論朱舜水的思想特色，稱許為清初五大思想家之一，給
于肯定的評價，引起學術界研究的風潮。郭垣（1910〜2002）所著
《朱舜水》一書，係研究朱氏思想開先河的專書，其中將朱舜水的
實踐哲學歸納為存誠、居敬、敦禮、問學、實行五大項，最具特色；
而舉出朱氏對日本學術界的貢獻有朱子學之闡明和水戶學派之啟
發 2 項，雖得其體要，惜未作深入而全面性的詮釋。[38]李甦平（1946
〜）陸續刊行《轉機與革新──論中國畸儒朱之瑜》、《朱舜水》和
《朱舜水評傳》3 部力作，均從實學主義的視角切入，多方面剖析
朱舜水學術思想的內涵，認為朱舜水應與黃宗羲並列為清初浙東史
學派的祖師；並推崇為常州學派之先師的歷史地位。後者更詳敘朱
舜水對日本社會文明開化的貢獻，給予高度的評價。不過，童長義
對李氏於《朱舜水》書中主觀意識的背景下所作的論斷，表示不能
完全認同。[39]個人也以為該書第七章論及朱舜水與江戶時代古學派
關係的說法，似有失之附會之處；又，《轉》一書中的評論，不免
使人覺得失之浮誇。[40]1995 年，在上海松江縣與浙江餘姚市兩地，

陳德清編〈年表〉（《朱舜水之生平及其思想》，頁 171〜175）；王進祥編〈年譜〉
（《朱舜水評傳》第 4 章，頁 139〜158）；朱力行編〈年譜〉（《朱舜水的一生》三，
頁 143〜152）；王瑞生〈舜水年譜〉（《朱舜水學記》附錄 3，頁 343〜383）；鍾屏
蘭編〈朱舜水之年譜〉（《朱舜水研究》附錄 1，頁 133〜162）；徐興慶編〈朱舜
水先生年譜〉（《朱舜水集補遺》附錄 1，頁 251〜278）；李甦平編〈朱舜水年表〉
（《朱舜水》頁 267〜278）等人編述朱氏年譜、年表，凡 12 種，詳略不一，各有
特色。

[38] 郭垣《朱舜水》一書，實際上是其二兄郭遠所著。郭垣〈明末孤忠朱舜水的一生〉
附〈朱舜水先生著作始末〉，《藝文志》231 期，頁 32。

[39] 童長義〈日本文化思想研究的主體性〉，《東亞近代思想與社會》三，臺北：月旦
出版社，頁 420。

[40] 李甦平說：「筆者以為日本古學派的直接思想來源是朱舜水思想。」似乎有待商榷。
《朱舜水》第 7 章，臺北：東大圖書公司，頁 187。又說：「山鹿素行、伊藤仁齋
和荻生徂徠是古學派最卓絕的代表。他們三人的思想都受益於朱之瑜。」、「朱之
瑜是奠定日本明治維新思想的先驅。」、「在朱之瑜親自指導下編纂的《大日本史》，
完成了將『忠君愛國』精神灌輸到日本國民中間的任務。」類此論點，使人覺得
失之浮誇。《轉機與革新—論中國畸儒朱之瑜》，北京：中國人民大學出版社，頁
13、14、198。

舉行「中日舜水學學術研討會」，中、日學者發表的論文凡 27 篇，
輯為《中日文化交流的偉大使者──朱舜水研究》，提昇了研究朱氏
學術思想的深度和廣度。1997 年，陶清發表《明遺民九大家哲學思
想研究》，將朱舜水列為明末九大哲學家之一，從新的視角詮釋其
實學思想的基本特徵、表現形式、理論內容及構成哲學向實踐轉化
的中介，確立朱氏在明末清初實學思潮中的歷史地位。2000 年，復
旦大學和日本九州大學聯合在上海、餘姚舉行「朱舜水誕辰 400 周
年紀念學術研討會」，中、日學者發表論文凡 18 篇，輯為《朱舜水
與日本文化》。

（三）臺灣方面

　　1951（民國 40）年起，臺灣坊間陸續有數種朱舜水文集翻印流
行，如世界書局、古亭書屋刊印馬浮本，漢京文化公司印行中華本。
臺銀經研室臺灣文獻叢刊以馬浮本為底本，選錄有關朱氏與鄭成功
（1624～1662）的關係及乞師日本之說的作品，凡文 35 篇、詩 3
首、附 6 篇，編為文選。其中各篇多經考定年次，提高參考價值。
不過，最具學術價值的，是 1992（民國 81）年徐興慶編注《朱舜
水集補遺》5 卷（補遺本），搜集庋藏在日本九州歷史資料館分館柳
川古文書館[41]、九州佐賀縣鹿島市祐德稻荷神社、國立國會圖書館
及東京大學史料編纂所等處朱舜水的未刊原文或抄稿，一來補足朱
謙之整理中華本的闕漏，二來校勘中華本未完整刊載的書簡、問
答。又附錄年譜、友人弟子傳記資料、研究參考文獻 3 種。所以，
若取中華本與補遺本合而觀之，就可以較完整地見到朱氏作品的面
貌了。不過，尚有少部份朱氏作品、參考資料待蒐羅。[42]

---

[41] 該館於 1986 年 12 月，首次將朱舜水與安東守約往來書牘及朱氏遺墨，公諸於世，
倍受學界矚目。

[42] 依今井弘濟、安積　覺〈舜水先生行實〉說：「己酉，……是歲，先生作〈諸侯五

在研究方面，最早的有宋越倫著《朱舜水傳》，詳述他流亡日本的行誼、對當時文物制度的影響，而略其學說內涵。藍文徵撰〈朱舜水思想〉與王進祥撰《朱舜水評傳》2 者，皆參考郭垣《朱舜水》一書的見解，鋪敍而成。朱舜水裔孫朱力行著有《朱舜水的一生》，資料大多取材自石原道博的《朱舜水》一書，偏重於介紹朱舜水的行事經歷，至於學術思想方面，則較簡略，論述不多。至於陳德清《朱舜水之生平及其思想》、鍾屏蘭《朱舜水的生平及其學術思想》（復文版改名《朱舜水研究》）、李淑華《朱舜水研究》[43]、王瑞生《朱舜水學記》、黃源典《朱舜水及其學術思想》等 5 部書，雖各具特色，冀能為朱舜水學術建立體系，但尚有進一步探討的空間。戴瑞坤（1945～）〈一代儒宗朱舜水先生〉，從實踐哲學、政治思想、文藝理念 3 方面論述朱氏的學術思想，綱舉目張。賴橋本《朱之瑜》，剖析朱舜水的學術思想，除了沿承郭垣《朱舜水》中所列「存誠、居敬、敦禮、問學、實行」的實踐哲學之外，也論述其政治思想、技術與詩文，然而點到輒止，惜未深入。值得一提的是，錢穆〈讀《朱舜水集》〉、梁容若〈朱舜水與日本文化〉、王煜〈《朱舜水集》札記〉、黃玉齋〈朱舜水與我國對日本文化的貢獻〉4 篇論文，則頗有見地，闡發朱氏思想的精微。至於毛子水（1893～1988）〈朱舜水先生學行略識〉，僅分類摘鈔文集成文，無足可觀。李嘉《東瀛人物逸事》一書，收錄其於臺北「中央社專欄」（1968）介紹朱舜水的文章八篇，皆屬報導文學，無關學術。

廟圖說〉。」但文集中未見此文，待考。《朱舜水集》附錄 1，北京：中華書局，頁619。又，水戶市圖書館藏《水戶學目錄》收錄：早川 悠編《古今水戶名家集》（1915）、梁啟超編《朱舜水先生學彙纂》（刊年不詳）等書，尚未見到，不知其中內容如何？《水戶學目錄》，頁 8、128。又，中山久四郎〈朱舜水と日本文化〉中也列出梁氏《朱舜水先生學彙纂》，《東京支那學報》第 3 號，頁 116。

[43] 未見李淑華《朱舜水研究》（臺南：南一書局），曾以電話請教作者，得知其大概而已。

　　其他如香港陳荊和（1917～1995）發表〈安南供役紀事箋註〉一文，雖然與本文無關，但是，考證嚴謹，箋註詳細，亦有助印證朱舜水旅居安南時的行事風格。

　　大體而言，中、日學術界研究朱舜水的風氣，遠比不上對同時代的顧炎武（1613～1682）、黃宗羲、王夫之等具有代表性人物的研究，其原因或許是由於清廷早期的禁令，既不准朱氏與家人親友通信連絡；死後也禁止其遺著傳回中國。加上重洋阻隔，資料蒐羅不易，而無法贏得學者研究的青睞，致使朱舜水其人其學隱沒不彰。故湯壽潛感歎說：「事不編於惇史，行不綴於耆舊。」[44]清代學者幾乎忘了他的人格與學術在日本綻放出的光輝。[45]民國初年，湯壽潛、馬浮等人倡議組織學社，編輯文集，發揚朱氏的學說。繼而梁啟超、魯迅（1881～1936）等學界人士，在日本發現他的遺著中蘊涵了高度的氣節，啟示有志報國的青年，而推崇不已。[46]梁氏更編述年譜，自是朱舜水思想的重要性才逐漸得到重視。如錢穆在《中國近三百年學術史》中，雖然未論及朱舜水在明清思想史上的地位，不過，後來也撰文推崇朱氏「著眼孔、孟儒學之傳統」及其對日本文化學術的影響。這或許是學者取材、評價標準不同，詮釋的視角有別，主體論證的結果自然不可能一致。[47]張舜徽承襲梁啟超的見解，扼要的舉例比較說：「（朱舜水）此識此議，與顧炎武、顏元之說，甚相近似。雖博學於文，不如顧氏；而守約易簡或過之。摧陷廓清，不如顏氏；而氣象恢宏或過之。其學不行於中土，而竟

---

[44] 湯壽潛〈朱舜水全集序〉，《朱舜水全集》，臺北：世界書局，頁2。

[45] 如趙爾巽修《清史》、全祖望《鮚綺亭集》等都未提到朱舜水。後來《清史稿》、《餘姚縣志》才收錄朱氏事蹟。

[46] 魯迅〈雜憶〉、〈這個是「多數」的把戲〉，《魯迅作品集·墳》、《魯迅作品集·華蓋集》，臺北：風雲時代公司，頁250、213。

[47] 錢穆後來在〈讀《朱舜水集》〉中，將朱舜水與顧炎武、陸世儀並稱，肯定其學術地位。《中國學術思想史論叢》8，臺北：東大圖書公司，頁19。

大行於日本，日人之執贄其門而請業者甚眾，尊禮不渝，如七十子之服孔子，非偶然也。」[48]以宏觀的視角，取顧炎武、顏元（1635～1704）為對象，跟朱舜水的學術風格作比較，判別其互有優劣之處。也點明朱舜水之所以能在日本儒學界，受到高度的尊崇，誠非偶然。因此，我們有必要加強探究朱氏思想的精義內涵及其對中、日學術文化影響的重要性，使朱舜水的學術生命、道德風範得到學術界更肯定的評價。

三、研究資料與方法

廣義而言，研究方法包括資料、方法與詮釋 3 部份。

本文在研究資料蒐集、判別方面：朱舜水在 46 歲（1945）黯然離開故鄉以前，也許為了應付科舉考試，或者一本經世濟國的初衷，秉持實學的信念，博涉各種學識，無意花心血在著述上，除了創作〈泊舟稿〉15 首詩以寄懷心情之外，未留下可藏諸名山，流傳後世的作品，可謂人生的潛藏期。寓居日本以後，朱舜水亦謹慎有加，不肯草率立論，他說：「著書之事，前以質之古人，後以俟之後賢。其中有一毫不妥，目前雖人人識賞，而百世之後有一人議者，便非完璧。」[49]現在絕大部份已經公諸於世的作品，或應邀而作，或與友人、門生筆談問答[50]、往來函牘，經後人編輯而成的。所以，

---

[48] 張舜徽〈《舜水文集》提要〉，《清人文集別錄》卷 1，臺北：明文書局，頁 4。而梁啟超在《中國近三百年學術史》七即說：「舜水之學，和亭林、習齋皆有點相近。博學於文工夫，不如亭林，而守約易簡過之；摧陷廓清之功不如習齋，而氣象比習齋博大，舜水之學不行於中國，是中國的不幸；然而行於日本，也算人類之幸了。」臺北：臺灣中華書局，頁 83。

[49] 朱舜水〈與安東守約書二十五首〉23，《朱舜水集》卷 7，北京：中華書局，頁 168。

[50] 大庭　脩說：「江戶時代著書時尚問答錄，人們通常採用向博學者提問，再將博學者回答記錄成冊的形式。例如新井白石回答野宮定基的《新野問答》就是其中一例。」《江戶時代中國典籍流播日本之研究》第 3 章，杭州：杭州大學出版社，頁 235。朱舜水文集中收錄「問答」，凡 2 卷，亦可為一例。

本文以朱謙之編校《朱舜水集》（中華本）、徐興慶編注《朱舜水集補遺》（補遺本）、復刻本《朱氏舜水談綺》及《舜水先生外集附遺文》，凡 4 種原始資料（primary sources）為研究基礎，而以稻葉君山編《朱舜水全集》（稻葉本）、馬浮編《朱舜水全集》（馬浮本）等為輔；引用當時直接跟朱氏交往過的人物之著作、筆談記錄，如小宅生順《西遊手錄》[51]、人見竹洞《舜水墨談》[52]、彰考館輯《朱舜水記事纂錄》等直接史料為佐證。[53]

其次，在方法上，本文採取文獻分析法（documentary research）進行。第壹章，採歷時性縱貫（diachronic）敘述的方式，針對朱舜水與日本的關係，即自 1645（弘光元、正保 2）年第一次到長崎討論起，至其終老東瀛的 1682（康熙 21、天和 2）年，凡 38 年為範圍，分 3 時期，說明朱氏在長崎、江戶、水戶等地活動的情形；第貳章，採共時性橫斷（synchronic）敘述的方式，切入內緣研究，探討他與幕府及各藩儒臣、日本友人、門生交往的經過及思想脈絡的激盪啟發內涵。第參章，從學術發展的角度，引證論述朱舜水和江戶時代水戶學派、日本朱子學派與古學派的互動關係。第肆、伍章，提出朱氏對日本學術文化所作的貢獻有 6 項。最後作結論。基本上，利用各種參考資料及學者的學說來論證分析，以信而有徵為原則，顧及當時涉及的各種因素，避免將結論簡單化，也不作主觀空泛的推測。[54]

---

[51] 梁啟超編《朱舜水先生年譜》時未見此書。他說：「江戶禮聘，實先生全生涯之一轉捩。聞小宅生順有《西遊手錄》一書，具述其始末，惜未得見。」（甲辰年案語），《朱舜水集》附錄 1，北京：中華書局，頁 702。其實，該《手錄》收在彰考館輯《朱舜水記事纂錄》附錄，東京：吉川弘文館，頁 1～15。

[52] 人見竹洞《人見竹洞詩文集》附錄〈舜水墨談〉，罕見學者引用。實則其中一半以上是朱舜水的筆談答覆內容，應列入其作品集中。東京：汲古書院，頁 510～515。

[53] 尚有新井白石《舜水解疑》，僅知其目而未見原書，待蒐。參考宮崎道生《新井白石的研究》〈新井白石關係文獻總目〉，東京：吉川弘文館，頁 772。

[54] 民初以來的部份學者，都認為：日本德川（江戶）時代的典章文物，發出燦爛的光芒，奠定明治維新的基礎，可謂得力於朱舜水的教導與輔佐云云。這種說法，

　　其 3，在詮釋上，歷來學者研究朱舜水的方向重心與評價，往往隨著時地的轉換而有所差異，如日本學者向來偏重在考證其在日本的事蹟及發揚儒學的層面，尚屬外緣因素的研究；而清末民初的中國學者，受到時代環境的影響，都強調朱氏濃厚的民族意識；五、六十年代的臺灣的學者，在反共國策的大纛下，著重宣揚其不屈不撓的弘毅精神。九十年代以後，就有學者切入朱舜水思想的重心，論析其實學思想，將他列入明清思想發展史的殿堂，呼應梁啟超的見解。[55]然而，較少從他對日本學術文化所作的貢獻作系統性研究。於是個人針對這方面，從文化交流的觀點，回溯十七世紀，中、日學者往來的歷史場景，觀照當年時空架構下的朱舜水，如何由一位明末遺民的韜晦困頓相，轉型成為仰慕「唐風」極盛的江戶時代朝野人士敬重的儒者形象，作較全貌性的探討。

似乎將 2 者發展的關係單純化，未作深入鑽研分析；其解釋往往流於片面之詞。實則日本明治維新運動之所以成功，涉及的層面很廣，內在、外在因素錯綜複雜，絕非僅依靠朱舜水一個人的思想影響所致。

[55] 如朱葵菊《中國歷代思想史》清代卷第 2 章，臺北：文津出版社，頁 11～33；王茂等《清代哲學》第 2 編第 12 章，安徽：人民出版社，頁 362～394。

壹　朱舜水在日本活動的經緯

　　在明末抗清志士群中，表現民族氣節的方式不同，或激憤填膺，誓死奮戰，以身殉國；或悲痛不已，自殺殉節；或隱姓埋名，躬耕鄉野，終其餘生；或遁入空門，誦經禮佛，不問世事；或離鄉背井，東渡日本，不食「清」粟。[1]在這關乎生死、進退的抉擇過程，朱舜水可謂處境最艱難，際遇最奇特，而且忠心耿耿，貫徹信念，無怨無悔，死而後已的一位。[2]

　　或許是曾經從事抗清運動的環境使然，朱氏幾乎不談他 45 歲以前的經歷，即使週遭的人相處多時，所知也不多，因而有關他的學問、功名，曾經引起日本人的質疑和訛傳。[3]現在文集中收錄的，

---

[1] 宋越倫分析明末士大夫面臨亡國之際的表現，有 4 種方式：誓死抗敵、自殺殉節、流亡海外和遁跡空門。〈朱舜水を思ふ〉，《斯文》第 24 號，頁 2。朱氏選擇第 3 種方式。

[2] 朱舜水〈答釋獨立書〉說：「今日革除之際，忠臣極多，惟弟最為艱難，最為堅苦，……羞辱困苦，分所宜然，總不必論。」又，〈答某書〉說：「不佞今日舍置故園妻子，漂泊異鄉，古人所謂：舉目言笑，無與為歡者。又且食蔬衣敝，伶仃憔悴，廿年於外，百折不撓，自苦者何心？所為者何事？更未嘗高自標榜，口舌動人。」自述當年艱險的遭遇，字字辛酸。《朱舜水集》卷 4、5，北京：中華書局，頁 58、111。又，梁啟超推崇朱氏說：「夏峰、梨洲、亭林、船山、舜水這些大師，都是才氣極倜儻而意志極堅強的人，舜水尤為亢烈。他反抗滿清的精神，至老不衰。」《中國近三百年學術史》，臺北：臺灣中華書局，頁 84。

[3] 大高坂芝明（1647～1713）《芝山會稿》〈答鵝飼真昌書〉說：「延寶初，余與天間獨立，往復數書，余問知元贇，之喻歟？答書曰：『非面知，然曲得傳聞其實耳也。贇是市井之販夫；喻是南京之漆工。彼儔奚暇為學？又奚作詞章乎？』其言甚忍刻，不審信否？恐更難信。」謂傳聞陳元贇是市井販夫，而朱之瑜（信中誤作「喻」）為南京漆工，質疑他們那有閒暇做學問、寫文章呢？轉引自松本純郎《水戶學の源流》七，東京：朝倉書店，頁 226。這種傳聞，安積　覺在〈與村篁溪、泉竹軒書〉中駁斥所謂「非誣矧妄」。《朱舜水集》附錄 3，北京：中華書局，頁 764。又，針對訛傳，朱舜水〈答源光圀問十一條〉3 說：「初三日，世子介弟就見前朝，謂僕為翰林學士。……今復言僕為狀元，此言不知何來？」向藩主解釋他在明朝既非翰林學士，亦非狀元出身，只是一名書生而已。見前揭書，卷 10，頁 347。

僅有他回答德川光圀詢問的〈問先世緣由履歷〉和門人今井弘濟（1652～1689）、安積　覺（1656～1737）合撰〈舜水先生行實〉及安積　覺撰〈明故徵君文恭先生碑陰〉、〈略譜〉等4篇而已。[4]茲以這4篇為基本資料，加上文集中偶而出現的片段記錄，扼要敘述其於83年人生歲月中，行事作為的風格與思想演變的歷程，作為本書各節論證的憑依。[5]

　　朱之瑜（明萬曆28年·1600～清康熙21年·1682），明紹興府（浙江）餘姚人。字魯璵，應聘到江戶後，以家鄉水名，取號舜水，[6]私諡曰文恭。他在〈答源光圀問十一條〉中，自述其歷代祖先不攀附權貴的作風謂：[7]

> 入國初，先祖於皇帝族屬為兄，雅不欲以天湟為累，物色累徵，堅臥不赴，遂更姓為『諸』。故生則為『諸』，及祔主入廟，題姓為朱。僕生之年，始復今姓。

意即明初，朱舜水的遠祖為明太祖族兄，貴為宗室，由於不願與皇室攀附關係，就以改姓的方式，刻意隱藏身分，逃避徵召，家居終身。他自稱：「寒宗入國朝來，登鄉會榜者七十九。」可見他歷代祖先德業顯著，是經由科舉考試的途徑而取得任官資格的。

　　因他父親朱正（？～1607）為官清廉，家中一直很貧困，曾自云：「大明未亂之時，合天下之縉紳，惟僕家獨貧。」[8]故8歲失怙

4　見朱舜水《朱舜水集》卷10、附錄1，北京：中華書局，頁350～353、612～634。
5　本文紀年方式，為求統一，便於查證，以西元為主。敘述朱氏在中國的事蹟時，採西元附中國年號記載；而在日本的活動，則採西元附日本年號。
6　朱舜水在〈與安東守約書二十五首〉11中說明取「舜水」為號的緣由：「......（水戶上公）又云：不佞老人有道，朱魯璵乃字也，不敢稱，欲得一庵、齋之號稱之。不佞答言無有。三次致言，今已將舜水為號。舜水者，敝邑之水名也。」朱氏故鄉餘姚有「餘姚江」，又名「舜水」。《朱舜水集》卷7，北京：中華書局，頁161。
7　朱舜水〈答源光圀問十一條〉6，《朱舜水集》卷10，北京：中華書局，頁348。
8　朱舜水〈與某書〉，《朱舜水集》卷5，北京：中華書局，頁109。

後，使「世叨科甲，世膺誥贈」的簪纓之族，家道驟然中落，度日維艱，過著「自幼食貧，虀鹽疏布。20歲時，遭逢七載饑荒，養贍一家數十口，無有不得其所者」的生活。[9]在家無餘財，物質困乏的環境中，他仍一心向上，養成不屈不饒的毅力。

他少時抱有經世濟國之志，舉止適禮，關心國事，最初受外閣部臨海陳函輝（1589～1645）、慈谿李契玄兩位老師啟蒙，[10]研讀《毛詩》、《禮記》，[11]穎悟過人，勤奮好學，奠定紮實的學識基礎。1625（天啟5）年，因長兄朱之琦出任漕運軍門，故他寄籍松江府（今上海），為府學儒生，拜在吏部左侍郎華亭朱永祐（？～1651）門下，研習古學。宗族及鄉里長輩都以三公四輔相期許。崇禎某年，提督蘇、松等處學政、監察御史亓某（名闕），舉朱舜水為「文武全才第一名」，薦於禮部。[12]1643（崇禎16）年，擢恩貢生，主考官禮部尚書吳鐘巒（1577～1651）貢箚稱為「開國來第一」[13]。可見二位長官都非常賞識他的學問和才幹，大力推薦。

不過，他自弱冠後，在國內「見世道日壞，國是日非」，權奸當道，官場腐敗，朝政陷入混亂；而關外，以努爾哈赤為首的後金，掘起於東北，已於1638（崇禎11）年，占領全東北後入關。朱氏體察國家正面臨內憂外患，引起極大的痛苦與反感。而朝廷處在風雨飄搖的時局，卻一仍舊章，舉行以制義取士的科舉，社會上彌漫著「父之訓子，師之教弟，獵採詞華，埋首呫嗶，……惟以剽竊為

9　朱舜水〈與諸孫男書〉，《朱舜水集》卷4，北京：中華書局，頁45。

10　朱舜水〈與諸孫男書〉說：「外閣部陳木叔老師，諱函輝，原名煒，台州臨海人，乃我本房座師，與我最相契。」又，〈答源光圀問十一條〉10說：「僕受業師為慈谿契玄李先生，早世。其後為上海爰啟朱先生，吏部左侍郎，殉虜難。」《朱舜水集》卷4、10，北京：中華書局，頁47、350。

11　朱舜水〈答源光圀問十一條〉10說：「少治《毛詩》。」又，〈答野節問三十一條〉4說：「僕三年讀《禮》。」《朱舜水集》卷10、11，北京：中華書局，頁350、386。

12　朱舜水〈答源光圀問先世緣由履歷〉，《朱舜水集》卷10，北京：中華書局，頁351。

13　朱舜水〈與諸孫男書〉，《朱舜水集》卷4，北京：中華書局，頁47。

工，掇取青紫為志，誰復知讀書之義哉？」投機取巧的風氣。世家士子既不知讀書之義，更形成「奔競門開，廉恥道喪，官以錢得，政以賄成，豈復識忠君愛國，出治臨民？坐沐猴於堂上，聽賦租於吏胥；豪右之侵漁不聞，百姓之顛連無告。」[14]使人痛心的社會亂象。

因此，他慨然絕意仕途，不願同流合污，而有高蹈之致。朱舜水坦誠的對妻子分析將來進退可能會衍生的困境說：[15]

> 我若第一進士，作一縣令，初年必逮係，次年三年，百姓頌
> 德，上官稱譽，必得科道。由此建言，必獲大罪，身家不保。
> 自揣淺衷激烈，不能隱忍含弘，故絕志上進耳。

由此可見，他並不是生來就有淡泊出世之意，然而，囿於現實政治環境的考量，不得不選擇「高蹈」的消極抗議，但家族長輩不許他放棄這條功名之路，所以，每逢科舉考試，都抱著兒戲的態度應付了事。[16]實則他並非貪生怕死之徒，乃是由於自知「淺衷激烈，不能隱忍含弘」的非妥協主義個性，直情徑行，及強烈的好善惡惡之之心，絕不適合在明末混亂的官場謀求發展，[17]否則，徒增人生的遺憾而已。這是他日後表現出孤高離群心性的開端。

他在〈答小宅生順書十九首〉1說明當時心情的轉折：[18]

> 僕幼學之時，固有用世之心，逮乎弱冠不偶，彼時時事大非，

---

[14] 朱舜水〈中原陽九述略〉，《朱舜水集》卷1，北京：中華書局，頁1。

[15] 今井弘濟、安積 覺〈舜水先生行實〉，《朱舜水集》附錄1，北京：中華書局，頁613。

[16] 朱舜水〈寄安東省庵書〉曰：「少時夫妻私語，不欲一第進士，故於科場之事往往兒戲付之。」《朱舜水集補遺》卷5，臺北：學生書局，頁233。

[17] 朱舜水〈與鍋島直能書三首〉1說：「僕一生無他長，祇此好善惡惡之心，切於肺腑。故明末不肯仕進，尚為此耳。」《朱舜水集》卷5，北京：中華書局，頁69。

[18] 朱舜水〈答小宅生順書十九首〉1，《朱舜水集》卷9，北京：中華書局，頁311。

> 即有退耕之心。荊妻頗能一德，饒有孟光、桓少君之風，而
> 父兄宗族戚友不聽，不得不勉強應世，實無心於富貴矣。

謂幸有賢妻內助，才可以拋開現實的壓力，而坦然的實踐「天下無
道則隱」，「用行舍藏」的信念，從此潛心古學，隱居鄉里，鄉黨每
有疑難，無不片言立解。接著向小宅生順解釋之所以堅持不在官場
求發展的信念說：[19]

> 僕素民物為懷，綏安念切，非敢以石隱為高，自矜名譽，但
> 一木之微，支人既傾之廈，近則為他人任過，遠則使後之君
> 子執筆而譏笑之無為也，故忍死不為耳。

意謂一向懷著民胞物與的心情，關切國事，而刻意躲避方、馬等人
的推薦，並不是要像石隱（元張文樞）般清高，沽名釣譽，而是深
刻體認到，本著出處做人的原則，即使接受了任命，只靠個人力量，
孤掌難鳴，也難有作為，既鬥不過擁有重兵的方國安，更打不倒朋
黨為奸的馬士英，根本無法扭轉社稷的危局，挽狂瀾於既倒，只好
選擇不相為謀之途。其實朱舜水為人正直誠懇，個性上不願趨炎附
勢、阿諛逢迎、攀援權貴。如曾有族人稱他們是南宋朱熹（1130～
1200）的後裔，溯自朱熹之子曾任餘姚縣令，故留居於此；持其誥
敕、畫像、家譜來證。全族人都同意這種說法，他即查閱家譜，發
現基本上相符，但有一世的記載不明白。因此，朱舜水就指出：[20]

> 一世不明，其不足據便在於此。且子孫若能自立，何必文公？
> 如其不肖，雖以堯、舜為父，祇得丹朱、商均耳。

斷然主張予以否定。朱熹著有《四書章句集註》，是當時科舉必考

---

[19] 同前註。
[20] 朱舜水〈答源光圀問十一條〉6，《朱舜水集》卷10，北京：中華書局，頁348。

的書籍，文人士子皆以攀附朱熹為榮耀，而朱舜水認為：「人貴自立，不必攀附紫陽也。」[21]謂若自立自強，必能開拓美好前程；反之，則不免淪為丹朱、商均之輩而已，實不足取。

他看到朝綱不振，吏治腐敗，扼腕切齒，怒而抨擊道：「搢紳罪惡貫盈，百姓痛入骨髓。」面對紛擾的社會，不安的政局，加上清軍頻頻興兵，寇賊流竄，憂心沉痛之餘，積極的未雨綢繆，留意國事，沈潛各種學識技藝，舉凡木豆、瓦登、布帛、菽粟，以至建築、器物製作等有利於民生的實務，皆悉心鑽研，自我陶養充實，預備日後報效國家之用。門人安積　覺表示說：[22]

> 蓋明末……世方以靈通為宗，斲喪淳樸，以禍社稷，而先生獨為古學；世方以八股為工，緣飾制義，以邀利祿，而先生獨為古文，圓枘方鑿，絕不相入。而先生毅然不顧，自信篤而自期遠，不為流俗之所泊。

推崇朱氏獨樹一格的作風，為學不慕利祿，不落俗套，胸襟遠大，凡有利於興復社稷的事業，不避險阻艱難，必定努力以赴，毫無遲疑。如履行「讀萬卷書，行萬里路」的古訓，設法遊歷中國大江南北，實地察訪要塞關隘及名山勝地，一探究竟，開其胸襟，增廣見聞，為未來的施展宏圖預作準備。依安積　覺的記錄，他考察過的地方包括：[23]

---

[21] 海東逸史〈朱之瑜別傳〉，《朱舜水集》附錄1，北京：中華書局，頁637。

[22] 安積　覺〈朱舜水先生文集後序〉，《朱舜水集》附錄4，北京：中華書局，頁786～787。

[23] 安積　覺〈朱文恭遺事〉記錄朱氏的談話：「文恭暇日嘗謂覺曰：『我在中國，所經歷諸名勝之地，試與汝言之：三關、……凡此者，可追憶者，其餘不知幾許，今忘之矣。』覺退而筆之，雖不足考據，而當時所親聞者，若參以《一統志》，容有差誤。今想其事，正逾五十年矣，可勝一慨。」《朱舜水集》附錄1，北京：中華書局，頁629。

三關、蘆溝橋、滹沱河、荊軻易水、燕昭王黃金臺。……金
陵蔣山、石頭城、烏衣巷、采石、燕子磯，在南直隸應天
府。……劉玄德試劍石，在北固山。……桃源、君山、東坡
赤壁在湖廣。周瑜赤壁則非此處。祭風臺今亡。五溪在湖廣、
江西之界。辰、沅之地，漢伏波將軍駐兵處。……虎牢、成
皋、鴻溝、敖倉、彭城、許昌、官渡……在河南。……

北到長城之關，南至湖廣邊陲，在歷史與軍事防禦上，都有其特殊
的價值和意義，可見他對戮力國事，植其器度，經略四方的用心，
令人敬佩。

　　1644（崇禎17）年甲申之變，李自成攻陷北京，思宗登煤山自
縊殉國，清軍入關，建元順治，明王朝在內外交困中土崩瓦解。不
久，清軍南下，釀成「揚州十日」、「嘉定三屠」等慘劇，東南震動。
同年5月，福王（朱由崧・弘光帝）即位南京，下詔特徵朱舜水。
他察覺到在南明朝廷內，昏庸的福王只不過是一個傀儡，難有大作
為。若應詔任職，與招賄弄權，樹立私黨的馬士英等奸臣同朝為官，
不惟復明大業無望，還將以「奸人同黨」，受人唾罵，於是藉故推
辭，不要貿然出仕。[24]次年正月再徵，也未接受。同年4月，三度
徵召為「即授江西提刑按察司副使・兼兵部職方司郎中・監荊國公
方國安軍」，朱舜水仍以「見得天下事不可為而後辭之」。[25]當時南
明處境危急，大家都憂心不已，因而朝廷有人認為朱氏屢次不接受
徵召，「偃蹇不奉朝命，無人臣禮」，而交章論劾。情勢所逼，不得
已他未及辭別家人，星夜逃匿舟山，開始了近40年的漂泊生涯。[26]

---

[24] 朱舜水〈寄安東守約書〉，《朱舜水集補遺》卷5，臺北：學生書局，頁240。

[25] 朱舜水〈答安東守約問八條〉5，《朱舜水集》卷10，北京：中華書局，頁371。

[26] 朱舜水〈與男大成書〉說：「滿朝上疏彈劾，網羅密布，立刻擒拏，一時倉皇逃竄，
不能入城與汝伯作別，至今悔恨無已。」《朱舜水集》卷4，北京：中華書局，頁
44～45。

此時，適傳出左良玉之子左夢庚背叛的消息，羽檄張皇，故得以脫身，幸運地躲過一劫而免於被逮捕。

數年後，他在回答弟子安東守約的提問，追憶之所以離家流亡，不肯接受南明福王徵召的原因是：[27]

> 若不佞一受其官，必膺異數。既膺異數，自當感恩圖報。若與相首尾，是姦臣同黨也；若直行無私，是背義忘恩也，是舉君自伐也。均不免於君子之議，天下萬世之罪，故不顧身家性命而力辭之。……要知不佞見得天下事不可為而後辭之，非洗耳飲牛、羊裘釣魚者比也，亦非漢季諸儒閉門養高以邀朝譽者也。

他謙虛的說，多次婉謝徵召，並非像許由不想聽到堯要聘他為九州長的消息，洗耳於穎水濱、漢羊續為官廉潔的故事，以及漢代隱逸者那般高尚，[28]表明自己純粹是不願陷入官場的惡習之中，保此有用的身心罷了。

座師吳鐘巒曾為時局歎謂：「當此之時，惟見危授命是天下第一等事；……惟避世深山亦天下第一等事。」[29]朱氏聞之，不肯曲學阿世，情勢又不可為，不得已選擇後者，避難來到舟山，既憤怒幾支抗清力量分崩離析，各擁其主，或唐王，或桂王，或魯王，身邊的臣子彼此猜疑，甚至操戈相向，置百姓苦難於不顧，爭權奪利，幾無寧日；更憂心清軍勢力南下日亟，國脈將絕，民生塗炭。所以，數年來他雖蒙徵辟十二次，[30]都先後力辭，從未在朝擔任一官半職，

---

[27] 朱舜水〈答安東守約問八條〉5，《朱舜水集》卷10，北京：中華書局，頁371。

[28] 范曄《後漢書》卷83〈逸民列傳〉記敘向長、逢萌、嚴光等13位逸民事蹟。臺北：新文豐出版公司，頁948～955。

[29] 全祖望《鮚埼亭集外編》卷9，臺北：華世出版社，頁769。

[30] 朱舜水〈答源光圀問先世緣由履歷〉說：「通計徵召薦辟除擬，除亓院疏薦外，凡壹拾貳次，始終不受。」《朱舜水集》卷10，北京：中華書局，頁352。

但秉著為蒼生解除倒懸的信念，明知不可為而為之，一方面積極地與能廣納賢士，忠烈果敢的守將經略直浙兵部左侍郎王翊（1616～1651）等人，在舟山四明山建立基地，整軍練兵，圖謀突破困境，挽救明室；另一方面，堅持理念，毫不退讓，恓恓惶惶，席不暇暖，藉商人的身分，以通航日本的海上貿易要道—舟山為中心，奔走於安南、長崎等地，尋求借兵籌餉，支援抗清復明的救亡大業。

在朱舜水 83 年的生涯中，45 歲是一道分水嶺，這之前，正是外有滿清不斷侵略，內則流寇四起，國勢十分危急，他懷著強烈的民族義憤，未雨綢繆，力學不懈，充實見聞，奠定學問根基；後半輩子，即從 1645 到 1682（弘光元～康熙 21）的 38 年間，是他被國亡家難，艱險困厄的處境所逼，轉而東渡扶桑，尋覓安身立命之處。有幸獲得另一個人生舞臺，藉以傳播中華儒學，發揮其生命的光與熱，在中日兩國文化交流史上留下不朽的業績。

以下試從他首次到長崎做貿易，接觸日本起，[31]至寄寓、終老日本為止，帶有不平凡色彩的後半世人生，依際遇的不同，以時間為序，分為：海外經營期、長崎困頓期及江戶講學期 3 個階段，概述他在日本活動的經緯，藉以呈顯其內在精神、學說和對日本產生多方面貢獻的意涵所在。[32]

---

[31] 依朱舜水自己的說法，他在日本的活動，是從 1645 年第 1 次到長崎算起。如辛卯年〈上長崎鎮巡揭〉中說：「不意來此七年，憂辱百端，無因一見閣下之玉顏。」「辛卯」為 1651 年，故謂「來此七年」。又，丁酉年〈安南供役紀事〉說：「之瑜不別家人，隻身前來日本，已十三年。」「丁酉」為 1657 年，往前溯 13 年，即 1645 年。《朱舜水集》卷 3、2，北京：中華書局，頁 37、20。

[32] 有多位學者對朱舜水在日本的活動作過分期：如黃玉齋在〈明鄭成功時代志士對於日本文化的貢獻〉一文中，分為亡命時期、拮据時期和儒學宣揚時期，《臺灣文獻》14：4，頁 219。王瑞生《朱舜水學記》第 1 章 7「東渡日本」，分為流寓長崎、定居江戶、永眠常陸三時期，臺北：漢京文化公司，頁 45～51。石原道博《朱舜水》第 2 章「日本時代」，分為長崎流寓、東上、江戶定住、永眠四節，東京：吉川弘文館，頁 101～181。陳德清《朱舜水之生平及其思想》第 2 章「傳儒學於異域」，分為流亡日本、流寓長崎、江戶禮聘、定居江戶、壽終正寢五節，臺中：臺中師專，頁 68～122。以上 4 種說法，詳略不一，大體而言，石原氏之說最翔實；

一、海外經營期（1645～1659）

指朱舜水於北京失陷次年的 1645（正保 2）年起 15 年間，以舟山為根據地，利用商船，多次往返日本長崎、安南等各地，以作貿易為手段，[33]從事抗清復明志業的時期。

今井弘濟、安積　覺〈舜水先生行實〉謂：[34]

> （永曆）七年癸巳七月，復來日本。十二月，復赴安南。先生雅有意於經營外邦，而資恢復之勢。是故東南海外，雖暹羅小夷，亦曾至焉。

朱氏是一位至死效忠明室的志士，不辭辛勞，設法到處爭取外援。於是以海上交通便捷的浙江舟山島為中心，溷跡商販，從事香料（spice）貿易。[35]先後赴日本、安南（交趾‧今越南）、暹羅（今泰國）、柬埔寨等亞洲各國，往來遄播，蕩搖於波濤中者達 15 年，為抗清復明大業而奔波，[36]其間難免有「道不行，乘桴浮於海」《論語‧公冶長》之歎！

十七世紀中、日間貿易頻繁，以雙桅帆船（日本文獻稱為唐船

陳氏之說係承自石原氏的架構；王氏之說較簡略。本文依行文所須，參考黃氏的分期，而修改為海外經營期、長崎困頓期與江戶講學期。

[33] 朱舜水庚寅年〈上監國魯王辭孝廉奏疏〉謂：「士、農、商業已三遷，豈猶康濟之英？」朱氏本出身士官之家，絕意仕進後，打算以耕讀終其身。由於拒絕徵辟，不得已逃離家園，轉而託跡商肆之間。《朱舜水集》卷 3，北京：中華書局，頁 36。

[34] 今井弘濟、安積　覺〈舜水先生行實〉，《朱舜水集》附錄 1，北京：中華書局，頁 615。

[35] 今關天彭認為當時日本與安南之間貿易，香料占大宗。依《朱氏舜水談綺》記載，朱舜水熟悉香料的產地和銷售。因此推論朱氏「海外經營」，是從事安南的香料運銷日本貿易。〈朱舜水とその餘韻〉，《書苑》7：3，頁 8。

[36] 朱舜水〈答釋斷崖元初書〉說：「僕以中國喪亂，往來遄播蕩搖於波濤中者十七年。去冬方得暫借一枝，棲息貴邦。」這封回信是 1661 年寫的，距 1645 年朱氏第一次到日本長崎，為時 17 年。若以他最後一次到日本的 1659 年計算，在海外經營，凡 15 年。《朱舜水集》卷 4，北京：中華書局，頁 62。

[37]）為航海工具，航行時，除羅盤外，尚須藉海潮自然現象，季風方向，觀望日月星宿等，可以想像到他在航海途中的顛簸辛勞與所遭遇的驚險。[38]朱氏經營海外 15 年間往來各地的航程，列簡表如下：

附表一：朱舜水在日本的活動簡表（一）

西元干支	中國年號	日本年號	航　　程	備　　註
1645乙酉	隆武 元弘光 元清順治 2	正保 2	舟山 →長崎（4月・第 1 次）→交趾 →舟山	頁 20、614。在長崎僅短期停留。
1646丙戌	隆武 2魯監國元清順治 3	正保 3	舟山 →安南	頁 614
1647丁亥	魯監國 2永曆 元清順治 4	正保 4	安南 →長崎（第 2 次）→舟山	頁 477
1651辛卯	魯監國 6永曆 5清順治 8	慶安 4	舟山 →安南（7月）	頁 31
1652壬辰	魯監國 7永曆 6清順治 9	承應 元	安南 →長崎（秋・第 3 次）→安南	頁 477
1653癸巳	魯監國 8永曆 7清順治 10	承應 2	安南 →長崎（7月・第 4 次）→安南	頁 615。7～12 月在長崎。
1654甲午	魯監國 9永曆 8清順治 11	承應 3	安南 →長崎（元月・第 5 次）→安南	頁 615
1657丁酉	永曆 11清順治 14	明曆 3	安南	2 月，發生「安南供役之難」，被羈押 50 餘日。頁 14

---

[37] 日本長崎平戶市松浦史料博物館藏有《唐船之圖》。大庭　修《江戶時代中國典籍流播日本之研究》附錄第 2 章〈江戶時代前期來航的中國商船〉，杭州：杭州大學出版社，頁 471。朱舜水〈與孫男毓仁書〉謂搭乘南京船到長崎。南京船是唐船的一種。《朱舜水集》卷 4，北京：中華書局，頁 48。

[38] 朱舜水〈寄安東省庵筆語〉30 及〈答人見竹洞問二十三條〉18，敍述他航行海上時，遭遇過驚險、神奇的經驗。《朱舜水集補遺》卷 2、3，臺北：學生書局，頁 164、192。

1658 戊戌	永曆 12 清順治15	萬治 元	安南 →長崎（夏・第6次）→ 思明（今廈門・10月）	頁616 10月，接到安東守約的來 信。
1659 己亥	永曆 13 清順治16	萬治 2	思明 →南京 →舟山 →長崎 （冬・第7次）	頁617 冬，向江戶幕府申請永住。

資料出處：朱舜水集（中華本）。

　　綜計朱舜水到長崎凡 7 次。當時，德川幕府為了抵制西洋宗教的傳入等原因，發佈鎖國令（1639～1854），絕對禁止日本人出國，中國和荷蘭商船，只許到長崎一港貿易，且不得搭載傳教士，其餘的西方各國商船，一律不許進入。商人規定居住在商館內，但不得久留，所以，朱舜水前 6 次在長崎僅作短期停留，然後轉往他國或返舟山。或許是事涉機密之故，我們無法從其文集作品中找到任何蛛絲馬跡，來證明他多年來之所以長期辛苦奔走海外的動機和目的。[39]

　　而學者們針對朱舜水是否曾經向日本乞師籌餉一事，各提出截然不同的看法。如梁啟超發表〈黃梨洲朱舜水乞師日本辯〉[40]，引用文集中〈安南供役紀事〉、〈上長崎鎮巡揭〉、〈祭王侍郎文〉3 篇的記載，反駁翁洲老民所記朱舜水乞師之說只是傳言；[41]而中山久

---

[39] 朱舜水於1657（永曆11）年，在安南奉監國魯王詔書，上疏謝恩報告多年來為國事努力的心情，抱歉有不便明言的苦衷說：「臣數年海外經營，謂可得當以報朝廷，當與蒲臣悉心商榷，不意姦人為梗，……至於大馬戀王之誠，回天衡命之志，未嘗一刻少弛也。靜候夏間附船前去日本，復從日本，方達思明。所以紆迴其道者，臣之苦衷，不便明言。」疏中提及的「思明」，是指廈門。《朱舜水集》卷2，北京：中華書局，頁32。

[40] 梁啟超〈黃梨洲朱舜水乞師日本辯〉，《東方雜誌》第20卷第6號，頁55～56。

[41] 翁洲老民（楊泰亨補）《海東逸史》卷18〈朱之瑜別傳〉說：「御史馮京第之自潮州軍破也，閒關入四明王職方翊軍中。時內地單弱，欲藉海外之師為響應。京第勸斌卿乞師日本。斌卿因命弟孝卿副京第往，之瑜從之。撒斯瑪王許發罪人三千及洪武錢數十萬。京第先歸，之瑜留，師不果出。」文中「斌卿」，指鎮守舟山的蕭鹵伯黃斌卿。「撒斯瑪王」是指日本撒摩（今鹿兒島）守。梁啟超指出文中謂留而不歸的是黃孝卿，並非朱舜水。又，邵廷采《明遺民所知錄傳》卷17也說：「之瑜之日本乞師。」《朱舜水集》附錄1，北京：中華書局，頁638、640。

四郎〈朱舜水と日本文化〉[42]、石原道博《朱舜水》[43]、木宮泰彥等
則都持肯定的意見。

　　依據木宮氏《中日交通史》的統計：從 1645 至 1686（正保 2
～貞享 3）年的 42 年間，南明使者循不同管道，從江南渡海到日本
乞師，藉以驅逐滿清，恢復明朝的江山，先後有 17 次。關於朱舜
水赴日乞師與否？由於無直接文獻記載，木宮氏僅依整體情勢的發
展判斷，主張朱氏以一介書生，不肯臣虜清廷，於最後一次到長崎
的 1659（萬治 2）年，向日本請求援兵。[44]筆者以為朱氏門人今井
弘濟、安　積覺在〈舜水先生行實〉一文所作的推測：「先生素與
經略直浙兵部左侍郎王翊（號完勳），深相締結，且與舟山諸將密
定恢復之策。時王翊兵勢頗振，屢立戰功。蓋先生所以屢至日本者，
欲以王翊為主將嚮導，而借援兵也。然在日本，未嘗露情洩機。」
的「乞師」說，較為可信。[45]

　　如後來朱舜水在〈寄安東省庵書〉中曾經談起向日本借義兵，
攻打清朝的可能性：[46]

　　　　日本兵至大明，自然全勝，所謂義兵也。今日解百姓於倒懸，
　　　　《兵志》曰：「兵義者王」，數郡之後，望風歸附，不待盡矣。
　　　　以　賢契料之，在　貴國平日議論，兵可得發否？貴國王有
　　　　此意否？有此意，方可與　上人商量。……日本雖大，雖富
　　　　強，不有中國，其名終不得垂，止行日本而已。所謂附青雲
　　　　之士，則聲施後世。今日日本與中國，蓋萬年難遇之會也。

[42] 中山久四郎〈朱舜水と日本文化〉，《東京支那學報》第 3 號，頁 116。
[43] 石原道博《朱舜水》第 1，東京：吉川弘文館，頁 38～41。
[44] 木宮泰彥（陳捷譯）《中日交通史》下卷第 11 章，臺北：三人行出版社，頁 316
　　～321。
[45] 今井弘濟、安積　覺〈舜水先生行實〉，《朱舜水集》附錄 1，北京：中華書局，頁
　　614。
[46] 朱舜水〈寄安東省庵書〉，《朱舜水集補遺》卷 1，臺北：學生書局，頁 54。

> 一發兵，則虜必殲，功必成。日本之名必與天壤同敝，且載
> 入中國之史矣。

我們無法確知這封信究竟是何年寫的，他從「義」的角度思維，向
安東氏說明這件不尋常事的意義，並探詢柳川藩的輿論情形以及藩
主是否有意發兵援助明朝？安東氏則客氣的勸說：[47]

> 竊惟先生之忠，雖包胥不易比，然今設雖哭倍七日七夜，不
> 敢發救兵。包胥再生，見此勢則亦不敢請，必勿勞過恐矣。

謂朱氏對故國的忠心超過楚申包胥，可惜迫於現實的情勢，幕府不
願發救兵，徒呼奈何？朱氏又〈寄安東省庵筆語〉說：[48]

> 今民心痛苦思明，若得精練紀律之兵一枝，如疾風掃籜，數
> 城之後，自然望風歸附，亦不必用著利器。如以器言之，……
> 若得鳥槍一萬，已不可敵；設有三萬，近以滅虜，如探囊取
> 物，其弓矢萬萬不能敵也。

由上列的對話，可見朱氏朝夕不敢或忘的是抗清復明的夙志，而且
明白指出一定要使用鳥槍，才能克敵致勝。這 2 封信及筆語可作為
朱舜水經營海外，謀求外援的佐證。又，青山延于（1776～1843），
也依據朱氏〈中原陽九述略〉文末引用申包胥哭秦廷乞師而復楚的
事蹟，自嘆「瑜靦顏視息，能無愧哉！」的語氣，認為他來長崎，
「其志蓋在乞援兵以圖興復」。[49]

另有一事例，可以反映朱氏堅持抗清復明的理念，至死不渝的
精神。這件事是他應聘到江戶、水戶講學 18 年的歲月，平日節約

---

[47] 安東守約〈上朱先生二十二首〉10，《朱舜水集》附錄 3，北京：中華書局，頁 750。
[48] 朱舜水〈寄安東省庵筆語〉，《朱舜水集補遺》卷 2，臺北：學生書局，頁 164。
[49] 青山延于《文苑遺談》卷 1，《近世儒家史料》中，東京：井田書店，頁 11。

花費，設法儲蓄黃金，未雨綢繆作為復明運動之需。原　念齋《先哲叢談》記載：[50]

> 水戶義公（按指水戶藩主德川光圀）聘為賓師，寵待甚厚，歲致饒裕。然儉節自奉，無所費，至人或詬笑其嗇也。遂儲三千餘金，臨終盡納之水戶庫內，嘗謂曰：『中國乏黃金，若用此於彼，一以當百矣。』新井白石謂：『舜水縮節積餘財，非苟而然矣，其意蓋在舉義兵以圖恢復之用也。然時不至而終，可憫哉！

依引文中數據推算，他每年平均儲蓄 150 金以上。試根據《史林年表》、《水府寺社便覽》記載朱氏的待遇，[51]以 1677（延寶 5）年丁巳為例說明其概況。朱舜水領取的津貼有二項：銀百枚及米五十二石二斗（每月領米四石三斗五升乘以十二月份計）。若以當時的幣值換算，銀一枚價值七貫五百匁，即七拾五錢，銀百枚可得七十五兩。而米價一石大約需銀子一兩，七十五兩可購米七十五石。二項合計，朱氏年領玄米共一百二十七石二斗。依當時的物價指數衡量，其薪俸可謂優渥，然而，朱氏為籌措經費，圖謀義舉以恢復故國，故節衣縮食自奉節儉，可見他書生報國的意志非常堅決。而新井白石（1657～1725）乃朱氏友人日本朱子學派儒者木下貞幹的得意門生，對朱氏學行風範應有所聞，因此，他的推論意見值得參考。

又如他在〈上監國魯王謝恩奏疏〉[52]曾意有所指的說：

> 臣數年海外經營，謂可得當以報朝廷，當與藩臣悉心商榷。

---

50 原　念齋《先哲叢談》卷 2，東京：平凡社，頁 87。此段紀事，又見新井氏《白石先生紳書》卷 2。

51 轉引自荷見守文〈彰考館と教育〉，日本學協會編《大日本史の研究》，東京：立花書房，頁 398。

52 魯王指朱以海。「奏疏」全文見朱舜水〈安南供役記事〉，《朱舜水集》卷 2，北京：

謂多年來，在海外從事貿易，實際是為朝廷籌餉。所以，除了在第6次到長崎時（1658），經友人穎川入德（1596～1674）的介紹，[53]答應收安東守約為門生之外，一以報效朝廷為念，秉義守禮，堅貞不渝，沒有接受任何徵召，獲取名位，也從未圖謀私利。[54]雖然，明知抗清復明運動成功機會渺茫，猶孜孜矻矻，奮鬥不懈，視死如歸的高尚情操，的確非凡。[55]如 1652（永曆 6）年秋，他在長崎致書守舟山失敗的張名振（？～1656），表示關懷並提出建議說：[56]

> 瑜飄零異國，為江陳所負，止存一愁病之身，無可為藩臺獻者。培植數年，相去萬里，今始有一言奉獻藩臺：『得郡得縣，惟以得士為先。』所稱得士者，明古今，知興廢，直躬讜論，為藩臺所敬而事之之人，非僅讀書識字事藩臺之人也。得士則過失日聞，嘉言嘉猷日進，以此收桑榆之效不遠也。

於顛沛流離，旅途勞頓之際，猶不忘建議主謀者要培養發掘人才，蔚為國用，砥礪志節，發揮力量。因而，梁啟超在《中國近三百年學術史》中使認為他的景行風範，足以與顧炎武、王夫之、黃宗義、顏元並稱為明末清初五大儒師。[57]

朱舜水在 40 歲以前，由於要應付科舉考試，而且一向注重務

中華書局，頁 31。

[53] 穎川入德原名陳明德，浙江金華府人，1627（寬永 4）年應聘到日本長崎，擔任町醫。1654（承應 3）年，與安東守約認識。朱舜水〈與完翁書〉及〈答完翁書〉中提到介紹安東守約的事。《朱舜水集》卷 4，北京：中華書局，頁 60～61。

[54] 石原道博認為朱舜水在經營海外期間，以販賣香料維生。〈朱舜水之諱字與朱氏談綺〉，《臺灣風物》第 5 卷第 4 期，頁 16。

[55] 朱舜水〈寄安東省庵筆語〉說：「朱之瑜若不能恢復大明，不能救生民於水火，不能雪中國之恥，雖活百年，與今日死一般。」《朱舜水集補遺》卷 2，臺北：學生書局，頁 165。

[56] 朱舜水〈致張定西侯書〉，《朱舜水集》卷 4，北京：中華書局，頁 40。

[57] 梁啟超《中國近三百年學術史》1，臺北：臺灣中華書局，頁 14。

實的作風，不熱衷提筆撰述長篇大論。不過此際，朱舜水恰值壯年時期（46～60 歲），時局危殆，艱苦奔波，「困於心，衡於慮」，自不能無所感於心。劉勰（？～473）《文心雕龍・物色》云：「情以物遷，辭以情發。」故他在這 15 年間，自然地寫下〈遊仙詩〉（五古）十二首、〈吳霞舟先生惠詩〉（五律）一首、〈漫興〉（五律）一首、〈錢塘〉（五絕）一首等詩，輯為〈泊舟稿〉，表達他當時的心境感受。這是朱舜水在中國僅存的一批作品。[58]如〈吳霞舟先生惠詩〉（五律）：

孤生倚知己，飄泊謝浮名；自接瑤華贈，能禁白髮生。

八閩秋水闊，三楚曉雲橫；漫作山中約，歸耕向四明。

這是朱氏敬答恩貢座師吳鐘巒的詩，所以，首句自稱「孤生」。頸聯的時空設計，筆法高明，先以代表空間的「八閩、三楚」對舉，概括指出明室南遷後，東南半壁江山猶在；繼以代表時間的「秋、曉」相比，描繪秋季江水仍源源東流，曉霧繚繞的景觀。結聯則語意一轉，表達與恩師相約，希望在四明山耕讀維生，回歸大自然的隱逸心願。又〈錢塘〉（五絕）詩：

天際銀幡立，鷗夷怒未消；定知千載上，江水不生潮。

此詩乃藉錢塘潮景觀起興，意境深遠。起筆就以「天際銀幡」，比喻江潮洶湧；而第 3 句，將時間往前推「千載上」，營造出不凡的氣勢。或可借王夫之所云：「墨氣所射，四表無窮，無字處皆其意也。」[59]一語，作為本詩時空架構下意境的寫照。藍文徵則稱讚本詩說：「意境高遠，尺幅千里，絕非晚明諸子所能及。」[60]評價頗高。

---

[58] 朱舜水《朱舜水集》卷 12，北京：中華書局，頁 425～428。

[59] 王夫之《薑齋詩話》卷下，臺北：明倫出版社，頁 19。

[60] 藍文徵〈朱舜水之思想〉，《東海學報》第 1 期，頁 161。

在漫長的經營海外 15 年歲月中，朱舜水受盡威逼屈辱，冒險犯難，疾病貧困和孤獨的痛苦，矢志不移，專圖匡復。門人安積　覺說：[61]

> （文恭先生）流落海外幾十五年，數至我邦，漂泊交趾、暹羅之間，艱苦萬狀，往而復返，蓋志有為而事竟無成也。

令人惋惜的是，他書生報國，心餘力絀，最後鑑於機勢已失，隻身無法回天，只得忍受悲痛，選擇流寓日本，蹈晦全節，圖謀東山再起的機會。

二、長崎困頓期（1960～1664）

指 1660（永曆 14、清順治 17、萬治 3）年起 5 年多，即朱舜水獲准居留長崎，到應聘赴江戶前，生活較困頓的時期。

於 1659（永曆 13）年 4 月，他以第 2 軍右提督馬信營幕僚的身分，參加鄭成功和張煌言（1620～1664）率領的聯師北伐，進軍長江。聯軍從崇明島登陸，6 月克瓜州，下鎮江，得 4 府 24 州縣，朱氏皆「身在行間，親知而灼見。」可惜鄭軍因勝利而將驕卒惰，輕敵而坐失戰機，故 7 月南京之役功敗垂成，9 月鄭成功被迫回廈門，而後退守臺灣。此期間，他認為鄭氏剛愎自用，「不以推賢進士為務」，所以，始終沒有投刺求見。[62] 這次失敗，使朱舜水「飲泣十七載，十年嘔血，形容毀瘠」的流亡海外生涯，夢寐祈求復國機

---

[61] 安積　覺〈明故徵君文恭先生碑陰〉，《朱舜水集》附錄 1，北京：中華書局，頁630。

[62] 朱舜水〈答明石源助書〉，有赴鄭成功之召，卻「萬里遠行，不投一刺而返。」的感歎！又，〈與安東守約書二十五首〉1 記載：「此時遠近傳聞，藩臺不以推賢進士為務。……一入營中，遂住其舟樯。去駐數月間，雖日與藩臺艦舳相銜，誼不以一刺通姓名。或有美言勸行，瑜必婉辭謝却，自安愚分而已。」《朱舜水集》卷 5、7，北京：中華書局，頁 82、152。

會已不再有，悲苦萬狀，不禁歎息說：[63]

> 時乎時乎！遇此千萬年難遇之期，而棄之輕於鴻毛，吾謂智
> 者之所不為也，仁者義者之所不為也，有志者之所不為也，
> 亦甚可惜也。

不久，連根據地舟山群島也淪陷了，而朱氏熟悉多位擁兵懷忠的師
友如朱永祐、吳鐘巒等，皆已死節。他審察時勢，考慮再三，知「聲
勢不可敵，壤地不可復，敗將不可振」，復明確已無望，又不甘心
作清朝的子民，進退失據，乃決蹈海全節之志，懷抱孤憤，亡命長
崎。

　　當年，明末從大陸避難流寓到日本的中國人，大多集中到江戶
幕府指定為對外貿易港的長崎來，但不准長期居留。朱舜水在門生
筑後柳川藩（今福岡縣南部）儒臣安東守約及友人穎川入德等人熱
心的奔走，發動一批華商、學者聯名向長崎鎮巡請求，加上他本身
適切的表現，也撰〈上長崎鎮巡揭〉一文，說明「歸路絕矣……欲
自全忠義」的處境，表白心意。[64]經鎮巡黑川正直呈請薩摩侯（今
鹿兒島縣）鍋島直能同意，1661（寬文元）年 10 月，得到德川幕
府允許，[65]終於突破江戶幕府禁令，獲准長期居留，這是 40 多年來
所僅見，在厲行鎖國政策的氛圍中，顯得不同凡響。所以，安積　覺
在〈與山崎玄碩書〉中贊美安東氏的表現說：[66]

> 省庵百行修飭，其留住先生於崎港一事，尤彰灼在人耳目。
> 其間多少窒礙，多少調停，悉心經營，遂成搢紳美談。

---

[63] 朱舜水〈中原陽九述略〉，《朱舜水集》卷 1，北京：中華書局，頁 13。本〈述略〉
係南京兵敗後 2 年在日本作的，加上從崇禎帝死、甲申之變後，經營海外 15 年，
故稱「飲泣 17 載」。

[64] 朱舜水〈上長崎鎮巡揭〉，《朱舜水集》卷 3，北京：中華書局，頁 37～39。

[65] 當時幕府是第四代將軍德川家綱掌政。

在幕府藩鎮層層管制下，外人要取得長期居留許可，的確不易。由這件事，安東氏表現出「有事弟子服其勞」的精神，贏得學界的贊譽。

朱舜水在 1679（永曆 33）年〈與孫男毓仁書〉中，也表示過去曾蒙南京船主和富商等多人，聯合簽請幕府准許他居留日本，均未獲批准。後來幸賴安東氏熱心的奔走，才促成這件申請居留案，他說：[67]

> 日本禁留唐人已四十年。先年南京七船，同至長崎，十九富商，連名具呈懇留，累次俱不准。我故無意於此，乃安東省庵苦苦懇留，轉展央人，故留駐在此，是特為我一人開此厲禁也。

信中「十九富商」，意指於慶長（1596～1614）、元和（1615～1623）與寬永（1624～1643）年間渡來長崎的十九家富商。朱氏在〈與小宅生順書〉說明其中原由：「日本三四十年，不留一唐人，僕之留於此，出之黑川丹波守之意，稟白御老中，稟之上旨而後得留於此，非容易也。」[68]開始他人生另一階段的生涯。

當時有人批評朱氏未殉節，卻為苟全性命而逃到日本。[69]其實他並非貪生怕死之輩，曾告訴至交人見竹洞說：「僕遭國難而不能致死，苟免而遠去海外，以有所思也。」[70]考慮的重點是一輩子未接受過朝廷俸祿，而且「家有父母未襄之事」，等待他完成，所以，

---

[66] 安積　覺〈與山崎玄碩書〉，《朱舜水集》附錄 3，北京：中華書局，頁 762。

[67] 朱舜水〈與孫男毓仁書〉，《朱舜水集》卷 4，北京：中華書局，頁 48。

[68] 朱舜水〈與小宅生順書三十六首〉7，《朱舜水集》卷 9，北京：中華書局，頁 301。

[69] 佐藤直方〈楠正成墓石說〉謂：「舜水不能伏節死難，背君臣之義，棄親族之恩，避亂全軀，而奔走於我國，遊寓於肥前、長崎。」《韞藏錄》卷 2，臺北：新文豐出版公司，頁 102。

[70] 朱舜水〈答人見竹洞問二十三條〉10，《朱舜水集補遺》卷 3，臺北：學生書局，頁 189。

「義不得許君以死」。[71]雖身處異國,仍然沒有放棄復興民族,匡復故國,建設桑梓,及促進中、日文化交流的堅定信念與願景,其忠心赤忱始終如一。[72]這之前,於申請長住等候批准期間,潁川入德建議他儘快為文頌美長崎鎮巡,朱舜水無法接受這種為了達到目的而討好他人的作為,在答門人安東守約書中陳述其義說:[73]

> 完翁又命作文頌美,不知作文自有時候,自有體局,造次誕妄,自有識者。又不肯與事實,徒構虛辭,於文何取?未必不取鎮公之笑也。鎮公大雅元爽,豈可以小儒淫哇之奏凟之?……若欲不佞作妾婦眉目,隨人俛仰悲歡,則不須於此間生活也。若曰免我於刀俎,鼻孔便當隨人牽掣,失之更遠矣。

針對此事,朱氏「凜凜若觸逆鱗」的激烈反應,嚴辭拒絕,寧可寂寞終身,絕不在為人態度上作絲毫讓步。梁啟超認為這件事最足以表現他壁立千仞的人格。[74]

他由於長期為國事在各地奔波,經濟並不寬裕,今井弘濟、安積　覺在〈舜水先生行實〉中描述他到達長崎時的境況說:「先生流離屯塞,四海空囊,孤身飄然,不能自支。」幸賴向昔日認識的商販王民則、林德庵等友人借貸接濟,勉強維持過活。[75]不久,門

---

[71] 朱舜水在〈上長崎鎮巡揭〉中說明了未犧牲性命的原因。《朱舜水集》卷3,北京:中華書局,頁37。

[72] 朱舜水〈寄安東省庵筆語〉說:「不佞亦功名之士,緣時事多艱,是以退伏草莽,萬一天日重光,不佞回明,膚一命之榮,方當兩國傾兩國之好,歡燕醉酢方未有艾也。」寄望有朝一日能達成復明大業,增進中、日邦誼。《朱舜水集補遺》卷2,臺北:學生書局,頁160。

[73] 朱舜水〈答安東守約書三十首〉7,《朱舜水集》卷7,北京:中華書局,頁177。

[74] 梁啟超〈朱舜水先生年譜〉〈庚子〉條,《朱舜水集》附錄1,北京:中華書局,頁685。

[75] 朱舜水〈與源光圀啟十六首〉16說:「前所面懇王儀者,……其人來此,則某偶罹病患,必能扶持;平日拮据,必能分勞。某久客孤貧,深德儀與其友林氏。」謂

人安東守約奉送一半俸祿，生活才安頓下來。為長久之計，構想在長崎買地耕稼以自給。[76]後來也向至交人見竹洞提起這段亡命生涯的心情時，表示說：「僕以中原腥穢，但得留止貴國為足，故求十畝之園，抱甕自灌，絕無他求也。」[77]期望能淡泊寧靜的隱居田園，謝絕人事交往，過著耕植自足的生活。某日心念家國，長夜不眠，獨對夜月寒星，忽憶起幼時一夜嘗夢：「夜暖溶霜月，風輕薄露冰」二句。[78]至此才恍然了悟詩意，不禁有流亡海外，是命中註定之嘆。

那時候（1662），友人旅日名僧釋獨立見他窮途落魄，度日維艱，寫信勸朱舜水不如削髮為僧，皈依佛教，可免飢寒之憂。他頗不以為然，於是寫了〈寄獨立（戴曼公）書〉婉拒說：[79]

> 今日普天下俱剃頭，此事大不可草草。……弟於祖宗祭祀墳墓，曠絕十七年，罪不可擢髮數，但欲留此數莖之髮，下見先大夫於九泉耳。

表示不接受勸誘，堅持一貫的信念，君子固窮，但絕不願落髮出家為僧。後來梁啟超讀到這封信，感慨地說：「當時遺獻之中，得保

多年來經常得到王氏、林氏的幫忙。《朱舜水集》卷6，北京：中華書局，頁143。又，〈寄安東省庵書〉說：「明秋，王民則、林德庵二兄若至，通移一二百金，亦自無難。」意謂可以向王氏、林氏友人借貸過生活。《朱舜水集補遺》卷5，臺北：學生書局，頁226。朱氏文集中收錄〈與王民則書〉3通，可作參考。《朱舜水集》卷4，北京：中華書局，頁52～54。

[76] 朱舜水〈答安東守約書三十首〉6說：「賢契之於不佞，此古人盛德之事，絕非今世薄俗所有。……中分此祿以贍不佞，不佞當之，內愧於心。故欲圖十畝之園，抱甕灌之。在長崎輻湊之地，足以自給。若在他所，倍之而後足，除納官糧之外，衣食自有餘饒。在不佞有『桑者閑閑』之況，於賢契有師友麗澤之益，事為可久。」對安東氏奉送俸祿之半給他，表示不敢當，打算購地耕種，生活自給自足。《朱舜水集》卷7，北京：中華書局，頁176。

[77] 朱舜水〈答野節書二十八首〉1，《朱舜水集》卷8，北京：中華書局，頁219。

[78] 朱舜水〈答林 春信問七條〉5說：「僕幼時於書窗之下得一夢，有『夜暖溶霜月，風輕薄露冰』之句，因以為齋名，亦未知其兆其應何如耳？」《朱舜水集》卷11，北京：中華書局，頁384。

[79] 朱舜水〈寄獨立（戴曼公）書〉，《朱舜水集補遺》卷1，臺北：學生書局，頁57。

此數莖之髮者，恐惟朱舜水與王船山耳。」[80]他處境雖貧困，但志氣始終堅毅不移，依然沒有一天不「望鄉泣血」，沒有一時不「背北切齒」，日夜惟以「邦讎之未雪為憾」，期盼有朝一日能返回故國。[81]所以，藉保護受之父母的身體髮膚，象徵表達其心繫家園，珍惜傳統親情的意念，不容毀傷。

這之前，即 1661（寬文元）年 6 月，朱舜水曾為了答覆安東守約詢問「中原致亂之由及逆虜之兵勢」，而撰〈中原陽九述略〉一文，縷述卅年來他親身觀察到的明朝衰亡的原因，固然是逆虜負恩，人民生活困苦而叛離，但士大夫自作孽，咎由自取亦不容否認。明朝以制義舉士，士人以做文章為手段，做官為目的，標榜門戶，競逐功利，不復知讀書本義，因此無惡不作，激切的指斥現任官與在鄉官「魚肉小民，侵牟萬姓」，痛心疾首「逆虜猖亂中華，憲綱掃地。」以及「搢紳罪貫滿盈，百姓痛入骨髓」的人間地獄相，指出明末政治腐敗，喪失民心的癥結所在。

全文分 4 節。第 1 節為「致虜之由」。檢討明朝的覆亡，是由於官僚政治的腐敗，圖謀私利，造成廉恥道喪，士大夫人格墮落，封建秩序破壞，並不是完全由於逆虜勢力強盛。第 2 節為「虜勢二條」。前條述天啟、崇禎年間，邊臣的失職情形；後條述滿清入關後專事徵稅，利用降將，挑撥滿、漢族群關係，以致天下騷動。第 3 節為「虜害十條」。分析滿清入關以後到處掠奪、欺壓人民的惡政，反對滿清殘酷的民族壓迫政策。第 4 節為「滅虜之策」。主張行仁義，利民愛民，以對滿清的貪殘，提出如聯合天下英雄豪傑，群策群力，則必可報刺骨之深仇，驅逐滿清的復國策略。卷末引春秋申

---

[80] 梁啟超《朱舜水先生年譜》〈辛丑〉條，《朱舜水集》附錄 1，北京：中華書局，頁 689。

[81] 朱舜水〈答歐陽某書二首〉1 說：「若唐山有再見天日之時，弟必當遄歸。」《朱舜水集》卷 4，北京：中華書局，頁 55。

包胥借兵復楚的事蹟自勵,語頗深切,總結明朝滅亡的經驗教訓。他感歎說:「孤臣飲泣十七載,雞骨支離,十年嘔血,形容毀瘠,面目枯黃,而哭無其廷,誠無所格。」且自署「明孤臣朱之瑜泣血稽顙拜述」,時距清軍入北京,崇禎朝結束已 17 年,他仍然日夜紬繹光復之略,不但不因形格勢禁,孤掌難鳴而氣餒,反謂「時乎時乎,遇此千萬年難遇之期」,而企望復國,持志的堅確,椎心的感傷,出自肺腑,一字一淚,充分流露出他撰寫此文時悲痛報國的情境,可與黃宗羲《明夷待訪錄》(1 卷)、王夫之《黃書》(1 卷)相媲美。他將〈中原陽九述略〉交給安東氏收藏,謂「他日采逸事於外邦,庶備史官野乘耳。」[82] 可謂用意良深。梁啓超則推舉此文為對清末民初留日學生志士,產生莫大影響力的明末遺老重要著作之一。[83]

1662(永曆 16、寬文 2)年 4 月,桂王在雲南被殺害,11 月,魯王薨於金門後,南明政權宣告終結。朱舜水認為明代之亡,在於士大夫的墮落,因此,自我惕厲,以誠懇的態度,把學問與做人合而為一。做學問,務求實用;做人,分辨是非,寧可終身寂寞,絕不在真理的追求中讓步。

1663(寬文 3)年 3 月 8 日,長崎發生大火災,幾乎成為焦土,朱舜水的住處也被焚,只得暫居郊外皓臺寺簷楹之下,風雨不蔽,盜賊充斥,生活陷於困境,不保旦夕。安東守約聞訊後,關心的說:「我養先生,四方所俱知也。使先生餓死,則我何面目立乎世哉?」

---

[82] 朱舜水〈中原陽九述略〉,《朱舜水集》卷 1,北京:中華書局,頁 1～13。安東守約〈上朱先生二十二首〉10 說:「捧誦〈述略〉,忠憤激烈,足以寒亂臣賊子之膽。」前揭書,附錄 3,頁 750。「陽九」本意謂「天厄」,此指明代亡國。

[83] 梁啓超謂此文鼓舞清季革命之士氣不少。《朱舜水先生年譜》〈辛丑〉條,《朱舜水集》附錄 1,北京:中華書局,頁 696。周作人〈陽九述略〉謂:清末有人從《朱舜水全集》抄出〈中原陽九述略〉與〈安南供役紀事〉二文,合印一冊為單行本,封套上有橢圓朱文木印,作為革命宣傳教材。《苦口甘口》,臺北:里仁書局,頁 153。此 2 文合印的單行本,筆者未見。

[84]連忙放下生病需人照顧的妹妹，即時從柳川遠道跋涉趕來探望，
設法協助建造屋舍，安頓食宿妥善，盤桓數日而返。關於此事，朱
舜水致書安東氏說：[85]

> 於兄弟病危之際，舍之而遠憂不佞，且欲同來餓死。賢契之
> 於不佞，懇惘真篤，遂至於此。

表示愧不敢當。又以筆語的方式，詢問他妹妹的病情痊癒否？並再
三道謝說：[86]

> 不佞無補於賢契而反致重累，於　尊公希為道謝。今妹稍
> 癒，有便即當寄我，萬一不幸，亦必書日寄。聞賢契遠來跋
> 涉，忘卻骨肉之憂，感謝感謝。

這份關懷苦難的深情厚意，使朱氏由衷感激。同年，朱舜水曾吟了
一首詩（七絕）送給友人，詩曰：[87]

> 客散西堂夜悄然，修筠涼吹供清暝；疏螢繞扇秋無賴，淺水
> 江渠月可憐。侍女銀盃搖雪乳，誰家玉笛唱嬋妍；意中憶得
> 城東闋，孤鶴翩翩骨有僊。

以上所舉詩例，可以說是朱舜水為情勢所逼，離開家園，浪跡他鄉
異地數年，心路歷程的見證。

三、江戶講學期（1665～1682）

指 1665（寬文 5）年起，朱氏應聘到江戶、水戶，身體力行，

---

[84] 安東守約〈悼朱先生文〉，《朱舜水集》附錄 2，北京：中華書局，頁 737。

[85] 朱舜水〈與安東守約書二十五首〉17，《朱舜水集》卷 7，北京：中華書局，頁 165。

[86] 朱舜水〈寄安東省庵筆語〉，《朱舜水集補遺》卷 2，臺北：學生書局，頁 160。

[87] 石原道博《朱舜水》第 3，東京：吉川弘文館，頁 276。

傳播儒學 18 年的時期。這是他在日本活動最輝煌的階段。

　　寬文年間，水戶藩主德川光圀有意編纂《大日本史》，於是成立史局，召募儒者，積極培養儒學風氣，特別請求老中酒井忠清（1624～1681）准許，[88]於 1664（寬文 4）年閏 5 月，派遣儒臣小宅生順到長崎採訪亡命而來的南明碩儒耆德，有意禮聘他們，借重其才學來發揚儒學。小宅氏告訴林　春勝（1618～1680）此行的目的說：[89]

> 今秋蒙君命，赴遇華人朱之瑜筆談，彼明朝儒生也，不仕清國，流浪諸國，僑居長崎，既有年矣。水戶君聞其名，使保宗雪，密告廄橋羽林，有招之志，故使順往遇之。

文中透露當時水戶藩主德川氏已聽說朱舜水的名號，小宅氏經友人介紹，與朱氏一見如故，晤面筆談凡 6 次。朱氏不卑不亢的表示：

> 僕事事不如人，獨於富貴不能淫，貧賤不能移，威武不能屈，庶可無愧於古聖先賢之萬一。

小宅生順則稱讚他是位「博學鴻儒，文章高古，體貌莊嚴，可法可則」的「儒中第一人」，敬服之至，所以，極力推薦其才德文行。[90]

---

[88] 德川幕府在將軍之下設置大老、老中、若年寄三個執政要職。老中為負責處理日常政務的常設職務。

[89] 林　春勝《國史館日錄》〈寬文四年 11 月 24 日〉條。轉引自木下英明〈舜水朱之瑜〉，《水戶史學先賢傳》，水戶：水戶史學會，頁 51。

[90] 《安東家藏名賢詩文手抄》卷下收錄穎川入德〈寄安東守約書〉，記載他向長崎鎮巡及小宅生順推薦朱舜水後談話的始末云：「朱先生之事，近日東方宗叔命小宅生順到長崎探其行動學問，亦常至其寓，終日筆談而無阻誤。來意盡為快足，朱兄亦稱此人為台兄之亞也。次日生順至政所謂鎮公曰：『朱公博學鴻儒，文章高古，體貌莊嚴，可法可則，吾儒中第一人也。』弟亦至政所，鎮公謂予曰：昨江戶生順所言儒者之為人，與入德前言相合，吾始慰矣。」《朱舜水集補遺》卷 1，臺北：學生書局，頁 112。

並撰成《西遊手錄》記載對談內容，上呈德川藩主。[91]

　　這期間，朱舜水慎重的與門生、友人、譯者討論進退去就之道，大家都以為德川藩主好賢嗜學，既以優禮召聘，自無違拒，辜負美意之理，贊成他接受邀請。朱氏在離開長崎赴江戶前夕，曾作 2 首七絕詩向友人琴　山井辭別。其 1 詩云：[92]

> 避亂安南漲海隈，氣桴日本路悠哉；皇明徵士迴天志，水府師儒勸學才。

自敘乘桴避難安南、日本的情非得已，不敢或忘「皇明徵士」的身分，時刻懷著報國意志，而今暫時應聘到水戶藩講學，宣揚儒學。

　　於是，1665（寬文 5）年 6 月，朱舜水由唐通事[93]高尾兵左衛門與何仁右衛門（何　可侯）隨行傳譯護送，自長崎啟程；途經小倉（今京都右京區），循中山道前行，7 月 11 日抵江戶，因途中冒暑致疾。[94]

　　7 月 18 日才初次謁見德川光圀，深獲禮遇。次日早，藩主即令儒臣小宅氏前往探視致意。朱舜水說：「一見以來，禮意日隆，情又日備。」[95]對德川氏的謙恭有禮，博學能文，言辭和悅，由衷敬佩。所以，後來在〈與陳遵之書〉表示說：[96]

---

[91] 水戶彰考館輯《朱舜水記事纂錄》別卷附錄，東京：吉川弘文館，頁 1～15。梁啟超撰《朱舜水先生年譜》時未見此書。《朱舜水集》附錄 1，北京：中華書局，頁 702。

[92] 徐興慶《朱舜水集補遺》卷 4，臺北：學生書局，頁 201～202。

[93] 於 1604（慶長 9）年設在長崎、鹿兒島、琉球（今沖繩）的官職，負責當地華商的管理、連絡和翻譯等任務。

[94] 朱舜水〈與長崎鎮巡島田守政書四首〉1，向島田氏報告抵達江戶的訊息。《朱舜水集》卷 5，北京：中華書局，頁 77。

[95] 朱舜水〈寄高木作右衛門〉，《朱舜水集補遺》卷 1，臺北：學生書局，頁 66。

[96] 朱舜水〈與陳遵之書〉，《朱舜水集》卷 4，北京：中華書局，頁 43。

> 去年六月，應宰相源上公之招，來至江戶，極蒙優禮。在日
> 本國，共詫以為未嘗經見之事。上公乃為當今之至親尊屬，
> 封建大國，列為三家，盛德仁武，聰明博雅，從諫弗咈，古
> 今罕見。

意謂上公（指德川光圀）是幕府第 4 代將軍德川家綱的叔父，由德
川家分封出來的水戶藩（今茨城縣）、紀伊藩（今和歌山縣）、尾張
藩（今愛知縣）三家，都是幕府親屬，有「御三家」之稱。德川光
圀身分既如此尊貴，猶願意禮賢下士，察納雅言，的確古今難得。
歷代都是中國高僧為日方邀請傳授佛經，而儒者受到日方禮遇的，
朱氏是第一人。奔走海外、旅居日本計 21 年之後，66 歲的朱舜水，
晚年又有幸獲得志業上的知音，其內心的欣慰，自不待言。他致函
方外友人釋獨立說：[97]

> 上公相遇，禮意勤拳，雖魏文侯之於子夏，不是過也，今年
> 五月以來更加十倍，事務細微，雖一匙一箸，亦必親自經心，
> 恐文侯之誠懇，不能至此。

強調藩主德川氏的竭誠盡敬，懇切相待，與春秋時代魏文侯禮聘子
夏的作風相比較，實在有過之而無不及。

在藩主、友人、門生的殷切期盼下，同年 9 月，朱氏被迎接到
水戶，展開他在日本首次正式的講學活動，傳播儒學思想，士人益
知為學。告一段落後，12 月 21 日，返江戶。[98]朱舜水在致安東守約
的信中提到當時的情形說：[99]

> 不佞承宰相上公厚愛，無與倫比。水戶學者大興，雖老者白

---

[97] 朱舜水〈與釋獨立書三首〉3，《朱舜水集》卷 4，北京：中華書局，頁 58。
[98] 朱舜水〈答四宮勘右衛門書〉，《朱舜水集》卷 5，北京：中華書局，頁 65。
[99] 朱舜水〈與安東守約書二十五首〉25，《朱舜水集》卷 7，北京：中華書局，頁 169。

鬚白髮，亦扶杖聽講。且贊儒道大美，頗有朝聞道夕死而可
之意。

可見朱舜水在水戶的講學非常受到重視，日本學者從四面八方來求
教，服膺其淵博的學識，意義不凡。1667（寬文7）年8月，又赴
水戶講學，為時半載。

　　朱氏在水戶期間，適逢藩主下令於城樓鑄鐘，立邦國重器的盛
事，於是撰〈水戶城鐘銘并序〉，序曰：「夫鐘者所以警君臣之逸豫，
而鼓勵上下於明作者也。」[100]藉鐘聲警醒君臣士庶的道理，說明其
內涵。後來藩主在城西南的綠岡構築靜養的別館，謙而顏其亭曰：
「高枕」，朱氏也作〈高枕亭志〉，謂藩主的「高枕」，是「治定功
成，慮周理得，心曠神怡，而後能為之者」的境界。[101]

　　他應邀到水戶講學2次，合計11個月，時間雖然不長，卻帶
給水戶的有識之士如四宮勘右衛門、原　善長、清水三折等人深刻
的感化啟發，之後常以書信連絡，互相關懷。[102]他對水戶士人講究
禮節的風俗，感慨良深，自嘆明朝百姓的修養不如人。[103]

　　次年2月，返江戶後，入居藩主特意為他在駒込建築的幽雅清
靜的別莊，朱氏取唐太宗贊美魏徵（580～643）「三鏡」之義，自

---

[100] 水戶彰考館員〈義公行實附年譜〉「寬文七年丁未公四十歲」條記載：「先是水戶
城置鼓以警時。至是歲，公與朱之瑜議，鑄巨鐘懸之，令之瑜作銘。」《朱舜水記
事纂錄》別卷，東京：吉川弘文館，頁19。朱舜水〈水戶城鐘銘并序〉，《朱舜水
集》卷20，北京：中華書局，頁580。

[101] 朱舜水〈高枕亭志〉，《朱舜水集》卷16，北京：中華書局，頁489～490。

[102] 朱舜水文集中收錄〈答四宮勘右衛門書〉；〈與原　善長書〉、〈原　慶順名善長說〉，
解說為原氏取名字的涵義；〈與清水三折書〉3通，可資佐證。《朱舜水集》卷5、
13，北京：中華書局，頁65；91～93；448。

[103] 津坂孝綽〈記朱舜水事〉說：「朱舜水之在水戶也，見藩中之士，雖僅畜一減獲者，
其主僕之禮，儼然甚正，大感風俗之厚。嘆曰：『諸夏之俗亦能若是，則我明室豈
復容易忽諸？』慨然泣下已，水戶人云。」五弓久文《事實文編》1，東京：ゆま
に書房，頁466～467。

書堂額:「三鏡」以自勉,文曰:[104]

> 以銅為鏡,可以鑑容貌,肅衣冠;以古為鏡,可以辨幾微,
> 慎思永;以人為鏡,可以審從違,徵得失。徹內徹外,有初
> 有終。鏡惟三,則德唯一。自古聖賢,未有不於此朝夕孳孳
> 焉者。余小子瑜,髫年失怙,未閑家訓;昧昧而行,荒忽耋
> 老。一跌之蹉,喪厥終身,可不慎哉!

此文意蘊雋永,值得深思。進一層詮釋足資借鏡的有三,而「德」
乃立身處世的唯一標準,藉以日夜惕厲,不敢逾矩怠忽。

是年,適逢德川光圀40歲誕辰,朱舜水依《禮記・曲禮》:「四
十曰強」之義,謂「方伯通侯之當強」,特撰〈賀源光圀四十壽序〉
呈獻之,表達祝賀。序曰:[105]

> 釋禮者曰:「氣壯神固,道明德立之時,故曰強。」以此思
> 強,強可知矣。

建請藩主能如西漢董仲舒(前179?~前104?)《春秋繁露》所云:
「天積眾精以自剛,聖人積眾賢以自強」的道理,自強不息,漸仁
摩義,論道經邦,與天地同流,創永垂不朽之偉業。文末云:「上
壽之道,例以祝,或以頌,而今乃以規,不幾與為文之旨相乖謬乎?
然善祝者,期之百年而已耳。」他藉祝壽為名,精闢的闡釋施政治
國之道,殷切期許,忠懇之情,藹然見於筆墨之間。

由水戶藩首任藩主德川賴房(1603~1661)開始規劃,二世藩
主德川光圀繼之,在小石川邸內建造的後樂園,1669(寬文9)年,
大致完成。[106]取宋范仲淹(989~1052)「先天下之憂而憂,後天下

---

[104] 朱舜水〈三鏡〉,《朱舜水集》卷17,北京:中華書局,頁491。又,宋歐陽修等
《唐書》卷97列傳第22〈魏徵〉,臺北:新文豐出版公司,頁1312。
[105] 朱舜水〈賀源光圀四十壽序〉,《朱舜水集》卷15,北京:中華書局,頁478~480。
[106] 1629(寬永6)年動工興建,位於今東京巨蛋旁,原為江戶水戶藩邸的庭園,日本

之樂而樂」〈岳陽樓記〉的道理而命名為「後樂園」，此一「先憂後樂」的心胸，正是儒家精神的表現。園中一個大湖，構成林園的重心，整體而觀，予人山環水複，藏湖蘊島，移步換形之感，其中「圓月橋」，是採用朱舜水的設計，[107] 呈現明代江南園林的特色。

同年 3 月 19 日，德川藩主邀朱舜水和史館儒臣等人到後樂園賞櫻花，於是朱舜水作〈遊後樂園賦并序〉[108] 記其事，抒發情懷，文以四字、六字句間雜「兮」字的騷體為主，描述迴遊式的後樂園，以大泉水為中心，林木山水，亭屋構造，環之而展開，內迴危石漱泉、鵲橋飛閣的佈置及園內櫻花盛開之際的長廊景致，有瞻眺流連之樂。鄭毓瑜評述這篇中國辭賦史上唯一描寫外國（日本）庭園的賦篇說：「在挪借辭賦體式的同時，也進行了一場情感上（而不是思想、制度上）自我追尋與認同的書寫儀式。」[109] 以象徵性手法，藉自然景觀的描寫，抒發胸中的邱壑。另外，遊園當天，朱舜水也隨興之所之，吟詠〈酒壚小詞〉（六言古詩）1 首，詩曰：[110]

> 望處旗亭新構，竹裏茅舍人家；引來曲徑奇葩，鴻池諸白香茶。
> 醉倒渾忘法地，波查辟易軟斜；歲暮冬衣難典，酒錢且自賒賒。

自注云：「翻杜詩「朝回日日典春衣，酒債尋常行處有」二句，以供一笑。」謂從杜甫（712～770）〈曲江〉（七律）詩，其二詩曰：

政府指定為特別史蹟及特別名勝。
[107] 今井弘濟、安積　覺〈舜水先生行實〉記載：「及上公作石橋於後樂園，先生亦授梓人以制度，梓人自愧其能之不及也。」文中「石橋」，係指「圓月橋」。「梓人」，是當時的名匠駒橋嘉兵衛。《朱舜水集》附錄 1，北京：中華書局，頁 619。又，〈小石川後樂園〉，東京都公園協會管理部。
[108] 朱舜水〈遊後樂園賦并序〉，《朱舜水集》卷 12，北京：中華書局，頁 428～431。
[109] 鄭毓瑜〈流亡的風景─〈遊後樂園賦〉與朱舜水的遺民書寫〉，《漢學研究》第 20 卷第 2 期，頁 1～28。
[110] 青山拙齋《文苑遺談》卷之 1，《近世儒家史料》中，東京：井田書店，頁 13。

「朝回日日典春衣，每日江頭盡醉歸；酒債尋常行處有，人生七十
古來稀。……」第 1、3 句轉化而成的，這首小詞是朱氏一生中少
見的輕鬆之作。可能是他特別喜愛欣賞櫻花，當時心情愉悅，除了
作遊園賦之外，也提筆吟詩，留下難得的抒情作品。這回遊園賞花
活動，人見懋齋也作了〈春遊小石川邸後樂園記〉，敘述經過和見
聞感受。[111]

　　這座後樂園由於留有朱氏的遺跡，清末以來吸引不少中、日關
心的文人墨客，如詩人黃遵憲（1848～1905）、維新派政論家王韜
等，遊園後都吟詩抒發感想。[112]

　　同年秋，藩主德川光圀在環景樓設宴慰勞史館諸臣，宴罷餘
興，泛舟淺草川。人見懋齋興起唱「水哉」聯句：「水哉銀海豁，
泛宅御秋風。」朱氏喜而和之曰：「山畝螺黛遠，高閣徹晴空。」[113]
句中「山」，指筑波山；「閣」指大悲閣。當時陪侍在旁的弟子安積
覺說：「覺時同行侍側，平生所見，止此二句。」[114]他向來不寫詩，
能留下這難得的聯句，倍感珍惜。

　　至 11 月 12 日，藩主遵照中國敬老尊賢的文化習俗，為朱舜水
慶祝古稀之喜，又在後樂園設宴舉行養老之禮，賜杖授几，贈特製
「倭、漢劭德高者」太公望等 6 人畫像屏風，以示尊崇。之後，
朱舜水作〈謝源光圀賀七十算啟〉[115]表示謝忱，並祈願藩主興賢立
教，重德遴才，自可名垂萬古。另外，引《禮記・內則》之義，上

---

[111] 石原道博〈朱舜水十二考〉，《茨城大學文理學部紀要（人文科學）》第 15 號，頁 6。
[112] 黃遵憲〈庚辰四月重野成齋、岩谷六一、日下部東作、蒲生絅齋、岡鹿門諸君子
　　約遊後樂園，園即源光圀舊藩邸，感而賦此〉詩（七古）云：「……豐碑巍然頹祠
　　倒，夕陽歸鴉噪黃昏；願起朱子使執筆，重紀竹帛貽子孫。」《人境廬詩草箋注》
　　卷 3，上海：古籍出版社，頁 252。王韜即席援筆和詩曰：「……舜水先生寄高蹋，
　　眷念家國懷君恩；我來訪古心慷慨，誰歟後起扶斯文？……」《扶桑遊記》上，臺
　　北：文海出版社，頁 25。2 人詩中流露對朱氏敬仰之忱。
[113] 吉宏　魚〈遊環景樓記〉，《朱舜水記事纂錄》卷 3，東京：吉川弘文館，頁 74。
[114] 安積　覺〈朱文恭遺事〉，《朱舜水集》附錄 1，北京：中華書局，頁 629。

書向藩主請求告老，[116]但未獲准許。

　　1670（寬文 10）年，朱氏選用檜木製作棺柩，為清亡後歸骨計。[117]

　　1678（延寶 6）年 12 月，朱舜水長孫毓仁銜母命，抵長崎要探訪祖父起居，然礙於幕府鎖國嚴令，不許到江戶見面，無法如願。人見竹洞得知消息後，旋即函告朱舜水：「頃日有崎港之信，乃得貴孫平安之報。」[118]。朱氏因年老體衰，不能赴長崎面敘，故寫了〈致諸孫男書〉，[119]查問懸念已久的祖宗墳墓及師友近況，並勉勵子孫能閉戶讀書為上，農、圃、漁、樵，自食其力，百工技藝，亦自不妨，唯有虜官不可為。次年 4 月，水戶藩主德川氏派遣儒臣今井弘濟（即朱氏門人）代表赴長崎會晤朱毓仁，厚予慰勞賜賞，並轉述已屆八十高齡的朱舜水在江戶生活的情形，及盼其留在身邊侍奉之意。朱毓仁答曰：[120]

　　　　忽焉浮海，而長留不歸，雖有事祖之誠，而實缺倚門之望。
　　　　今且歸而報母，必圖後舉。然則於祖於母，孝心兩得矣。

他帶來許多故鄉的消息請今井氏轉告祖父，就暫時失望的返回故里，預定稟告母親同意後，專程來江戶陪侍祖父，以盡孝道。朱氏臨老多病，猶單身寄寓異鄉，內心的孤寂感自不在話下。今難得有嫡孫來訪，卻阻於兩地而不克見面，難免增添幾許落寞愴然。針對

---

[115] 朱舜水〈謝源光國賀七十算啟〉，《朱舜水集》卷 6，北京：中華書局，頁 144～145。
[116] 朱舜水〈與源光國告老啟〉，《朱舜水集》卷 6，北京：中華書局，頁 144。
[117] 朱舜水在與友人通信時，經常提到製棺之事，如〈答歐陽某書〉說：「目下即預作一棺，衰朽之人，早晚不可定也。」又〈與藤井德昭書〉、〈答奧村庸禮書〉及〈與林　道榮書〉等皆是，表現未雨綢繆的心情。《朱舜水集》卷 4、5、8、9，北京：中華書局，頁 55、106、275、287。
[118] 人見竹洞〈寄朱舜水書〉，《朱舜水集補遺》卷 1，臺北：學生書局，頁 76。
[119] 朱舜水〈與諸孫男書〉，《朱舜水集》卷 4，北京：中華書局，頁 45。
[120] 今井弘濟、安積　覺〈舜水先生行實〉，《朱舜水集》附錄 1，北京：中華書局，頁 622。

這件事，朱舜水致書人見竹洞抱怨說：「僕去家三十五載，今年八十歲，小孫涉海數千里遠來，茲在咫尺，反不得一面，若祖若孫，何以為情？」至親的人間關千里來到長崎，卻無法面敘離情，表示深切的遺憾。於是作〈避地日本感賦〉（七絕）詩二首，[121]以舒解心中鬱卒，顯得多少無奈。其一詩曰：

> 漢土西看白日昏，傷心胡虜據中原；衣冠誰有先朝制？東海翻然認故園。

意謂身處異域，隔海遙望日夜想念的故國，已經不再是往日的皇天后土，朗朗乾坤了，而是滿眼胡塵，天昏地暗的情景。他對清廷統治者盤踞中原，感到十分痛心。日本雖然是異國，但是，每日穿著一襲明朝衣冠，保持民族氣節，反而覺得像是故鄉一樣。

其二詩曰：

> 廿年家國今何在？又報東胡設偽官；起看漢家天子氣，橫刀大海夜漫漫。

意謂從 1659（永曆 13、萬治 2）年，舟山淪入清朝手中，流亡日本迄今 20 年來，不知家國在何處？又聽到家鄉傳來訊息，說清廷在舊日的家國新設了許多偽官職，沖淡了漢人反抗的意識，光復故土的日子，不知要等到何時呢？趁著夜色正濃，遙望漢家天子的王氣，提著刀，面對波濤洶湧的大海，覺得長夜漫漫難以入眠。

朱舜水極少以詩來表達心境，這二首懷鄉感賦詩，是他步向人生終點站，常在海邊眺望中原的最後心聲，孤獨中猶堅持懷著一線希望的人生願景。

---

[121] 林晦盧輯《明代軼聞》卷 1〈孤忠鑑〉，臺北：臺灣中華書局，頁 14。

　　1679（延寶 7）年 11 月 12 日，德川光圀又舉行養老之禮，親向朱舜水祝八十壽辰，捧讀賀詞，並致贈羔裘、鳩杖、鶴龜遐齡屏風等 20 件壽禮。當天朱氏也「設几案香燭，拜告天地，祝以「逆虜未亡，故土為墟，而身在異邦，遲暮衰疾，久受上公隆恩，無以報之。」[122]念及年老體衰，而邦國未復，不禁為之歎息流淚。藩主即命奏古樂，慰藉壽星。他因而作〈謝源光圀賀八秩書〉，[123]表達由衷的謝意。

　　80 歲以後的朱舜水，生理上「衰損日甚」，臥病在床。藩主關切病情，經常派人問候，饋以果餌，並命醫官奧山玄建悉心治療。朱氏顧及自己的病情可能會傳染別人，因此，只願服藥，而婉謝醫官的診脈，他說：[124]

> 玄建者，常在公侯之門，醫療權要者也。今吾之疾也，疥癢浸淫，手足污爛，而使之診脈，恐傳染醫手，則累人居多，未必不由吾也。利己而損人，君子戒之。且犬馬之齒，既過耄耋，而欲用藥石延旦夕之命，未為知命者也。

雖身罹重病，猶懷抱為他人設想，知命無憂的理念，使人敬佩。1682（天和 2）年 4 月 17 日未時（陽曆為 5 月 15 日），他病逝於江戶寓所，享年 83。同月 26 日，藩主德川氏率嗣子綱條及諸臣親臨其喪，並當作家族的一員，安葬於常陸久慈郡太田町瑞龍山麓（今茨城縣水戶市）德川氏陵園，依中國式作墳，坐東朝西，遙望故國。[125]7 月 12 日，德川光圀與群臣商議，取「道德博聞，執事堅固」

---

[122] 今井弘濟、安積　覺〈舜水先生行實〉，《朱舜水集》附錄 1，北京：中華書局，頁622。

[123] 朱舜水〈謝源光圀賀八秩書〉，《朱舜水集》卷 6，北京：中華書局，頁 145～146。

[124] 今井弘濟、安積　覺〈舜水先生行實〉，《朱舜水集》附錄 1，北京：中華書局，頁622。

[125] 朱舜水墓四周種植喬木，中有石台，台前有座「龜托碑」。碑的正面為藩主親題隸

之意，諡曰：「文恭」。

逝後 2 年（1684），德川氏在朱氏駒籠（今駒込）故居建造一所祠堂，安神主祭祀，四週遍植櫻樹紀念之，12 月 13 日落成，由門人服部其衷擔任守祠吏，藩主親自以少牢禮祭祀，撰祭文追念他：[126]

> 溫然其聲，儼然其身。威容堂堂，文質彬彬。學貫古今，思出風塵。道德循備，家寶國珍。函丈師事，恭禮賓賓。

全文中充滿敬慕、感懷師恩之情。從此每年 4 月 18 日舉行祭祀，思慕其德。

次年（1685），長孫朱毓仁再度到長崎省親，不幸，朱舜水已過世，乃想到水戶拜其墓，亦由於鎖國禁令未准許。德川光圀派佐佐宗淳攜朱氏自書的祖先紙牌、履歷及白金賜之，他含悲失望而返。

1695（元祿 8）年夏，在朱氏墳前立碑，德川藩主以隸書親題曰：「明徵君子朱子墓」，[127]只稱子而不書名，乃依先秦慣例，表示崇高尊敬之意。門生安積　覺撰碑陰文，對他的學植德望，推崇備至。[128]由於駒籠故居的祠堂毀於 1703（元祿 16）年 11 月 29 日赤

書「明徵君子朱子之墓」，碑陰刻安積　覺撰「明故徵君文恭先生碑陰」，墓前左右有石片對立，如中土照門；旁有土隆起，半環如脊，仿佛護龍；墓道向西，殆寓不忘中土之意。

[126] 德川光圀每年一度親赴祠堂祭拜，表示追悼。祭祀執事、儀節、祭文等，見《朱舜水記事纂錄》卷 2，東京：吉川弘文館，頁 30～52。

[127] 朱舜水〈安南供役紀事〉記他被逮捕前，料想可能遭殺害，於是吩咐黎醫官說：「死後，料爾輩不敢收骨，如何收，乞題曰：『明徵君朱某之墓』。」依此可知，他非常留意後人的評論，我們推測朱氏生前向友人或門生叮囑過墓碑題字之事。《朱舜水集》卷 2，北京：中華書局，頁 19。

[128] 安積　覺〈明故徵君文恭先生碑陰〉，《朱舜水集》附錄 1，北京：中華書局，頁 630～631。

穗浪士之亂引起的火災。[129]安積氏等人呈請水戶藩主再建，於是1712（正德 2）年，又在水戶田見小路西北端另建一座祠堂，其旁也植山櫻、松、梅數十株，派藩士田代倍政為祠堂守，負責管理，每年祭祀不絕。[130]紀念祠內設經學講座，提供水戶地區有志之士研習，教化民心。之後由青山一溪（？～1756）、青山瑤溪（1727～1801）父子繼任第 2、3 代祠堂守兼講授經學，為時達 60 年，推崇朱舜水崇尚實學，排斥浮華的學風，對促進水戶文教的發展貢獻不小。[131]朱氏逝後 116（1798、寬政 10）年，水戶藩的儒臣還在祠堂旁種植數十株櫻樹，追懷他的遺教德風。可惜該祠堂於二次大戰中燒毀。

1912（明治 45）年 6 月 2 日，日本朱舜水紀念會主辦朱氏渡日250 週年紀念會暨遺物展覽會，發行紀念特刊，並在駒籠（今駒込）故居原址向陵（今東京大學農學院內）樹立──「朱舜水先生終焉之地」紀念碑。[132]當時在日本的康有為（1858～1927）聞訊非常關心，因人在須磨（今神戶附近），路途遙遙無法出席盛會，吟詠了〈懷朱舜水〉（七律）5 首，

▲「朱舜水先生終焉之地」碑（位於東京）

[129]荷見守文〈彰考館と教育〉，《大日本史の研究》，東京：立花書房，頁 400。

[130]彰考館員〈祠堂篇〉，《朱文恭記事纂錄》卷 2，東京：吉川弘文館，頁 23。又，安積　覺〈祭朱文恭先生文（代言）〉，《澹泊齋文集》卷 3，東京：《續續群書類從》完成會，頁 338。

[131]青山瑤溪為菊池南汀的門人，而菊池氏為安積　覺的門人，屬於舜水學脈。荷見守文〈彰考館と教育〉，《大日本史の研究》，東京：立花書房，頁 401。

[132]原碑後來毀損，朱舜水紀念會於 1970 年就原址重建，碑座由鵝卵石砌成，古相肅穆。

表達敬仰之情。[133]序曰：「明末朱舜水先生避地日本，德川儒學之盛自此傳焉。今二百五十年，德川公圀順舉改碑祭，名侯士夫集而行禮者四百餘人。吾在須磨，不能預盛典，附以五詩，以寄思仰。」
其四詩曰：

> 德川儒業世昌丰，楠社看碑訪落紅；十五年來重避地，每懷舜水庶高風。

強調景仰朱氏的德業風格，「楠社看碑」意指到湊川訪楠木正成（1294～1336）紀念碑，碑陰刻朱舜水所撰〈楠正成像贊〉1，對日本近代政治發展的影響非常深遠。

1976（昭和51）年5月15日，日本朱舜水先生遺德顯彰會在茨城西山自然公園（西山莊故址）舉行朱舜水逝世295週年紀念會，並在不老池畔樹立頌德碑。碑面浮雕朱舜水頭像，長髯飄然，像的兩側刻著「道義一貫，日中交心」兩行行書，碑陰刻有石原道博所撰碑記。[134]在德川光圀原來隱居的莊園樹立朱氏紀念碑，既說明日本學者對二人的關係十分重視，也印證了朱氏的道德文章，深入日人心中，情深誼重，懷念他的心情，並未隨漫長歲月而改變。

綜上所述，朱舜水從45歲到60歲的15年中，為挽救明朝江山，遠離故國，漂泊於驚濤駭浪，奔走日本、安南等海外各國，可謂顛沛流離，困心衡慮。特別是1659（永曆13）年發生二件事情，對已屆花甲的他打擊很大，如6月，不幸遭受次子大咸病逝軍中的惡耗；7月，參加鄭、張北伐聯軍，兵敗南京。累積一連串的挫折，使他決心「乘桴浮於海」，流亡海外，另謀救亡圖存之道。

他流寓日本以後，雖然依舊孤單愁苦，總算有了棲身之所。最

---

[133] 康有為《康南海文集》卷5，臺北：文海出版社，頁42。
[134] 朱力行〈朱舜水頌德碑在日本揭幕〉，《餘姚史料》2，頁153。

初五年半在長崎，幸獲友人接濟、門生照顧，生活才勉強安定下來。然後應聘到江戶、水戶講學，直至病逝異域。他在最後的 18 載，受到日本朝野的知遇與敬重，是一生中最光輝的時期，發出生命的光和熱。

他物質生活不虞匱乏了，但絲毫不苟的保持知識分子的風格，不因環境有別而改變生活態度，時時猶以恢復故國為念，平日節儉自奉，積蓄了黃金三千兩，嘗謂：「中國乏黃金，若用此於彼，一以當百矣。」[135]可惜他念茲在茲的復明心願終未實現，於是這筆積蓄臨終時盡納入水戶藩官庫。

弟子安積　覺記敘當時朱舜水的生活情形：[136]

> 當時惟見先生終年嘔血，寥寥寡和，夏坐紗廚，冬擁腳爐。踰七之老，卷不釋手，去鄉萬里，而竟不言及私親，惟以恢復為念，未嘗一刻少弛也。雖曰篤學力行之所致，非天資之豪邁，其孰能如此？

一位離鄉背井、寄身異國的古稀老翁，二十多年來，舉目無親，只有友人、門生相陪，精神壓力之大，不言可喻；但他不因循苟且，排解內心的孤寂，清操節厲，志切復明大業的風範，誠可謂篤學力行，天資豪邁之士。

---

[135] 原　念齋《先哲叢談》卷 2〈朱舜水〉第 3 條，引新井白石《白石先生紳書》卷 2 記載謂：「舜水縮節積餘財，非苟而然矣，其意蓋在充舉義兵以圖恢復之用，然時不至而終可憫哉！」了解朱舜水十多年，處心積慮儲蓄黃金三千兩的真正目的。東京：平凡社，頁 87。

[136] 安積　覺〈朱舜水先生文集後序〉，《朱舜水集》附錄 4，北京：中華書局，頁 787。

附表二：朱舜水在日本的活動簡表（二）

西元干支	中國紀年	日本紀年	重要紀事	備註
1960 庚子	永曆 14 順治 17	萬治 3	是年起，朱舜水獲准留寓日本。 秋、冬之際，安東守約專程自柳川抵長崎首度拜見朱舜水。	乙・頁 477
1961 辛丑	永曆 15 順治 18	寬文 元	6 月，撰〈中原陽九述略〉1 卷，分析明朝淪亡的緣由，說明虜勢、虜害，提出滅虜之策。寄給安東守約收藏。 是年，撰〈神農像贊〉。	乙・頁 13 丙・頁 208
1962 壬寅	永曆 16 康熙 元	寬文 2	是年，安東守約有意請朱舜水移居筑後柳川，因故未果。 是年，致書門人安東守約，由於所學不同，婉拒和古學派代表人物伊藤維禎見面。	乙・頁 158 乙・頁 160
1963 癸卯	永曆 17 康熙 2	寬文 3	正月 15 日，往見長崎奉行島田守政。 3 月，長崎發生大火災，朱舜水住處被焚，只好寄寓於皓臺寺簷楹之下。弟子安東守約兼程趕來，協助安頓生活。	丙・頁 153 乙・頁 63
1964 甲辰	永曆 18 康熙 3	寬文 4	8 月，德川光圀派遣儒臣小宅生順赴長崎訪問抵日的明末儒者。小宅氏與朱舜水晤面，筆談問答 6 次，記錄為《西遊手錄》，述其始末，向德川氏復命。	乙・頁 618
1965 乙巳	永曆 19 康熙 4	寬文 5	7 月，朱舜水應聘到江戶。同 18 日，初謁德川光圀。9 月，到水戶講學，安積覺拜在門下。12 月 21 日，回江戶。 是年，與人見竹洞認識，時相過從。	丙・頁 60 乙・頁 65
1966 丙午	永曆 20 康熙 5	寬文 6	正月，撰〈元旦賀源光圀啟〉，以仁義、大同思想，向德川光圀建言。 9 月，門生林 春信病故，朱舜水撰〈勉亭林 春信碑銘〉悼念之。	乙・頁 113 乙・頁 596
1967 丁未	永曆 21 康熙 6	寬文 7	8 月，朱舜水又到水戶講學。 冬，作〈陋鐘銘〉、〈高枕亭志〉。	乙・618
1968 戊申	永曆 22 康熙 7	寬文 8	2 月，入居駒込別莊。 是年，德川藩主 40 歲，朱舜水作〈賀源光圀四十壽序〉呈獻祝壽。 是年，與朱子學派名儒木下順庵結交。	乙・頁 618
1969 己酉	永曆 23 康熙 8	寬文 9	3 月 19 日，應邀偕彰考館諸臣遊後樂園，觀賞櫻花，作〈遊後樂園賦并序〉，記述遊園盛況。 11 月 12 日，德川光圀在後樂園舉行養老	乙・頁 428 甲・頁 169、170 乙・頁 619

			之禮，祝賀朱舜水古稀壽誕。而朱氏呈〈與源光圀告老書〉，以「七十致仕」之義，請求准予告老。 是年，朱舜水博採眾說，會通經史，旁考古今，以理折衷，作〈諸侯五廟圖說〉。	
1970 庚戌	永曆 24 康熙 9	寬文 10	是年，朱舜水奉命撰〈學宮圖說〉，並指導木匠製造 30：1 模型，殿堂結構莫不悉備。又作祭器，依圖考古，研綴製法，授之工師，經年而成。	乙‧頁 619
1972 壬子	永曆 26 康熙 11	寬文 12	5 月，德川光圀將明曆 3 年（1657）設在江戶的史局遷到礫川（今小石川）水戶藩本邸，正式命名為「彰考館」。吉弘元常等多位學者應聘入館纂修《大日本史》。 冬，水戶學宮成立，朱舜水奉命制定〈釋奠儀注〉，改定儀注，詳明禮節，並親率儒生演練釋奠禮儀。	乙‧頁 620
1973 癸丑	永曆 27 康熙 12	延寶 元	朱舜水復奉命於駒込別莊權作學宮，率儒生演練釋奠禮儀。	乙‧頁 620
1974 甲寅	永曆 28 康熙 13	延寶 2	朱舜水奉命製明室衣冠、朝服、角帶、野服、道服、明道巾、紗帽、樸頭等。	乙‧頁 620
1975 乙卯	永曆 29 康熙 14	延寶 3	是年，長男大成卒。	乙‧頁 621
1977 丁巳	永曆 31 康熙 16	延寶 5	是年，致〈與諸孫男書〉，表達懷念親人的心境。	乙‧頁 45
1978 戊午	永曆 32 康熙 17	延寶 6	12 月，長孫朱毓仁專程到長崎省親，但礙於幕府禁令，無法到江戶見面。	乙‧頁 621
1979 己未	永曆 33 康熙 18	延寶 7	4 月，今井弘濟奉命抵長崎，與朱毓仁會面，備述朱舜水盼其赴江戶之意，並予慰勞賜賞。 11 月 12 日，德川藩主又在後樂園舉行養老之禮，祝賀朱舜水八十壽誕。	乙‧頁 622 甲‧頁 75
1980 庚申	永曆 34 康熙 19	延寶 8	是年，咳血舊疾復發。	乙‧頁 622
1981 辛酉	永曆 35 康熙 20	天和 元	6 月，與方外友人詩僧東皋心越在江戶見面，異地相逢，欣喜不已，聊慰思鄉心情。	丙‧頁 283
1982 壬戌	永曆 36 康熙 21	天和 2	3 月，設宴招待友人、門生，力疾坐起，諄諄教示，作為永訣。 4 月 17 日，朱舜水病逝。同月 26 日，葬於水戶瑞龍山麓。7 月 12 日，諡曰「文恭」。	乙‧頁 622 丙‧頁 278

資料出處代號：甲 →朱舜水全集（稻葉本）；乙 →朱舜水集（中華本）；丙 →朱舜水補遺（補遺本）。

貳　朱舜水與日本友人及門生的關係

如從 1645（弘光元、正保 2）年，朱舜水第 1 次抵達長崎算起，他在日本的活動期間長達 38 年。不過，前 15 年海外經營期間，他雖然前往日本 7 次之多，但是，依幕府鎖國令的規定，每次登陸，只能在長崎一地作短期的停留，人際間來往也以商販及旅日華人為主。唯一的例外是，1658（萬治元）年 10 月，第 6 次到長崎時，有日人安東守約經友人穎川入德介紹，致書朱舜水並執弟子禮。這是他有生以來第一個學生，對他執禮甚恭，因而促成朱舜水日後永住日本的契機。

1660（萬治 3）年，他獲准可以長住日本後，賃居長崎，生活困頓，接觸面也不廣。後來經友人引薦介紹，才陸續與日本朝野人士交往。

幸逢當時德川幕府正大力提倡朱子學說的風潮，加上水戶藩主德川光圀派遣儒臣小宅生順專程到長崎來招募儒者，推廣儒學。因之，朱舜水有機會應聘到江戶任賓師，展開講學生涯，而與日本政界、學界有較瀕繁廣泛的接觸。關於朋友相處之道，朱氏說：[1]

> 朋友之道，德業相長為本，飲食燕衎為末也；質誠款洽為良，虛恢文飾其敝也。即如飲食，有則八珍可羅，無則瓜瓠之羹，粗糲之飯，可以共飽。主不必以烹蔥翦韭為慚；賓不必為饌玉漿瓊而怍，是所謂素交也，是所謂質任自然也，素質自然，可久之道也。僕平生交友不多，然而數十年之久，死生貴賤貧富不少渝者，用此道也。

謂朋友交往，以修德為本，誠實相待，純樸自然，才能長久的維繫友情；而飲食饗宴為末，粗茶淡飯亦無妨彼此的交往。如朱氏在舟山時，由於理念相同而與王翊交情篤厚，以知己相稱，當王氏於 1651（永曆 5）年 8 月殉國後，朱氏在海外，每年於其蒙難日，必齋戒祭祀，表達悲痛的心情；[2] 反之，當時同縣的黃宗羲也在舟山軍中，由於道不同，不相為謀，故始終不相聞問。朱氏又說：「僕與朋友交，不自生嫌隙，亦不至久而倦怠，亦不能於形跡周旋。淡淡如水，始終不變。」[3] 由此可以認識到朱舜水待人溫良重義的誠懇態度。

陪侍多年的弟子安積　覺回憶當年朱氏在江戶家中接待友人的情景說：[4]

> 文恭喜賓客，不擇貴賤，非有疾病事故，未嘗不應接。饗客隨家有無，必竭其誠。……若鉅儒碩士來訪，論道談文，則自日午至夜半。覺等惟思困睡，而文恭未嘗厭倦也。

謂朱舜水本著以誠待人，樂道不倦的態度，因此，結識了多位交情不錯的益友。梁啟超編年譜時，留意到朱舜水與日本友人、門生交往經過的重要性，所以，他說：「我自己做朱舜水年譜，把和朱舜水交往的人都記得很詳細。……朱舜水是開創日本近二百年文化的人，當時就已造就人才不少，我們要了解他的影響力的大，須看他的朋友、弟子跟著他活動的情形。雖然那些人的史料很缺乏，但我仍很想努力搜求，預備替他們做些小傳。」[5]

---

[1] 朱舜水〈答野節書二十八首〉8，《朱舜水集》卷 8，北京：中華書局，頁 223～224。

[2] 朱舜水〈答田犀書二首〉1 說：「中秋為知友王侍郎完節之日，慘逾柴市，烈倍文山。僕至其時，備懷傷感，終身遂廢此令節。」《朱舜水集》卷 8，北京：中華書局，頁 252。

[3] 朱舜水〈答野節書二十八首〉20，《朱舜水集》卷 8，北京：中華書局，頁 229。

[4] 安積　覺〈朱文恭遺事〉，《朱舜水集》附錄 1，北京：中華書局，頁 625。

[5] 梁啟超《中國歷史研究法（補編）》，臺北：臺灣中華書局，頁 77。可惜梁啟超並未完成這項工作。

　　本節即依梁氏提出的思考方向，統計出中華本《朱舜水集》中
出現的日本人達百人之多。[6]試擇其中與朱舜水密切往來，有事蹟可
考的友人和門生，作平實的記敘。在他與友人交情深淺的認定方
面，一以作品記載為依據；[7]關於師生關係，朱舜水一向很謹慎，絕
不泛泛接受，[8]故第 3 節所記敘朱舜水的門生，務求信而有徵才列
入。至若師生之稱，他認為茲事體大，「非可泛泛；至若恩師之稱
者，誼埒於父子，人生無有二三，未可濫加於路人。」[9]所以，曾語
重心長的對奧村蒙窩談他的想法：[10]

> 世之最難者無如交通矣，而師弟子為尤難，而富貴貧賤之際
> 為尤難，以中原人為師，而貴邦卿大夫為弟子為尤難。不佞
> 耳目聾瞽，而口復喑啞，賢弟何取於不佞，而欲以為之師哉？

由此可見，他個性內斂，行事謹慎，謙虛為懷的作風，除非很了解
對方，否則不願輕易收為弟子。較特別的是德川光圀和朱舜水的關
係，雖然後來在所編輯的朱舜水文集上德川氏自署「門人」[11]，但
於公於私，衡情而論，應該說既是朱舜水的直屬長官，亦為互相敬
重的友人。二人的關係非比尋常，且影響深遠，故單獨一節討論其
交往互動的情形。

---

[6] 依中華本文集統計，與朱舜水有往來的日本友人凡 84 位、門生凡 17 名。惟因本
　　節討論範圍以日本人為主，故未列入他的中國友人。

[7] 朱氏與山鹿素行的交往情形，將在下一章敘述；又，朱氏多次婉拒伊藤維楨請求
　　拜師，故他們 2 位本節均略過不討論，參見第參章第三節。

[8] 朱舜水對師生關係的確定，態度非常認真。如藤井德昭，在〈頌主君壽舜水先生
　　七秩〉中自署為朱舜水的弟子。但是，朱氏知其為人奸詐，而未認他為門生。即
　　使寫信時提到他時，都客氣的稱之「足下」、「近臣」、「使臣」，並未像稱別的學生
　　為「門人」，所以，本節不列藤井氏。見《朱舜水集》卷 5、6，北京：中華書局，
　　頁 67、105、122。《朱舜水集補遺》卷 4，臺灣：學生書局，頁 199、217。

[9] 朱舜水〈答太串次郎左衛門書〉，《朱舜水集》卷 5，北京：中華書局，頁 67。

[10] 朱舜水〈答奧村庸禮書十二首〉3，《朱舜水集》卷 8，北京：中華書局，頁 268。

[11] 德川光圀編輯《朱舜水先生文集》，在卷首自署「門人權中納言從三位西山源光圀
　　 輯」，自稱「門人」。

一、朱舜水與德川光圀

　　德川光圀（即源光圀）[12]係幕府將軍德川家康之孫，水戶藩第 1 代藩主德川賴房的三子，幼名長丸，初名德亮，後改為千代松，再改為光圀，初字觀之，又字子龍，稱率然子，號曰新齋、梅里、常山人。他生而穎悟，少時不喜讀書，常與下人、馬夫遊蕩，偶而不守禮法，由人見卜幽軒及辻　達 2 位儒臣時加勸勉教導，才逐漸靜心學習。[13]

　　6 歲時，他獲得幕府第 3 代將軍德川家光之命，越二位兄長而立為世嗣水戶藩主。這種越序襲位的安排，後來使他對深感不安，但將軍之命不可違背，故只好接受。到了 18 歲，閱讀司馬遷《史記・伯夷列傳》以後，大有感觸，他的情形和叔齊相似，卻不能效法叔齊讓位給兄長，而徬徨懊惱。經反覆思考，想出兩全之策，乃依照飛鳥時代推古女帝（554～628）於繼位翌年（593），立她的姪子廄戶皇子為太子（即聖德太子，574～622），統攝朝政的作法，故於 1661（寬文元）年，舉行嗣位典禮之時，在亡父靈前，鄭重的向在場的諸兄弟及親友、官員宣告，自己雖是越序襲位，但古禮不可廢，當他年老退休時，藩主一職仍將按照歷來傳長的舊法，傳給長兄賴重的長子源綱方承繼。[14]他此一兼顧義理人情的謙讓作為，求仁得仁，博得各方的喝采。數年後，朱舜水知道這件事情的始末，

---

[12] 德川氏遠祖源氏，原來住在上野國（今群馬縣）新田郡世良田鄉德川，故改姓德川。

[13] 安積　覺〈義公遺事〉記載。引自青山延于《文苑遺談》卷 1，《近世儒家史料》中，東京：井田書店，頁 2。

[14] 水戶彰考館員〈義公行實附年譜〉「寬文元年辛丑，公三十四歲」條記載德川光圀向兄賴重懇求說：「松千代，君之長子，而先公之嫡孫也。願以賜我，我立以為嗣，則於我義足以有償矣。」請允許其長子綱方（松千代）為世子。〈義公行實〉又謂：「（寬文）十年庚戌正月二十二日，世子綱方卒。……十一年辛亥六月，台命立綱條為世子。」綱方不幸去世，由兄之次子綱條繼任水戶藩第 3 世藩主。《朱舜水記事纂錄》別卷，東京：吉川弘文館，頁 17、3。

贊美不已的說：[15]

> 上公讓國一事，為之而泯然無跡，真大手段。舊稱泰伯、夷、
> 齊為至德，然為之而有其跡，尚未是敵手。……若如此人君，
> 而生於中國，而佐之以名賢碩輔，何難立致雍熙之理？

意謂德川光圀有大公無私，較之後世所稱至德的伯夷、叔齊兄弟的
風度，實有過之而無人能及。他英毅仁恕，待人寬厚，樂善好施，
博覽群書，深切省察，御眾有方，雖卑賤疏遠者，亦待以誠禮，故
人人樂為之效命。著意於挽救當時陷溺於迷信的日本人心，振興國
勢，體認到載籍之不可中輟，而有纂修日本史的心願。1657（明曆
3）年 3 月，在江戶官邸設立史局，禮聘儒者著手蒐集史料，纂修
日本史。

　　朱舜水於 1665（寬文 5）年，經小宅生順推薦，應德川光圀之
聘為賓師以後，移居江戶、水戶間，與藩主德川氏建立深厚的臣屬
與師生般的友好情誼。如德川氏認為不應直呼名字，致意再三，請
問齋號，朱氏不得已才以故鄉水名「舜水」對之，從此即取以為號。
[16]以故鄉山水為號，表現了他身在異國而不忘故土的情操。每當寒
暑風雨，藩主必差人問候起居；每聞有恙，必紆尊降貴，至朱氏門
前數十步即下車步行，親臨其第探視之，關懷備至。[17]因此，朱氏

---

[15] 朱舜水〈與陳遵之書〉，《朱舜水集》卷 4，北京：中華書局，頁 43。

[16] 朱舜水〈與安東守約書二十五首〉11 說：「今已將舜水為號。舜水者，敝邑之水名，
古來大名公多有此等。」餘姚境內最大的河流是姚江，明、清時代稱為舜水。《朱
舜水集》卷 7，北京：中華書局，頁 161。

[17] 朱舜水〈答王師吉書〉敘述德川氏尊重他的情形說：「近者，上公禮待日益隆重，
今年正月以來，賜肩輿直入朝中。二月間，弟下體患一腫毒，上公親臨視疾，事
事周摯。使命餽遺，絡繹於道。」又，〈與源光圀書三十四首〉15 說：「古之賢君，
式段干木之廬，二千年來傳為美談。然未有以三公方伯之尊，為寒士而下，因而
徒步過門，逾數十武而後乘者，有之自今日始。」謂德川氏徒步過門表達對朱氏
的敬意，比戰國魏文侯對段干木的禮節猶有過之。《朱舜水集》卷 4、6，北京：中
華書局，頁 50、124。

在信中向友人說：[18]

> 宰相上公相待之禮，足下已聞其略。近日情日益厚，禮月益
> 隆，而且真誠無矯飾，誠不易得也。所學淵宏，諸儒不能及，
> 而仁明闓爽，真不世出之主也。

對德川氏情厚禮隆，真誠相待的態度，表示難能可貴；也推崇他是位博學仁德的藩主。

第 3 年為朱氏在駒籠（今駒込・東京大學農學部）建造一棟精緻優雅的別墅，安頓其生活。藩主經常向他論難經史，諮諏善道；朱舜水則必依經守義，激發生命的潛力，提出宏謀嘉猷，興利除弊，教導備荒貯蓄之法，破除民眾迷信，端正風俗，[19]曲盡忠告善導，報答知遇之恩。[20]據《朱舜水集》（中華本）載，就有書簡：〈元旦賀源光圀書〉8 首等 76 篇、問答：〈答源光圀問〉11 條等 14 篇、議：〈太廟典禮議〉四款等 9 篇以及策問 4 首，凡 103 篇，其內容涉及到儒家成德行仁的思想、明代的官制、學校規畫、科舉制度，文教設備、歷史沿革、疆域以及禮法典章、卜筮文物等領域，甚至生活飲食、服飾方面，也都知無不言，言無不盡。試歸納要點列述如下：

（一）儒家仁政思想

朱舜水本著做為一個知識分子的良知，既受優遇，則站在儒家

[18] 朱舜水〈答四宮勘右衛門書〉，《朱舜水集》卷 5，北京：中華書局，頁 65。
[19] 名越時正新版《水戶光圀》，水戶：水戶史學會，頁 106。
[20] 朱舜水〈元旦賀源光圀書〉4 說：「經云：『投我以木桃，報之以瓊瑤。』是施者貴誠，報者貴厚也。今者上公謬以瑜為賢，加以非常之禮，鄉士大夫莫不聞知，友邦冢君莫不聞知，歂歂以為千古聖典。然則瑜將何以為報也？」引《詩經・衛風》〈木瓜〉詩句，表達其知恩圖報的心情。《朱舜水集》卷 6，北京：中華書局，頁 115。

的立場，孜孜矻矻，積極用心的利用各種機會，向德川氏進盡忠言，建請修養品德、推行仁政，嘉惠百姓，以垂範後世。1667（寬文 7）年，朱氏特地以「規」的口吻撰一篇序文，祝福藩主 40 歲壽辰，序曰：[21]

> 誠能修明其道，使百姓實見其美，則歡欣鼓舞，家弦戶誦，可彈指而冀矣。……自強而不息則久，『久則徵，徵則悠遠，悠遠則博厚，博厚則高明。』博厚體地，高明體天，悠久無疆。故至誠之道，上下與天地同流，豈特百年而已哉？

為政者若秉持一切以誠為根本，以民為優先的施政原則，必能贏得民心擁戴，而社會康樂，國家常治久安，此乃自然的趨勢。並藉《禮記・中庸》久徵悠遠，博厚高明的道理，勉勵他以至誠之道治國，自強不息，期與天地同流，永垂不朽。

朱氏也曾經引述孔子「大同說」《禮記・禮運》為理想之世的藍本，向藩主提出大膽的建議，亟望於有為之時，劍及履及推動藩政，實現大同的理想。他說：[22]

> 瑜居恆讀此書，慨然興歎曰：「吾安得身親見之哉？」然而不能也。茲幸際知遇之隆，私計近世中國不能行之，而日本為易。在日本他人或不能行之，而上公為易；惟在勃然奮勵，實實舉而措之耳。

他一生嚮往大同雍熙之盛，卻不能親歷其間，於是藉此機緣，「自冒言深之戒」，向藩主建言應朝著樹立「大美之業，賢聖之資」的願景努力。

---

[21] 朱舜水〈賀源光圀四十壽序〉，《朱舜水集》卷 15，北京：中華書局，頁 478～480。
[22] 朱舜水〈元旦賀源光圀書八首〉1，《朱舜水集》卷 6，北京：中華書局，頁 113。

（二）禮儀制度

水戶藩主德川氏既主編《禮儀類典》514 卷，再興王室禮儀制度；亦積極推行各種禮儀活動。所以，特地請朱舜水規劃釋奠禮儀，也請教五廟之制。安積　覺在回荻生徂徠的信中說：[23]

> 先侯嘗問朱文恭以五廟之制，文恭不采《家禮》。其言曰：
> 「《家禮》乃庶士官司之禮，豈所以施於諸侯者哉？庶士官
> 司之禮，尚不得以施之元士，況得以施之大夫、施之諸侯
> 者哉？

意謂朱舜水考慮到藩主諸侯的身分，在擬議五廟之制時，從典籍中鈎稽考訂各種禮節，並未採朱子《家禮》的禮儀。

（三）教育為治國的根本

德川光圀和朱舜水 2 人都非常重視教育，多次討論實施方針。德川氏嘗謂：「邦設學校，三代之遺法，而王道之本也。講書弘道，訓蒙化俗，莫善於斯。」[24]朱舜水則主張治國之道，在教養兼施，曾於某年元旦向藩主德川氏祝賀詞云：[25]

> 伏以治道有二：教與養而已。養處於先，而教居其大。蓋非
> 養則教無所施，此奚暇治禮義之說也；非教則養無所終，此
> 飽食暖衣，逸居無教之說也。故教者，所以親父子，正君臣，
> 定名分，和上下，安富尊榮，定傾除亂，其效未可一言而喻
> 也。

---

[23] 安積　覺〈答荻徂徠書〉，《澹泊齋文集》卷 8，東京：續續群書類從完成會，頁 421。

[24] 水戶彰考館員〈義公行實附年譜〉，《朱舜水記事纂錄》別卷，東京：吉川弘文館，頁 21。

[25] 朱舜水〈元旦賀源光圀書八首〉6，《朱舜水集》卷 6，北京：中華書局，頁 115。

意謂教民養民，應相輔並進，以行仁政，而實現大同的理想。朱氏在 1670（寬文 10）年，當世子綱方病逝，另立其弟綱條為嗣時，撰〈與源光圀啟事〉一文引《禮記・文王世子》，針對世子的教育提出建言：[26]

> 世子必非久虛之位，願上公博選賢者以為之傅，其次為之少傅。……茲錄《禮》一條奉覽。《禮》：「太傅審父子、君臣之道以示之。少傅奉世子以觀太傅之德行而審喻之。太傅在前，少傅在後。入則有保，出則有師，是以教喻而德成也。師也者，教之以事而喻諸德者也；保也者，慎其身以輔翼之而歸諸道者也。」

引文中載明「師、保」扮演的角色，為師者，教事喻德的目的，是使世子的言行舉止能「歸諸道」，而「歸諸道」的具體表現是想百姓之所想，急國家之所急。因此，建議必須慎選誠實端正，寡言曉事，學識淵博的賢者擔任太傅、少傅，來教導父子、君臣之道，成就世子的德業。

（四）解說明朝各種制度

日本在吸收中華文化的過程中，始終遵循著一個原則，即維護其傳統的習俗和文化。在這一基礎上，對中華文化進行適合國情篩選和創新。如科舉制度，到唐朝已經很完善了。藩主德川氏對這種選拔人才的制度非常好奇，多次請問朱舜水，瞭解其沿革及實施情形，卻從未引進這種制度。[27]另外，朱氏也承命解說明朝儒臣官號

---

[26] 朱舜水〈與源光圀啟事二首〉1，《朱舜水集》卷 6，北京：中華書局，頁 134。又，孫希旦《禮記集解・文王世子》卷 20，臺北：文史哲出版社，頁 512。

[27] 朱舜水〈答源光圀問十一條〉1〜5，《朱舜水集》卷 10，北京：中華書局，頁 345〜348。德川光圀說：「若科舉之法，則今世不可復行也。」《朱舜水記事纂錄》別卷〈義公行實附年譜〉，東京：吉川弘文館，頁 21。

名銜，供採擇的參考。[28]

1672（寬文 12）年 2 月，朱舜水為回禮而邀宴藩主德川氏，饗宴的食物有黏果等 10 類，每類各 5 種，凡 50 種，具見其盛情款待的用心。[29]傳說朱舜水也向藩主呈贈以藕粉（蓮根磨粉）作成扁條麵加豬肉火腿熬湯製成的拉麵，獲得佳評。朱舜水廉介不苟，凡是藩主送東西來，他均一一記錄下來，在信中向藩主敬致謝忱，如「承賜鹿肉一肩，豬肉一肩，當即拜登。」、「承命今井弘濟，賚賜冰餅一箱。」等。[30]從上述這些事例，即可以了解他們之間生活上互動密切，心靈啟發的重心。

德川光圀於 1690（元祿 3）年，63 歲隱退，依願請立兄賴重之子綱條為嗣，襲封為第 3 代藩主。次年起，隱居水戶西山莊（今太田市西山自然公園），號西山隱士、西山老樵，接受幕府將軍所封「權中納言」，地位相當於唐代的「黃門監」，因此，世人稱之為「水戶黃門」。

他在自撰的〈梅里先生碑志〉說：「其為人也，不滯物，不著事，尊神儒而駁神儒，崇佛老而排佛老。」[31]這句話扼要的表明其思想的特質。意謂他的思想具有相當的涵容性，宏觀的尊崇日本固有的神道及外來的儒、釋、老各家思想，兼容並蓄的選擇接納，

---

[28] 朱舜水〈答源光圀問儒臣官號〉，《朱舜水集》卷 10，北京：中華書局，頁 354～357。

[29] 朱舜水致書人見竹洞時提起．「上公臨蓬華，僕亦感亦愧，……得一美饌，手自調治，特遣親信使臣齎賜。」藩主親臨住所並派親信送菜來，意義不凡。《朱舜水集》卷 8，北京：中華書局，頁 220。〈南塾乘〉記載：「寬文十二年壬子二月十一日，中村顧言來談曰：『昨日水戶侯枉駕於朱之瑜舍，設彼邦之饗禮，為水戶侯新設榻，為伴食設椅子各其前，陳几其上，供肴五十種許。』」《朱舜水記事纂錄》卷 3，東京：吉川弘文館，頁 73。又，安積 覺編《朱氏舜水談綺》卷中「饗禮式」條曰：「右朱舜水饗水戶侯之式，後之為饗者須準此，其庶羞品物，用時新、土宜可也。」羅列饗禮式食品名稱。上海：華東師範大學出版社，頁 114～119。

[30] 朱舜水在〈與源光圀書三十四首〉中記載，藩主的賞賜，凡 14 次，《朱舜水集》卷 6，北京：中華書局，頁 117～131。

[31] 水戶彰考館員〈義公行實附年譜〉引，《朱舜水記事纂錄》別卷，東京：吉川弘文館，頁 27。

汲取其精華，匯合成自己成長發展的資源；而駁斥捨棄其糟粕。這種將神儒等合而為一，考慮文化背景，而後將儒學、釋、老作自主性、批判性的接受，不拘門派的開放態度，除了他的個性使然之外，我們也可以從朱舜水寫給他的書信中，尋出他倆心靈互動的痕跡。

　　德川光圀是日本近世了不起的人物之一，在近 30 年的藩主任內，注重儒學，長於治術，功業彪炳，舉其要者，如纂修《大日本史》、古墳的發掘調查及義臣的建碑表彰、笠原渠道和久昌寺渠道的開鑿、栽種漆樹、養蠶等事項。[32]家喻戶曉的歷史時代劇〈水戶黃門漫遊記〉（中譯：〈水戶黃門〉），敘述水戶黃門不顯露權威，以江戶神田綢緞批發商的退休老人為名，帶著佐佐木助三郎（飾佐佐宗淳）和渥美格之進（飾安積　覺）2 名「左右護法」，微服雲遊各地，探訪民間疾苦，嚴懲貪官污吏，制裁狡詐的惡勢力，替老百姓申冤除害的動人故事。劇中的主人公──水戶黃門，就是義公的化身，表現公平無私，扶助弱者，天性自然的哲人風格，贏得極高的聲望，後世謳歌不已。[33]而朱舜水是義公最尊敬的學者，所以，在朱氏墓碑上親題曰「明徵君」，旨在成其遺志。由此可見，義公對於朱舜水的優禮了。

---

[32] 鈴木茂乃夫《水戶黃門の跡をゆく》10，東京：曉印書館，頁 208～210。

[33] 事實上，依幕府規定，以德川光圀藩主的身分，根本無法到處遠遊，何況周遊日本各地！頂多到過千葉縣和神奈川縣。1993（平成 5）年，水戶車站北口前廣場建立水戶黃門和阿助、阿格 2 名助手漫遊旅姿的銅像，解說文由瀨谷義彥撰。文庫本《水戶黃門漫遊記》，於明治 40 年代由文明堂文川文庫刊行，廣受讀者喜愛。日本最先受到矚目的《水戶黃門》電影，是日活株式會社於 1926（大正 15）年拍攝，由池田富保監製，山本嘉一飾演黃門。又，TBS 系電視台於 1969（昭和 44）年 8 月 4 日播出《水戶黃門》時代劇，凡 417 回，導演是松田定次，腳本是小國英雄撰寫，主角是東野英治郎。該電視台於 1997 年也推出網路「水戶黃門大學」，以史學、地理學、人類科學方面的觀點，研究黃門一行人的路程、行為模式等，獲得青少年喜愛。臺灣中華電視台曾連續播出由東京電視公司製作的《水戶黃門》。

朱舜水在江戶的 18 年間，德川光圀一直以賓師之禮待他，竭誠崇敬，毫不懈怠；而朱氏在世時也不遺餘力，「終日諄諄，論文講禮」，忠告善導，傳播中華文化。故安積 覺說：「非西山公之好賢，則不能發先生之蘊，相遇千里之外，竟成天下之奇，全衣冠於始終，彰節義於古今，水到渠成，莫非天也。」[34]意謂由於藩主德川氏好賢，促成朱氏的學養得以發揮，將 2 人的相遇機緣，歸諸天意。而梁容若舉唐僧惠果（745～805）授法日本遣唐僧空海（774～835）的事蹟作對比說：[35]

> 惠果以大唐三朝國師，撫異域游僧為法嗣，與水戶侯尊亡明寒儒朱舜水為國師，其卓識幽懷，均可以感天地、泣鬼神。而空海所以符期許，舜水所以答尊禮者，莫不卓然可傳。

文中所述，即空海於 804（延曆 23）年，隨遣唐使入唐，至長安，皈依青龍寺高僧惠果，惠果以兩部奧密壇儀印契，漢梵無差，悉授于空海。空海歸國後，創立真言宗，弘揚日本密宗佛法，不負期許。其師徒傳道的模式與德川氏、朱氏之間互相敬重的上下關係類似。即孔子所云「君使臣以禮，臣事君以忠」（《論語・八佾》）的寫照，其崇高的情操，足為後世景仰的典型。

他於 1700（元祿 13）年薨，享年 73，諡曰義公。編著有《常山文集》20 卷、《常山詠草》5 卷、《西山隨筆》2 卷等數十種。

---

[34] 安積　覺〈祭文恭朱先生墓文〉，《澹泊齋文集》卷 1，東京：《續續群書類從》完成會，頁 299。

[35] 梁容若〈空海入唐求法記〉，《中日文化交流史論》，北京：商務印書館，頁 149。

二、朱舜水與日本友人的交往

以職位或與朱舜水認識的先後，擇要依序敘述。

（一）前田綱紀

　　德川幕府各藩接受朱舜水思想的，除了水戶藩主德川光圀之外，還有他的外甥——加賀藩（今石川縣）第 5 代藩主前田綱紀（1643～1724）。他初名綱利，幼名大千代丸，後改今名，字國義、取益，別字振肅、中和、敘倫，號梅嶔、顧軒、香雪、松雲軒。他平生愛好經史，與朱舜水、林　春常等各派學者交往密切，虛心請教學識技能，儒學造詣頗深。[36]

　　他升任藩主後，以儒家思想為本，從事藩政改革，推行勤儉善良風氣；表彰南朝忠烈事蹟，正大義名分；謀求典章制度，禮儀文物的保存；獎勵學問武藝，振興教育事業。曾聘木下貞幹從事蒐集、保存、編纂中、日兩國珍籍奇書，奠定「尊經閣文庫」的基礎，與江戶紅葉山文庫、尾張藩蓬左文庫鼎足而立。後來也召募新井白石、室　鳩巢等儒者，推動儒學風氣；甄選五十川剛伯、奧村德輝到朱舜水門下就學。1670（寬文 10）年，他拜託朱氏為狩野探幽繪楠木正成父子櫻井驛訣別圖題贊語。[37]

　　朱舜水逝後 2 年（1684），由儒臣五十川剛伯編纂了《明朱徵君集》10 卷（加賀本），呈給前田藩主審閱。藩主為了再作增補，使文集更加完整而未立即刊行，（見稻葉本頁 597～708）但這是朱舜水作品首次編輯成冊，可見藩主重視的程度。儒臣新井白石贊美

---

[36] 如長澤孝三《漢學者總覽》，東京：汲古書院，頁 275、近藤春雄《漢文學大事典》，東京：明治書院，頁 614。都謂前田綱紀師事朱舜水。而若林喜三郎《前田綱紀》〈文運的興隆〉謂朱氏為前田氏請教的學者之一。東京：吉川弘文館，頁 143。在朱氏文集中找不出直接線索，確認他們有師生關係，為了慎重，故依若林氏的說法，列於「友人」節。

73

他兼具智、仁、勇三德。著作有《桑華字苑》、《梅暾集》、《大明律諸書私考》2卷等。

（二）小宅生順

水戶藩儒臣小宅生順，[38]字安之、坤德，號處齋，常陸（今茨城縣）人。

他自幼聰悟，勤學不懈，由水戶藩主德川賴房給予公費，拜在人見卜幽軒門下受教，學業日進，以博洽稱，文辭富贍。1652（承應元）年，被任命為水戶藩儒官，後來也參與編修日本史的工作。

1664（寬文4）年，奉藩主德川光圀之命，赴鎖國期間對外交通唯一的管道——長崎，訪問避居日本的明末陳三官、陸方壺、釋獨立等人，擬禮聘之以發揚儒學。經友人潁川入德介紹，得識朱舜水，先後晤面筆談6次，談論古今，肯定其才學俱佳，識見不凡。小宅氏記載談話的經過謂：[39]

> 予今年承君命，西遊紫陽長崎，棲遲三月，公務之暇，汎交蕃客，以欲得異聞，往往拈筆代譯，所交雖及數十輩，而有學者，獨有朱魯璵而已。於是采錄與朱魯璵應酬者以為冊子，名曰《西遊手錄》，雖不足慰眼下，而備他日之證云。

他將筆談的實錄凡63條，輯為《西遊手錄》1卷，上呈藩主，並極力推薦朱舜水為禮聘的適當人選。次年，藩主稟明幕府，召聘朱舜水到江戶。

在水戶藩徵才的過程中，小宅氏成功的扮演了溝通的重要角

---

[37] 朱舜水〈楠正成像贊三首〉1，《朱舜水集》卷19，北京：中華書局，頁571～572。

[38] 朱舜水在〈寄安東省庵書〉中辯說：「去年來崎小宅兄亦執弟子之禮，事事周旋。」但是，文集中皆以「儒臣」稱呼小宅氏。依例衡之，列為朱氏友人。《朱舜水集補遺》卷1，臺北：學生書局，頁12。

[39] 小宅生順《西遊手錄》跋，《朱舜水記事纂錄》附錄，東京：吉川弘文館，頁15。

色，一方面是促使朱舜水接近晚年時，有機會朝著人生的另一方向發展，使其名揚扶桑，永垂青史；[40]另一方面則為德川藩主邀請一位學識淵博，品格高尚的賓師，輔佐他建立非凡事功，留下令人傳誦的事蹟。在《朱舜水集》中收錄朱舜水〈與小宅生順書〉36 首、〈答小宅生順書〉19 首、〈答小宅生順問〉16 條、筆語 62 條及〈答小宅生順、野傳論建聖廟書〉，為數頗多，討論的主題，包括文學觀、名物、建築學宮等，範圍廣泛，可見他們二人惺惺相惜，互相敬重，關懷生活的情景。試舉 3 項說明之。

1. 文學觀

朱舜水在長崎與小宅氏會談時，曾對作文的標準和技巧提出他的看法說：[41]

> 言者，心之聲也；文者，言之英也。非言則聖人之心亦不宣，非文則聖人之言亦不傳。然文須通於天下，達於古今，方謂之文。若止一方之人自知之而已，則是方言調侃，非謂之文也。

意謂文章乃表達心聲的媒介，須「通于天下，達于古今」，表彰聖人之行，傳達聖人之言，所以，具有教化功用，能誇越時空的傳世之作，才稱得上是好文章；反之，如科舉所作八股文，並非文學；或用方言寫作，則懂的人有限，也無法流傳久遠。為了達到這個標準，他寫信告訴小宅氏具體的寫作技巧。他說：[42]

> 文章之貴，立格立意，練氣練神。常山之蛇，處處皆應，節

---

[40] 朱舜水在〈與小宅生順書〉26 表示：「弟荷台臺骨肉之愛，令遠人自慰。自昨年及今無一少渝，真所謂金玉君子也。」《朱舜水集》卷 9，北京：中華書局，頁 307。

[41] 小宅生順《西遊手錄》，《朱舜水記事纂錄》附錄，東京：吉川弘文館，頁 6。

[42] 朱舜水〈與小宅生順書三十六首〉1，《朱舜水集》卷 9，北京：中華書局，頁 298。

> 節俱靈，真文之神品也。若踞高山絕頂，俯瞰萬物，則遣辭
> 命意，自然超曠。

意謂具「立格立意，練氣練神」淳正的為文態度，才可以寫出文氣
如常山之蛇般靈動，辭意超曠的作品。其要務是使文章關涉世道人
心，即使是小的題目，也應表現獨到見識，使之出人慮表。如果只
是摛辭繪句，雖復膾炙人口，正如春苑之花，鮮妍易謝。同時，他
指出，寫文章，一定要使字字句句，俱從經史古文中來，而又不見
其痕跡；水乳相和，一氣沖融，如蜂之釀蜜，蜜成不復辨其為何花
之英。要能自開手眼，使六經皆供作文者驅策，而不可專講摹某人
某作，仿某人某作的俗套。[43]

朱舜水非常欣賞小宅氏的作品，有一次看過某篇文章後贊美
說：「佳作大妙，寓意於不隱不顯之中，掉結又潔淨勁爽，且無長
楊較獵等套語，敬服敬服。」又，針對小宅氏〈白賁園記〉一文，
謂足稱大方的「完文」。[44]

2. 文物制度

朱舜水回答小宅氏的問題，介紹了多種文物制度，如「深衣」，
他說：「服深衣必冠緇布，上冒幅巾，腰束大帶；繫帶有條，垂與
裳齊，履順裳色，約繢純纂。」說明整套穿戴方式，提供儒者服飾
的參考。又，曾接到小宅氏贈送的「角黍」，寫信致謝並扼要敘述
明代端午習俗，跟日本的端午節比較，謂「風俗大略同是此意」。

3. 建築學宮

朱舜水素來注重教育，除了藉機會向德川藩主建言建築學宮，

---

[43] 朱舜水〈與小宅生順書三十六首〉1，《朱舜水集》卷9，北京：中華書局，頁299。
[44] 朱舜水〈答小宅生順書十九首〉14、17，《朱舜水集》卷9，北京：中華書局，頁320、321。

振興教育之外，也與關心的友人、門生討論有關教育的事項，在〈答小宅生順、野傳論建聖廟書〉中，朱氏謂建學必於國都，如擴大聖廟學宮的規模，「行之得其道，則上公為聖教之首功，而日國興賢之鼻祖。」[45]發揮深遠的影響。朱氏又說：[46]

> 屬世磨鈍之大者，莫大於學宮。農夫之子，可以升之司馬司徒，辨論官材；簪纓之胄，可以移之郊遂，創懲逸志。一升一沉之間，人自不得不憤發為善，而銷阻其邪慝之思。於是國藉成德達材之用，而家裕溫恭孝弟之規，法至善也。

意謂藉教育的途徑，培養人才，蔚為國用，將可打破日本社會根深柢固的階級制度。這是突破當時嚴密的階級制度，以激發人的內在生命力為著眼點的進步思維。

1674（延寶2）年，小宅氏37歲齎志而逝，著有《慎終日錄》，纂修《常陸國志》6卷、《小宅氏存笥稿》2卷。

（三）田　止邱

水戶藩儒臣田　止邱（1637～1682）名犀（初名麟），字一角，號止邱子、白雲居士、避塵齋，通稱傳齋、理助，平安（今京都）人。

他幼年失怙，依其兄受四書句讀。11歲與兄同仕于小濱（今福井縣西）侯忠勝，1652（承應元）年，依侯命到江戶，受業於日本朱子學派名儒林　羅山及林　春勝父子。學成歸藩，擢為儒臣。

自少時，留心史學，1667（寬文7）年，他再度到江戶，次年起，由辻　達推薦，事水戶藩德川光圀，參與編修《大日本史》。

---

[45] 朱舜水〈答小宅生順、野傳論建聖廟書〉，《朱舜水集》卷9，北京：中華書局，頁323。
[46] 同前註，頁322。

1672（寬文 12）年，彰考館成立，田氏與人見懋齋、吉弘元常、板垣矩、中村顧言、小宅生順等十餘人，同時入館，他奉命作〈開彰考館記〉，記敘設館經緯及修史的意義。[47]

朱舜水應聘到江戶後，即與田　止邱時相往來。[48]如田氏常慨嘆朱氏遭遇屯邅，而所抱負不展於時；朱氏則推崇他好學盡孝道，處事練達說：「足下求仁義以榮親，讀詩書而興孝。首闢異端，持論騰乎遠邇；恢宏聖道，立身要其始終。推廣德心，斯為錫類。」[49]可謂以友輔仁之道。又安積　覺初學于田氏，後來也入朱舜水的門牆受教。安積氏在〈與荻生徂徠書〉中說：「使此在于今日，董狐之任不讓他人。弊師朱舜水亦常稱其人，天質超倫，以為不可及矣。才學富贍，可以想視矣。」[50]謂田氏具有春秋晉國董狐的史才，也引述朱氏的讚美之辭。

他博學洽聞，著作極多，可惜部份稿本散佚，只有《避塵齋文集》10 卷、《止邱子》2 卷、《儒釋筆陣》2 卷、《經傳字訓》1 卷、《疊字訓解鈔》3 卷傳世。

（四）人見卜幽軒

水戶藩主威公侍講人見卜幽軒（1599～1670），名壹，字道生，通稱卜友，號卜幽軒、友軒、林塘庵、白賁園、把茅亭，平安（今京都）人。

弱冠後，發憤力學，向藏書家借閱，日以繼夜苦讀，先拜菅原玄同（1581～1628）為師，學程朱之學，業益精進，為鄉里所稱贊。

---

[47] 田　止邱〈開彰考館記〉，《朱舜水集補遺》附錄 2 引，臺北：學生書局，頁 306。

[48] 在朱舜水文集中有往來書信，〈與田　犀書三首〉、〈答田　犀書二首〉、〈與田　犀啟〉、〈與田　犀、板矩書〉，凡 7 通。《朱舜水集》卷 8，北京：中華書局，頁 250～253。

[49] 朱舜水〈與田　犀啟〉，《朱舜水集》卷 8，北京：中華書局，頁 253。

[50] 安積　覺〈與荻生徂徠書〉，《朱舜水集補遺》附錄 2 引，臺北：學生書局，頁 306。

也曾趁日本朱子學派名儒林　羅山返京都休假時，執經問業；及來江戶，屢游其門。

1631（寬永 8）年，事水戶藩主德川賴房，任侍講職；當時的世子德川光圀尤善遇之。他的養子人見懋齋係朱氏的門生，姪兒人見竹洞為朱氏的好友，站在長者的立場，很關心朱舜水羈旅異國生活的情形，因此，朱氏在回信時表示感謝說：[51]

> 臺下不以為罪，又復賜之翰札，意言惆款，且深念弟客居情況，所謂推赤心置人腹中者，感刻無盡。

他晚年失明，蒔花種菜以自娛，使子弟讀經史而聽之。或辨義理，或論治亂，興到則諷詠述志。著有《四書童子問》1 卷、《五經童子問》1 卷、《莊子口義棧航》11 卷、《東見記》2 卷、《癸卯行卷》1卷、《林塘集》3 卷、《林塘筆記》4 卷、《華夷變態》25 卷、《土佐日記附註》3 卷等。

（五）人見竹洞

江戶幕府儒臣人見竹洞（1637～1696），名節，字宜卿、子苞、時中，號鶴山、竹洞、葛民、括峰，通稱又七郎、友元，平安（今京都）人。

他出身儒學世家，自幼年起，即受到中華文化的薰陶。如祖父人見友德年輕時，曾赴明（中國）、朝鮮遊學，歸國後，行醫濟世。父人見玄德（1604～1684）博通經史，任朝廷、幕府醫官，甚受重用。伯父人見卜幽軒（參見本節〈四〉）、堂弟人見懋齋（參見下節〈三〉）都是宗朱子學說的儒者。他 9 歲時（1645），由於表現優異而蒙將軍德川家光召見嘉勉。後來也投在林　羅山、春勝父子門

---

[51] 朱舜水〈答野壹書〉，《朱舜水集》卷 8，北京：中華書局，頁 205。

下，習朱子之學。

1658（萬治元）年遊京師時，親炙石川丈山（1583～1672）的教誨。3 年後（1661），第 4 代將軍德川家綱命其為幕府侍講。1664（寬文 4）年起，與林　春信、林　春常等人共同纂修《續本朝通鑑》（一名《本朝通鑑續編》230 卷，從此成為林家修史事業重要的一員。

次年，人見氏得知朱舜水應聘到江戶後，即經常與之交談問學。2 人或見面以筆談方式論證學術；或飲酒品茗，促膝長談；或藉書信往覆溝通，關懷近況。人見竹洞敘述當時的情形說：[52]

> 舜水朱翁，……甲辰，依水戶相公之招，來于江府。自其停軺之日，余往謁之，爾來及其易簀之時，屢與之晤語，或迎于水竹深處，靜話終日。

不久，人見竹洞新居落成，招待朱舜水往遊，人見氏記其事道：[53]

> 乙巳歲，余新築柳塘之下，開小園藝花竹，播書齋起書樓，一日招翁酒饌各倣中華之製，桌椅相對，靜話終日，翁欣然筆語作堆。食了與翁上書樓，翁觀架上之群書而喜。

描述當時兩位儒者溫文的舉止，應對以禮，進退得宜的情景，雖然，有語言上的隔閡，不過，雙方理念相近，對文化傳承深切關懷，心靈溝通密切，流露出真摯的友誼。人見氏曾閱讀南宋遺民鄭思肖（1241～1318）所著《心史》，感受深刻，於是致函朱氏分享其心得說：[54]

---

[52] 人見竹洞〈舜水墨談自序〉，《人見竹洞詩文集》附錄，東京：汲古書院，頁 510。

[53] 朱舜水〈答人見竹洞問二十三條〉10，《朱舜水集補遺》卷 3，臺北：學生書局，頁 189。

[54] 人見竹洞〈寄朱舜水書〉，《人見竹洞詩文集》卷 2，東京：汲古書院，頁 231。

> 《心史》之書，讀之使人義氣凜凜，朱明南渡，中原悉為北
> 賊之有，翁亦思肖之徒也。讀此書，想此人，感其時，思其
> 士，彌多所激發乎！

這本《心史》，剛重見人世，刊刻不久即流傳到日本，人見氏送一
部請他過目，[55]朱氏閱後明確的答覆說：[56]

> 家國之感不去心，亦不須典籍激發也。

意謂他與鄭思肖一樣充滿家國之讎，不必待讀《心史》始激發。人
見氏時刻體念朱舜水多年來，離別家國孤憤的心境，在〈寄朱舜水
書〉就說：[57]

> 翁生中州，來于九夷，杳溟萬里，凌豚浪之險，突蜃樓之難，
> 而自西來東，及去，復發崎港來于江府也。又東秋末詣水戶
> 也。自東又東，嗚呼二十餘年，行路之難，其勞誰能耐乎？
> 悲翁抱德守操而素夷行夷，素難行難，豈能然乎哉？

對朱舜水 20 多年來，為了恢復明室而刻苦耐勞，忍辱負重，經營
海外，往來各國爭取援助的精神，表示敬佩關心之意。

朱舜水與人見氏情感篤厚，相交相知 18 年（1665～1682），留
下中日兩國學者切磋學問，傳播文化，建立深厚友誼的一段佳話。
如人見氏在〈祭明徵君舜水朱老先生文〉以感性的口吻，談起他跟

---

[55] 人見竹洞《舜水墨談》記載：問：「前所呈《明季遺聞》及《心史》未閱否？」《人見竹洞詩文集》附錄，東京：汲古書院，頁 514。鄭思肖於臨死前將《心史》鎖入鐵函，埋入蘇州承天寺枯井中。1638（崇貞 11）年，被人發現。刊於 1645（隆武元）年，不久，流傳至日本。今內閣文庫有藏本。陳福康〈鄭思肖《心史》在日本〉，《中華文史論叢》第 68 輯，上海：古籍出版社，頁 311。

[56] 朱舜水〈答野節書二十八首〉7，《朱舜水集》卷 8，北京：中華書局，頁 223。

[57] 人見竹洞〈寄朱舜水書〉，《人見竹洞詩文集》卷 2，東京：汲古書院，頁 233。

朱舜水之間「以文會友，以友輔仁」的交遊情境，他說：[58]

> 先生初繫纜崎津，節既慕芳名之美，及駐轅江府，節先仰盛
> 德之高，或擁篲而迎，或抱經而問，蒙育才之明誨，得博物
> 之異聞。言異志同，耳提面命，潔如對霽月，溫如坐春風。
> 聞詩禮而道存，侍筆硯而年久。

字裡行間流露出對朱舜水敬慕的心意，特別是「言異志同」一語，
可謂他們靈犀相通的難得寫照。朱舜水曾在回信中向人見氏表示：

> 半月以來，逐日匆冗，然一歇手，便覺心目之間有一友元在
> 矣。此無他，台臺肫誠藹藹，使人懷思無已耳。

半月不見，即懷思友元，推誠相與。

朱氏主張「文以明道」之說，在〈與野節（野竹洞）書〉中明
確指出：[59]

> 文章匡翼世教，必使宜乎義，合乎禮，協乎萬人之情，非徒
> 以媚悅一、二人而已。甚不可以苟焉。

意謂寫作文章必須合乎禮義，協乎人情，才能達到教化的效果。若
為取悅一、二人而苟且執筆應酬語，則不免落人恥笑。如唐韓愈（768
～824）為人作碑、志、表、銘，識者詆為諛墓之辭，而成為人格
上的瑕疵。[60]在〈答野節書〉也具體的說：[61]

> 文章得力在幾句，或一段，多者兩段。其鋪敘處，本非切要。

---

[58] 人見竹洞〈祭明徵君舜水朱老先生文〉，《朱舜水集補遺》卷4，臺北：學生書局，
　　頁207。
[59] 朱舜水〈與野節（野竹洞）書三十五首〉1，《朱舜水集》卷8，北京：中華書局，
　　頁205。
[60] 同前註。

> 若幾句肯綮，便有千鈞之力，或止在掉尾一句。若以家常茶
> 飯，平平鋪敘，不足以發其光，適足以掩其美。

意謂為文「句要勁，詞要古」；唯有肯綮之言，才能顯出千鈞之力。
朱氏更向人見氏談起：「作文以氣骨、格局為主」，所以，「理勝之
文，大勝他人詞致美好也。」[62]內涵上有骨氣、有見解；修辭上有
波瀾、有神采的作品，才能傳諸久遠而不朽。

　　二人往覆的書信、問答、筆談紀錄，不但呈現兩位儒者心靈激
盪的成果，具有相當高的學術價值。可惜 1673（延寶 2）年冬，人
見氏寓所發生祝融之災，資料被焚毀僅存十分之一而已。1686（貞
享 3）年，其子人見　活將災後所剩二人筆談紀錄騰寫為《舜水墨
談》，凡 27 則。人見竹洞自序曰：[63]

> 每對案筆語之，而余稍通中國之言，不通者，則假譯舌，把
> 筆稍少，達十數年之間，堆積盈篋。癸丑之冬罹災，故有僅
> 存者，錄為一冊，貞享丙寅。

　　另外，鹿島市祐德神社中川文庫所藏《舜水墨談》，則收錄 46
條，比前者多 19 條。加上稻葉本、中華本文集所收二人的筆談記
錄，去其重複，總計有 52 條。[64]至於書信方面，人見氏致朱舜水的
函札有 18 通；而朱氏〈與野節（野竹洞）書〉有 35 封、〈答野節
書〉有 28 封，合計 81 封。[65]這些都為我們研究江戶初期日本文化

---

[61] 朱舜水〈答野節書二十八首〉15，《朱舜水集》卷 8，北京：中華書局，頁 227。

[62] 朱舜水〈答野節書二十八首〉17，《朱舜水集》卷 8，北京：中華書局，頁 228。

[63] 人見竹洞《人見竹洞詩文集》附錄，東京：汲古書院，頁 510。

[64] 人見竹洞《人見竹洞詩文集》附錄，東京：汲古書院，頁 510～515。《朱舜水集補
遺》卷 3，臺北：學生書局，頁 183～195。《朱舜水全集》卷 22、8，東京：文會
堂，頁 421～430；頁 701～704。《朱舜水集》卷 11，北京：中華書局，頁 384～
393。

[65] 人見竹洞《人見竹洞詩文集》卷 2，東京：汲古書院，頁 230～240。朱謙之編《朱
舜水集》卷 8，北京：中華書局，頁 205～230。

的發展狀況及中日儒學交流史，提供了非常珍貴的史料。

朱舜水曾向人見氏介紹明代的文物制度，重要的有 2 項：

1. 科舉考試制度，包括鄉試、會試、廷試考官的任命，考試內容、規則，八股文的作法及考生的錄取等項，比較完整地介紹中國的科舉考試制度。[66]

2. 服飾式樣，包括唐褌、犢鼻褌和道服等。「唐褌」，他解釋說：「所論唐褌，北人謂之褌子，西人謂為衷衣，一物也。」各地的名稱不同，實則，指同一種物品。朱氏指出：「要（音夭）之長短，當量貴體肥瘠而為之，若小大違宜，服之終不得其當。」談到「犢鼻褌」，即舉西漢司馬相如（前 179～前 117）穿犢鼻褌，與傭保雜作於臨卭市，以恥卓王孫之例，謂為僕役操作之衣，非君子之服。[67] 至於「道服」，朱氏慎重其事的拿起剪刀裁縫賤帛，製作實物來解說。事後人見氏答謝說：[68]

> 僕欲見道服久矣，今遇翁之來于江城，併得野服之製，國俗服製混淆，無儒服之製，以此道服為國儒之所服，則僕所願也。

表示希望將朱氏所介紹的道服，推廣為日本儒者的服飾。

人見竹洞 40 歲左右起，應邀於林家私塾昌平黌授課，學者譽之為〈人見學〉。元祿 7 年（1694），正式在湯島聖堂大成殿主講《書經》，評價甚高。著有《人見竹洞詩文集》30 卷、《君臣言行錄》9 卷、《石川丈山年譜》（一名《東溪年譜》）1 卷、《日光紀行》2 卷、《韓使手口錄》1 卷、《鶴山隨筆》4 卷、《壬戌琉球拜朝記》1 卷

---

[66] 朱舜水〈答人見竹洞問二十三條〉4，《朱舜水集補遺》卷 3，臺北：學生書局，頁 184～186。

[67] 朱舜水〈答野節書二十八首〉10、9，《朱舜水集》卷 8，北京：中華書局，頁 225、224。

[68] 人見竹洞〈舜水朱大翁書〉，《人見竹洞詩文集》卷 2，東京：汲古書院，頁 231。

等。

（六）木下貞幹

德川幕府儒臣木下貞幹（1621～1698）字直夫，號錦里、順庵、敏慎齋、薔薇洞，通稱平之允，私諡恭靖，平安（今京都）人。

他生而岐嶷，5、6歲起讀書寫字，聰明卓犖；年13，作〈太平頌〉，以辭旨淳正而聞名。既而受業於日本朱子學京學派名儒藤原惺窩（1561～1619）之門人松永尺五（1592～1657），專攻性理之學，勤苦淬勵，日進月修，期以大器。同門有貝原益軒（1630～1714）、安東守約、宇都宮遯庵（1633～1709）等，咸「推為先達，以矜式焉」。

嘗跟但馬（今兵庫縣）守柳生宗矩遊江戶，因道不合決然而歸。從此屏跡讀書、授徒講學幾20年，聲名動天下，為世所仰慕。

加賀藩主前田綱紀聞其盛名，禮聘為儒臣。1671（寬文11）年，再赴江戶，與林　春勝、林　春常父子等日本朱子學派儒者往來。1682（天和2）年，擢升為幕府儒臣。同年7月，應第5代將軍德川綱吉（1680～1709在位）之召，擔任侍講。他經安東守約介紹，與朱舜水認識；由於奧村庸禮同時師事朱氏和木下氏，所以，透過奧村氏，互相了解對方。朱舜水在寫給木下氏的信中說：[69]

> 去秋，奧村顯思屢言台臺才德，與舊日所聞同符。誠願望見顏色，酌取仁賢。

顯思是奧村庸禮的字號。二人因各處一方，連絡不易，僅有數面之緣，平時以魚雁往返，於思想、文學典故、教育、文物制度等方面切磋交流。

---

[69] 朱舜水〈答木下貞幹書六首〉1，《朱舜水集》卷8，北京：中華書局，頁199。

在朱氏文集收錄〈與木下貞幹書〉8封、〈答木下貞幹書〉6封、〈謝木下貞幹啟〉1篇、〈答木下貞幹問〉1篇；而木下氏文集也收錄〈與朱舜水書〉12封、〈復朱舜水書〉5封，雙方往返書簡、問答合計33封，為數不少，表現出彼此敬重的情意。他推崇朱舜水的學問：「學純德粹，傳中華之道脈，激東海之儒流」、「千古道脈，竟極考亭之淵源」[70]。而朱氏稱讚他的學問：「文苑之宗，人倫之冠」、「博綜夫典謨子史，研窮乎孔孟程朱」；稱其為人：「盛德謙光」、「腹笥若虛」、「寬直惠和」。木下氏號「敏慎齋」，即得自朱氏來函論學問要諦「敏慎」之啟示而取的。他也將五十川剛伯推薦到朱舜水門下受教。[71]他開課授徒數十年，學風紮實嚴謹，但不狹隘固執，有攝百家之長而授天下英才的雅量，故人才輩出，其中新井白石（1657～1725）擅長經濟、歷史；室　鳩巢（1658～1734）醉心朱子學；雨森芳洲（1668～1755）長於韓、唐音，倡儒、道、佛三教一體；祇園南海（1677～1751）長於詩文；榊原篁洲（1656～1706）擅長古註，各有專精，稱為「木門五先生」。其中新井氏和雨森氏二人雖從未與朱舜水見面，然而，在著作中都提及他和弟子的事蹟，可謂間接受到朱氏的影響。[72]

曾慕名而請朱舜水作〈楠公正成像贊三首〉[73]，第一首後來刻於攝津湊川（今神戶）楠正成（？～1336）墓碑陰，世稱三絕之一。著有《錦里文集》19卷、《班荊集》2卷、《恭靖先生遺稿》3卷。

---

[70] 木下貞幹〈與朱舜水書〉8、〈與朱舜水啟〉，《恭靖先生遺稿》卷2，東京：《續續群書類從》完成會，頁202、205。

[71] 木下貞幹〈與朱舜水書〉5說：「今源剛伯得廁門下之列，感刻之至。……況剛伯日侍函丈蒙薰陶，振奮興起，而學業之成可知已。」《恭靖先生遺稿》卷2，東京：《續續群書類從》完成會，頁201。

[72] 如新井白石《白石先生紳書》、《舜水解疑》（未見）；雨森芳洲《橘窗茶話》等。

[73] 朱舜水〈答木下貞幹書六首〉3說：「〈正成楠公傳〉聞以忽冗未構，今已促剛伯累其事實戰功，不必作傳也。一到即當題贊奉上。」，《朱舜水集》卷8，北京：中華書局，頁201。

（七）吉弘元常

水戶藩儒臣吉弘元常（1643〜1694），初名玄仍，字子常，號磬齋，又號菊潭、孫庵，通稱左介，周防（今山口縣）人。

他自幼豪氣放邁，不願屈居人下，17 歲時發奮研讀經書，次年隻身赴京都，拜在名醫饗庭東庵門下學習。1662（寬文 2）年，拜在山本泰順門下，學業精進；也曾向橘雲堂執經問難。2 年後，由奧山玄建推薦仕水戶藩儒臣，參與《大日本史》的編修事業。他和朱舜水時相往來，在《朱舜水集》中收錄了朱舜水寫給吉弘氏的信15 封、問答 10 條及像贊等，可見二人的互動良好。

朱舜水在致小宅生順函中稱贊他的文章極佳，只嚐一臠而知全味，他說：「元常兄文章極佳，雖一臠乎，已知全味矣。」[74]又在答平賀舟翁（平賀勘右衛門）的信中提到曾與吉弘氏談徵收農賦的問題，朱舜水說：[75]

> 舊冬與玄仍吉兄言，勿減賦以求悅民，勿增賦而希媚上，一如舊額，而勤力其中。百姓得其盈餘，漸可仰事俯育。……康節先生謂：『寬一分則民受一分之惠』。

本著儒家行仁政的信念，認同邵雍（1011〜1077）的看法，表示收稅必須顧及百姓生活，使其滿足基本的仰事俯育之所需，才是施政的上策。

1681（天和元）年，吉弘氏偕同佐佐宗淳、鵜飼真昌（1633〜1693）等人赴京都、熊野、吉野的寺廟探訪史料，多閱寺社舊記，抄其足徵者，纂為《南行雜錄》，文雖零細，內容屬實，具史料價值。1688（元祿元）年，與佐佐宗淳同時被任命為彰考館第 2 屆總

---

[74] 朱舜水〈與小宅生順書三十六首〉22，《朱舜水集》卷 9，北京：中華書局，頁 306。
[75] 朱舜水〈答平賀舟翁書二首〉2，《朱舜水集》卷 5，北京：中華書局，頁 90。

裁，為期 4 年。次年，與佐佐氏等人商議，草創〈修史義例〉，後經安積　覺刪修，確定纂修史書的凡例。著有《磐齋集》。

（八）辻　達

　　水戶藩儒臣辻　達（1624～1668）初名了的，或稱聊適；後改名達，字思聰，號端亭，平安（今京都）人。他自幼好學聰穎，年 14，來到東京，服侍威公（德川賴房），深得寵愛。師事林　羅山，學習朱子學說，親炙既久，博聞強記，學貫古今。1637（寬永 14）年，任水戶藩儒官。

　　他本性溫厚，寬而容眾，與朱舜水以道義相交。文集中收入朱氏〈與辻　達書九首〉、〈答辻　達書〉及問答各一，記錄了關懷生活起居、問候病情的點點滴滴。朱舜水稱贊他的文章寫得很好，將來可與中國人的作品相媲美，朱氏說：「今文彬彬然，將來當無遜於中華。」[76]又為他作〈端亭記〉，文曰：「今子獨以『端』顏其亭，而以記為請，余深訝焉。……《易》曰：『直方大』，又曰：『敬以直內，義以方外。』此皆所以為『端』也。」[77]引《易‧坤卦》君子恭敬不苟使內心正直，行為適宜使外在端莊，即「敬內義外」的道理，詮釋以「端亭」為號的意義。著有《端亭集》、《平氏譜》。

（九）林　道榮

　　長崎唐通事林　道榮（1640～1708），名應采，字款雲，號蘿山、孰也、官梅、墨癡老人。父林公琰為福州人，生於長崎。他自幼聰慧，唯讀書是務，仰慕名儒林　羅山之學行，因而自號蘿山，時人皆呼以林　蘿山。朱舜水第 1 次見到林氏，是他 10 歲左右，

---

[76] 朱舜水〈與辻　達書九首〉2，《朱舜水集》卷 9，北京：中華書局，頁 326。
[77] 朱舜水〈端亭記〉，《朱舜水集》卷 16，北京：中華書局，頁 489。

稱許為雞群中的鶡鳥。[78]

　　1653（承應 3）年秋，朱氏第 3 次到長崎時，因舊疾纏身，無法執筆，加上迫於回舟山的船啟航時刻，臨時請他騰寫致鄭成功及回覆張名振的 2 通函件，在〈送林　道榮之東武序〉中敘述當年的情形說：[79]

> 壬辰秋，復過日本，適當作報國藩及答定西侯張侯老兩書，病困不能搦管，而舟行甚迫，日夕促報書。或有言林子能作小楷者，延之即至。授之草，即濡毫疾書，氣度沖融，旁若無人。如孔文舉當年兔起鶻落，筆不可攝；如小王令家法，益知其為國器矣。

是時，林　道榮年僅 14，而楷行草隸，無一不能，表現從容不迫，運筆有如後漢孔融（153～208）、晉王獻之（344～388）般造詣，讚美再三，期望他將來成為國之大器。

　　1658（萬治元）年冬，林　道榮感歎由於家境貧困，無法自我突破實現理想。朱舜水聞之，慰勉說：「諺云：『孳孳力田，必將逢年』，但患不讀書，不患讀書無所用也。子其勉之矣。」[80]引孔子「不患無位，患所以立」《論語‧里仁》的道理，勸他要潛心學業。1600（萬治 3）年，林氏追隨妻木氏到江戶謀求發展，朱氏費心作序贈之。[81]後來受到人際和環境的逼迫，失望的返回長崎。[82]由於出身華

---

[78] 朱舜水〈送林　道榮之東武序〉說：「余於庚辛間至日本，見福清林子玄庵孰也於東明山房，此時才在髫齔，顧其視瞻矞矞，步履華華，固已心異之如雞群一鶡矣。」句中「庚辛間」，指庚寅（1650）、辛卯（1651）年間。《朱舜水集》卷 15，北京：中華書局，頁 477。

[79] 朱舜水〈送林　道榮之東武序〉，《朱舜水集》卷 15，北京：中華書局，頁 477。

[80] 同前註。

[81] 朱舜水〈送林　道榮之東武序〉，《朱舜水集》卷 15，北京：中華書局，頁 476～478。

[82] 李獻璋〈慶寬時代的長崎唐人をめぐる諸問題〉（中）引〈長崎先民傳〉：「萬治中，從鎮臺妻木氏之江戶，乃祝髮自號道榮，名聲大振，舉無以比。遂為眾忌，殆將

裔，通曉明、清典章制度、俚語等，1663（寬文 3）年即 24 歲起，被任命為清館通事。

經一番努力，他的詩文益清俊，筆意益宏肆，宗程、朱學說，精性理之義，成為一代儒者，與書畫家深見玄岱（又名高　天漪・1649～1722）同稱為「長崎二妙」。朱舜水啟迪之功，實不可沒。著有《小學厄言》2 卷、《江都紀行》1 卷、《海外異聞錄》6 卷、《東閣吟草》1 卷、《墨凝道人存稿》6 卷、《四體千字文》2 帖等書。

三、朱舜水與日本門生的情緣

（一）安東守約

柳川藩儒臣安東守約，藩士安東親清的次子，原名親善，後來改名守正、守約。字魯默、子牧，號省庵、恥齋，通稱助四郎、市之進，筑後柳川（今福岡縣柳川市）人。

其祖先世代為柳川藩儒官，自幼有志聖賢之道，21 歲起，在故里附近師事清水寺玄磧與阪東寺友山二位和尚，賦詩作文，奠定學識根基。[83] 7 年後，赴京都，拜在日本朱子學派大儒松永尺五之門，習程、朱學說，日夜刻苦，不稍懈怠，當時同門的有木下貞幹、宇都宮遯庵、貝原益軒等儒者。歷時 5 載，精通四書五經大義。學成後，回柳川為藩侯侍講。

1658（萬治元）年，經友人穎川入德介紹而認識第 6 次來到長崎的朱舜水，仰慕其學植德望，故致書問學，執弟子之禮。朱舜水見他執禮甚謙及所附〈序說詩箋〉等文，深感其有意於聖賢之學，

害之，故亡走回崎。」據考句中「萬治中」，指 1660（萬治 3）年。《中國學誌》（第 4 本），頁 178。

[83] 渡邊春山〈柳川人から見た安東省庵先生〉,《柳川人から見た安東省庵とその著『三忠傳』》，柳川：山門三池教育會，頁 136。

難能可貴。是年 10 月，朱舜水接受鄭成功等人的邀請，返回廈門共商大計。離開長崎前夕，安東氏寄書作詩贈別，並資助盤纏。詩曰：[84]

> 遠避胡塵至海東，凜然高節魯連雄；勵忠仗義仁人事，就利求安眾俗同。昔日名題九天上，多年身落四域中；鵬程好去圖恢復，舟楫今乘萬里風。

以戰國齊魯仲連的節操為喻，對朱舜水不辭辛勞，經略海外圖謀復明的精神，表示由衷敬佩。留下日後得接馨欬，親炙教誨的契機。同年冬，朱舜水從廈門回信，表示同意收他為弟子，正式結下這段難得的師生緣份。[85]後來朱氏特地寫信向安東守約之父致意，讚美他說：「非獨貴國也，中原之士，好古力學亦未能或之先已。」期許他進入孔孟學說的殿堂，成為振古英豪。

　　1659（萬治 2）年冬，朱舜水第 7 次抵長崎，安東守約兼程從柳川趕來拜見。安東氏說：「萬治 2 年，復來吾國，寓于長崎，守約執贄往見，幸得補弟子之員。」[86]這是他們第 1 次見面，瞭解他歸路已絕的困境後，即會同友人到處奔波，協助恩師申請長住日本。今井弘濟、安積　覺撰〈舜水先生行實〉扼要記載當時的情形說：[87]

> （朱舜水）以己亥，又至日本。先是筑後柳川有安東守約者

---

[84] 安東守約〈悼朱先生文〉，《朱舜水集》附錄 2，北京：中華書局，頁 735。

[85] 朱舜水〈答安東守約書三十首〉1 回信說：「讀來教，踴躍健談。元定真吾老友，而乃謙以自牧，退就弟子之列。然而不敢辭者，亦有故焉。學術之不明，師道之廢壞，亦已久矣。……惟此與人為善之誠，迫於飢渴，十四年拳拳望切，而今一旦意外遇之，其敢阻進脩之志哉？」《朱舜水集》卷 7，北京：中華書局，頁 170。

[86] 安東守約〈朱舜水先生文集序〉，《朱舜水集》附錄 4，北京：中華書局，頁 784。

[87] 今井弘濟、安積　覺〈舜水先生行實〉，《朱舜水集》附錄 1，北京：中華書局，頁 617。

（號省庵），欽其學植德望，師事之。深體先生忠義之心，
知其歸路絕，宿望沮，固請先生留日本，先生從焉。乃與同
志者連署白長崎鎮巡，鎮巡許之。

朱氏終於有棲身之所。安東氏又體念恩師流離屯塞，孤身漂然，寄
居異邦，經濟拮据，因此，節衣縮食，以俸祿的一半作為恩師的生
活費用，朱氏推辭再三，其志不移，乃許所請。這段感人事跡，連
續五年多，朱舜水文集中多有記載，稱讚他關懷恩師的態度，「真
是媲美於古來賢人」。其中尤以〈與孫男毓仁書〉為詳，特囑咐子
孫「當刻骨銘心，世世不忘」。[88]當時朝野各界對安東氏的「半俸」
之舉，擊節歡羨，傳為美談。如古學派大儒伊藤維楨（1627～1705）
曾致書安東守約表示說：[89]

承聞明國大儒越中朱先生，躬懷不帝秦之義，來止長崎。台
下忽執弟子禮，師事之；且不承蓄妻子，不恤衣食，奉廩祿
之半，以作留師之計。其志之高，行義之潔，非不待文王而
興者，豈能然乎？

推崇其盡心照顧恩師，志行高潔，深表佩服。而安東氏對這件事，
視為理所當然，解釋說：「守約尊信老師，本非為名；老師愛守約，
亦豈有私！惟欲斯道之明而已。」[90]謂如此做法，係盡門人的本份，
並非沽名釣譽，安而行之，毫不做作，言辭間流露一片敬師樂道之
忱。

其實，安東氏自己的俸祿並不豐裕，一年才二百石，實折米八
十石，只留下一半過生活。此外，每年到長崎來探望老師兩次，每

---

[88] 朱舜水〈與孫男毓仁書〉，《朱舜水集》卷4，北京：中華書局，頁48。
[89] 伊藤維楨〈答安東守約書〉，《古學先生文集》卷1，東京：岩波書店，頁28。
[90] 安東守約〈悼朱先生文〉，《朱舜水集》附錄2，北京：中華書局，頁736。

次費銀五十兩，因而，他為維持朱舜水在長崎的生活，自己反而窮得穿敝衣，吃糲飯菜羹，家徒四壁，灶中祇剩一只油鍋而已。其親友都譏笑、勸阻他，但是，他恬然不顧，全部心思都放在「讀書樂道」上。當時，朱舜水曾寫信給安東守約，表示要覓得數畝耕地自足，以減輕其負擔之念。書曰：[91]

> 不佞之意，但欲覓數畝之地，住此灌園，頗足自給。不交王侯，不涉世趣，亦自高尚。賢契來則與尚論古人，考究疑義，酌酒談心，更無餘事。如此則科頭敝衣，閒閒十畝。萬一有貴公長枉車來顧，則飯脫粟，摘園蔬，笑談半日，亦有佳致。所得足供衣食，則賢契之所惠，自可逐漸而減。

憧憬陶靖節回歸故園，與世無爭的情境。如此「同聲相應，同氣相求」的師生關係，得到士林稱頌。

1678（延寶 6）年，朱舜水補寄祭安東守約父逝之禮時，心有所感，因此致書安東氏說：

> 不佞今年七十九，稍復苟延，來年則八十矣。百病咸集，突如其來，不知何病？或一二月，或三四月，不能脫體。欲得賢契一來見我，暝目地下。翹首西望，若大旱魃望霖雨。何時得從容把臂也？擱筆授淚，將以語誰？

朱氏切盼自從長崎一別，13 年來都不曾再見面的第 1 位日本弟子安東氏，於有生之年到江戶見最後一面。然而終因幕府的出藩限制，未能如願。函中一字一語，流露出思念得意門生的心情；也隱含著老年人的孤寂與不安。

1682（天和 2）年秋，安東守約接到同門今井弘濟來函，才得

---

[91] 朱舜水〈與安東守約書三十五首〉9，《朱舜水集》卷 7，北京：中華書局，頁 159。

知恩師病逝的噩耗，哀慟不已，撰〈悼朱先生文〉，懷念師恩往事，歷歷如在眼前。又秉承師訓所云：「心喪三年，此受業之師也。此古道也，行之於今，如龜毛兔角矣！」於是將多年來恩師寫給他的書簡、筆語以及他「上朱先生」書函 24 封、祭悼文 4 篇、哭大老師朱夫子詩並序等輯為《心喪集語》2 卷。這是落實教誨，懷念師恩的最佳表現。[92]

於朱舜水週年忌日，安東氏又撰〈祭朱先生文〉，祭拜靈前。恩師逝世五年後，猶「時時夢見之」，流露師生真摯的情懷，感人肺腑。〈夢朱先生并序〉（五律）一首曰：

> 舜水先生歿於茲五載，時時夢見之，每於睡覺，未嘗不涕淚溢枕，謹想莫非先生之靈充滿於天地之間，感而遇之使然歟？此蓋吾不能忘之所致歟？昔先生賜書云：『萬里音容夢寐通』，今乃『泉下音容夢寐通』，追慕曷勝？聊賦小詩云：
> 泉下思吾否，靈魂入夢頻；堅持魯連操，實得伯夷仁。
> 沒受廟堂祭，生為席上珍；精誠充宇宙，道德合天人。

可與孔門弟子廬墓 3 年之義相媲美。

安東氏是朱舜水首位日本弟子，在相交的 23 年間，除了晤面談話凡 3 次之外，[93]朱氏大多藉著書簡、筆談問答的方式與安東氏溝通，傳授儒學。在朱謙之整理文集（中華本）中收有朱舜水寫給安東守約的書信共有 55 封（卷 7），答問 42 條（卷 10、11），以及

---

[92] 安東省庵在〈寄奧村庸禮書〉中提起說：「追慕之餘，集其筆語及悼文、祭文等為兩卷，名曰《心喪集語》。」《朱舜水集補遺》卷 1，臺北：學生書局，頁 120。《心喪集語》未刊，安東氏家、日本國會圖書館、內閣文庫、東京大學、九州大學及長崎縣立圖書館均藏有抄本。

[93] 安東守約〈上朱先生二十二首〉11 說：「守約每對人談道，曰：『我親炙朱先生三次。其為人也，一生不偽，言行動息，自然合道。』」，《朱舜水集》附錄 3，北京：中華書局，頁 751。

專門為他作的〈諭安東守約規〉（卷 20）。又徐興慶編注補遺（補遺本）中補錄朱舜水寄安東氏書 34 封（卷 1），筆語 46 條（卷 2）、〈題恥齋〉（卷 4）。[94] 以當時交通的情形而言，兩人相距雖有數千里之遙，藉書信互動仍然相當密切。其內容既有師生間討論學術思想，亦有慈父兄長般關心生活情況等，涉及面極為廣泛，菰口　治歸納為：學問方面；文化、制度和政治方面；朱氏個人方面；其他等 4 項。[95] 為免重覆，今僅就第 1 項，舉其要者說明之：

1. 闡明修身、博學、作文三者之間的關係

朱舜水指出作為儒者的大前提是修身，而博學為必備的條件，然後才能作文以闡明道理，否則將一事無成，沒世而名不稱。他在回答安東守約問「作詩文」時指出：[96]

> 所貴乎儒者，修身之謂也。身既修矣，必博學以實之；學既博矣，必作文以明之。不讀書，則必不能作文；不能作文，雖學富五車，忠如比干，孝如伯奇、曾參，亦冥冥沒沒而已。故作文為第二義。至於作詩，今詩不比古詩，無根之華藻，無益乎民風世教，而學者汲汲為之，不過取名干譽而已。

由這段話可知，朱氏是主張以修身為本，詩文為輔的載道文學觀。作文雖為第二義，但唯有寫出好作品，爭取立言的機會，思想才能傳諸久遠；否則難以明道，終不免沒世而隨之煙消雲散，故作文亦

---

[94] 安東守約在〈悼朱先生文〉中提到師生 2 人書信往來的情形及朱舜水時時刻刻不忘故國的心情，他說：「自是書翰往來，慮其浮沉，書上題以杜詩為字號，互為參考。先生以『瞿塘峽口』之詩，守約以『白也詩無敵』，蓋取諸『萬里風煙接素秋』與『春樹暮雲』也。兩詩已盡，繼以它詩，未嘗不出乎忠憤之詠，其流離顛沛之間，不忘本可見也。」《朱舜水集》附錄 2，北京：中華書局，頁 736。

[95] 菰口　治《安東省庵》，東京：明德出版社，頁 42～46。

[96] 朱舜水〈答安東守約問三十四條〉4，《朱舜水集》卷 11，北京：中華書局，頁 394。

不可忽視。又舉孔子之言勉勵他說：[97]

> 孔子生知之聖，其一生並不言生知，所言者學知而已。如曰：
> 『好古敏求』、『我學不厭』、『不如丘之好學也』等語，可見
> 聖人教人之法矣。

強調「學而知之」的重要，必須學而不厭，才能學有所成。

2.教導讀書作文的途徑

朱舜水認為讀書須由博而約，尋本探源，掌握肯綮，才能得其
益。他用筆語告訴安東氏說：[98]

> 為學初時貴博，後來漸漸貴約。初時五經，後來有專經。一
> 經之中，得力止在數語。譬之水海極浩翰矣。觀乎海者難為
> 水，遊於聖人之門者難為言。若不窮極河源，未為知水之本
> 也。賢契當取數種書，熟讀精思，後來漸到至一至約上去為
> 妙。若生吞活剝，雖窮萬卷與不讀所爭不遠。

提示他為學要如金字塔，在浩瀚的經典中，選取數種書，用心涉獵，
真積力久，必融通而有所得。當然，如果個人吸收能力較佳，則多
讀書，他比喻說：「讀書如酒量，有能飲一石者，有不勝一勺者，
各當自量其力。若鶩多而不精熟，與不讀一般，不如簡約為妙。倘
過目成誦，自當博極群書。」基本上，朱舜水主張要下工夫苦讀，
他以蘇軾（1036～1101）為例說：「蘇子瞻聰明絕世，讀書每百過，
或數百過。今人聰明不及子瞻十分之一，乃欲以涉獵遊戲讀書，又
如何得工夫純熟？工夫純熟，則古人精義皆在心口中筆頭上，揮灑

---

[97] 朱舜水〈與安東守約書二十五首〉19，《朱舜水集》卷7，北京：中華書局，頁166。
[98] 朱舜水〈寄安東省庵筆語〉14，《朱舜水集補遺》卷2，臺北：學生書局，頁159。

立就。」[99]這是水到渠成的道理。後來朱舜水更指出讀書作文之道說：[100]

> 大凡作文，須根本六經，佐以子史，而潤之以古文。內既充溢，則下筆自然湊泊，不期文而自文。若有意為文，便非文章之至也。……性靈尤是作文之至。

由於「書讀得多，讀得熟，自然筆機純熟。不見夫蠶乎？功候既足，絲緒抽之不窮，自然之理也。」以蠶吐絲為例，強調唯有多讀書，奠定學問的根基，才能作出好文章來。又謂：「作文以氣骨格局為主。」「文字有增不得一字，減不得一處。所謂鶴脛雖長，斷之則悲；鳧脛雖短，續之則憂也。」[101]以鶴、鳧脛的長短為喻，強調文章非以篇幅長短來論斷好壞。要作好文章，必須具備經學、史學、子學的基本修養，作品才能達到言外傳神，具「氣骨格局」的標準。這是中國傳統寫作方法，至今仍有其深刻的意義。他進而明確的指出：「六朝文要少讀，肉厚而氣不清，文品不高。《昌黎集》好，柳亦佳，蘇長公亦好，但嫌熟耳。歐陽文忠公佳，王安石文亦佳，只是人不好。」「肉厚而氣不清」，意謂六朝駢驪文只在辭藻上作華而不實的修飾，立意不明，內容貧乏。而對韓、柳、歐、蘇、王各家作品給予適當的評價，提示安東守約學習的對象。

3. 明示為學的根本目的

　　朱舜水曾撰〈諭安東守約規〉一文，諄諄教導他必須遵循儒者之道。文中強調說：「仲尼之道如布帛菽粟，誠無詭怪離奇，如他

---

[99] 朱舜水〈答安東守約問三十四條〉25、27，《朱舜水集》卷11，北京：中華書局，頁401。
[100] 朱舜水〈答安東守約書三十首〉17，《朱舜水集》卷7，北京：中華書局，頁186。
[101] 朱舜水〈寄安東省庵書〉11，《朱舜水集補遺》卷5，臺北：學生書局，頁236。

途之使人炫燿而羨慕。」不但批判那種空談性命，不惜炫燿自己，不切實際的疏闊學風；而且指明了儒學「如布帛菽粟」，能身體而力行，切實解決實際生活的問題，才是真正的學問。〈規〉中又說：「若能不待文王而興，則安東省庵真豪傑之士哉！」[102]對這位得意門生寄予殷切的期許，溢於言表。

在〈答安東守約書〉中甚至還把不輕易許人的「知己」二字送給他。[103]高山流水之情，為後人傳譽。安東氏一生孜孜不倦，精進不已，更身受朱舜水典範陶冶，於是「學益富，行益脩」，遂成一家篤實之學，開日本海西朱子學的先河，故古學派伊藤東涯（1670～1736）稱之為「關西巨儒」[104]；同門安積　覺則譽之為不只九州地方，甚至東海之濱學界，亦聞名而欽慕的「醇儒」。[105]井上哲次郎推崇其學術地位，將他列為日本朱子學派京學及惺窩系統的代表人物之一。[106]其散文也贏得很高的評價。[107]

安東守約謙卑敦篤，不慕虛名，於朱氏之學，深得其要。嘗作〈遣興〉（七律）詩2首，其1云：[108]

> 我生愚魯不如人，自許居常慕隱淪；為善近名本非善，志仁
> 役物亦何仁？

---

[102] 朱舜水〈諭安東守約規〉，《朱舜水集》卷20，北京：中華書局，頁578。
[103] 朱舜水〈答安東守約書三十首〉18說：「『知己』兩字，他人以為尋常贈遺語，不佞絕不肯許人。……惟司馬全節完勳王先生足以當之，今得賢契而再矣。」可見朱氏一生中，只將王翊和安東守約當作知己。《朱舜水集》卷7，北京：中華書局，頁186。
[104] 原　念齋《先哲叢談》卷3，東京：平凡社，頁146。
[105] 安積　覺〈與山崎玄碩書〉曰：「省庵老成醇儒，不唯九州之地，至於東海之濱亦聞名而欽美。」《朱舜水集》附錄3，北京：中華書局，頁762。
[106] 井上哲次郎《日本朱子學派之哲學》，東京：富山房，頁149～164。
[107] 南部南山〈復浮屠道香師書〉說：「以僕所知之，則洛有伊藤先生、柳川有安東先生、筑陽有貝原先生，蓋斯諸儒者，行儀文章當世之選也。」意即安東守約的文學地位，可與享譽京都文壇的伊藤維楨、活躍於筑前的貝原益軒鼎足而立。《喚起漫草》卷10。
[108] 轉引自朱謙之《日本的朱子學》本論第3章，北京：人民出版社，頁241。

種花靜觀有開謝，酌月朗吟作主賓；至樂知從自然得，隨時
舒卷任天真。

安東氏臨終猶諄諄告誡子孫，不得作碑誌，表揚事功。其崇實
務本的信念，雖老彌堅，可謂受到恩師的啟示所致。其著作凡 35
種，重要的有《四書道德總圖》2 卷、《周易傳義異同考》8 卷、《詩
書集傳朱蔡異同考》6 卷、《初學心法》1 卷、《增補歷代帝王圖》5
卷、《心喪集語》2 卷、《霞池省庵手簡》2 卷、《學蔀通辨》4 卷、《恥
齋漫錄》(甘雨亭叢書)、《三忠傳》2 卷、《省庵先生文集》12 卷、
《理學抄要》2 卷、《幼學類編》7 卷等。

（二）安積　覺

水戶彰考館總裁安積　覺，幼名彥六，字子先，號澹泊齋、老
圃、常山、老牛居士，通稱覺兵衛，常陸（今茨城縣）水戶人。

他自幼好學，曾從塾師讀書，10 歲時，朱舜水應聘到江戶後，
即拜在門下學習章句。當時從學的還有今井弘濟、五十川剛伯、服
部其衷等人。翌年，因父亡而暫返故里奔喪。朱舜水寫信示以慎終
之道，並安慰叮囑他說：[109]

> 此人子終天之恨，汝雖年幼，凡可以自盡者，均不可草草。
> 不然，則他日成人，有學有識，悔不可追也。我亦幼孤，苦
> 痛萬狀，故知汝淒楚。……喪期五十日滿，儻無病，可速速
> 束裝前來。但前言必須與令親二三輩言之，毋忽。

無微不至的關懷，殷切的叮嚀，有長者風範。隔 1 年後（即 13 歲），
再度來到江戶，繼續學業，朱舜水愛其才，曾稱贊說：「安積彥六

---

[109] 朱舜水〈與安積　覺書〉，《朱舜水集》卷 9，北京：中華書局，頁 341。

頗佳。」[110]彥六是安積氏的乳名。因此親授句讀，督課嚴格，朝夕相處，情同父子。15歲時，因患痘症，不得不離開師門返家治療。在這3年中，安積氏得到良好的教導，使他終生受益匪淺。

〈安積　覺行狀〉記載說：[111]

> 初朱文恭之至水府也，覺父希齋請義公，以覺為其門人，從至江邸，時年甫十歲。文恭獎掖提誨，嚴立課程，逐日登記，覺遂善通西土之音。

文中「覺父希齋」，名貞吉，仕水戶藩，故請求藩主准許安積　覺拜朱氏為師，備弟子之列。又謂「逐日登記」所學課程，即朱舜水為了嚴格督促年少的安積氏向學，記錄課業進度而設計「逐日功課自實簿」，並在扉頁親筆題辭勉勵他說：[112]

> 學者用功，須是漸進而不已，日計則不足，歲計則有餘，若一暴十寒，進銳退速，皆非學也。子夏曰：『日知其所亡，月無忘其所能。』是亦可乎！騏驥一日千里，駑馬十駕則亦及之；儻自矜捷足而弗馳弗驅，則駑馬先之矣。今為爾嚴立課程，若非疾病及不得已禮際應酬之外，須逐日登記，朔望則溫習前書，必令成誦。若其中無放曠廢，亦於朔望之次日，稽考答責，名曰逐日功課自實簿。每晚送簿填注，毋違毋怠。

諄諄訓誨他用功學習，必須持之以恆，切忌　曝十寒，半途而廢；引《論語・子張》子夏的名言，及《荀子・勸學篇》：「騏驥一躍，不能十步；駑馬十駕，功在不舍。」之意，強調為學須踏實，溫故

---

[110] 朱舜水〈與原　善長書〉，《朱舜水集》卷5，北京：中華書局，頁91。

[111] 轉引自青山延于《文苑遺談》卷之2〈安積　覺〉，關儀一郎編《近世儒家史料》中冊，東京：井田書店，頁29。

[112] 朱舜水〈題安積　覺逐日功課自實簿〉，《朱舜水集》卷17，北京：中華書局，頁514。

知新。在朱舜水晨夕直接以漢語口授課讀的教導之下，為時3載，安積氏先後研讀了小學、《論語》、《孝經》、〈大學〉等，循序漸進，真積力久，使他奠定良好的學識根基。40多年以後，安積　覺於奉命校讎恩師朱氏文集時，睹物思情，有感而作〈書逐日功課自實簿後〉一文，深切回憶在少年時代的3年中，恩師為他們親點句逗授課的情景，他說：[113]

> 當時並几橫卷習句讀者，今井弘濟、五十川剛伯、服部其衷與覺四人，而三子者皆無簿領，不知何故於覺一人有此舉乎？蓋以頑鈍無知，不能成立，故督責如此其嚴也。

當時同窗的有四人，卻只為他準備記錄簿，心理上難免感受到功課的壓力，後來了解這是愛之深，責之切。因此把這本「逐日功課自實簿」及經恩師朱點句讀諸書，連同水戶藩主德川光圀所賜朱舜水遺物4件，都視為傳家的珍寶，慎重其事的囑咐其子孫，要如恭敬神明般妥善維護，他又說：[114]

> 今其朱點句讀之書，宛然具在。其餘先生自書〈緣由〉一卷及小李將軍畫軸、義公鐫「朱舜水遺物也」六字押印鐫刻及紫檀筆筩，並是先生歿後，義公所賜覺者。片言隻字，皆藏而寶護之。凡吾子孫，當敬之如神明，其有淪落喪失者非吾子孫。

感激朱氏的教澤恩情，刻骨銘心，並訓誡後人永誌不忘。文中「小李將軍畫軸」，是朱氏數十年流離漂泊海外，未嘗去身的珍藏名畫，

---

[113] 安積　覺〈書逐日功課自實簿後〉，《朱舜水集》附錄3，北京：中華書局，頁766。該自實簿原件，今收藏於天理大學圖書館古籍室。
[114] 同前註。

文集中有〈書小李將軍畫軸後〉，記該畫作的緣由。[115]

　　1670（寬文 10）年，由於他的祖父安積正信有戰功，父繼食其祿，故安積　覺也承襲得祿二百石。朱舜水獲悉這項喜訊，特地致書祝賀，勉勵好好為官，報答「上公（按：指藩主德川光圀）天高地厚之恩。」[116]1683（天和 3）年，為彰考館編修，10 年後，繼鵜飼真昌而升任彰考館總裁，全力以赴，深得藩主信任，《大日本史》的發凡起例，多出其手。

　　安積　覺和朱舜水一樣，也喜歡菊花，暇時喜歡灌畦種菊，嘗至數百種，他在〈寄田子愛書〉說：[117]

> 亡師朱文恭有〈乞菊於義公帖〉，載在《遺文外集》。覺百事不能學文恭，而唯此一事稍存遺風，不亦可羞之甚哉！

信中所云「〈乞菊於義公帖〉，載在《遺文外集》」。據查確實收錄於《舜水先生外集》卷之七。[118]他藉保存恩師的喜好遺風，表達緬懷之情。室　鳩巢〈老圃行〉（七古）詩中吟曰：「家學親承舜水傳，餘姚一派流日東。」點明他師承朱舜水的學脈關係。[119]

　　當朱舜水批閱答覆人見懋齋有關「簡牘牋素之式、深衣幅巾之制、喪祭之略」筆記與今井弘濟分 12 類「所聞事物名稱」的記錄之後，吩咐安積氏說：「二者宜合而為一，補其遺漏，以行於世。」後來加上朱氏呈給德川藩主的〈學宮圖說〉，合輯為一冊，名曰：《朱氏舜水談綺》3 卷。安積氏為恩師留下了不朽的心血結晶。

---

[115] 朱舜水〈書小李將軍畫軸後〉，《朱舜水集》卷 17，北京：中華書局，頁 512。

[116] 朱舜水〈答安積　覺書〉，《朱舜水集》卷 9，北京：中華書局，頁 341。

[117] 安積　覺〈寄田子愛書〉，《澹泊齋文集》卷 8，東京：《續續群書類從》完成會，頁 419。

[118] 《舜水先生外集附遺文》七卷（寫本，五冊），東洋文庫藏（IV/2-E/809）。源　了圓、前田　勉校注《先哲叢談》時，於〈遺文外集〉條，註為「未見」，應補之。《先哲叢談》卷 5〈安積澹泊〉，東京：平凡社，頁 237。

[119] 室　鳩巢〈老圃行〉詩，《朱舜水集》附錄 1 引，北京：中華書局，頁 821。

　　朱舜水去世後，他先後撰寫了〈祭朱文恭先生文〉（代言）、〈祭文恭朱先生墓文〉、〈朱文恭遺事〉、〈明故徵君文恭先生碑陰〉、〈略譜〉等悼念文，並與今井弘濟合寫〈舜水先生行實〉，記述朱氏在日本的學術生涯及活動行蹤，表達出他對恩師的眷念和崇敬之情是不同尋常的。原建於朱舜水駒籠故居的祠堂，不幸被焚毀，安積氏上書懇請在水戶重建祠堂紀念之。[120]他追憶朱師風貌說：「文恭自持嚴毅，接人和愉，與客談論，間及俚諺嘲笑之事。」[121]在〈碑陰〉中贊頌道：[122]

> 徵君嚴毅剛直，動必以禮，學務適用，博而能約。為文典雅莊重，筆翰如流。平居不妄言笑，惟以邦讎未復為憾，切齒流涕，至老不衰。明室衣冠，始終如一。

在祭文中緬懷說：[123]

> 先生之文如長江之一瀉千里，先生之節如孤峰之特立萬仞；而其德教之薰陶士庶，如雨露之涵濡潤澤；操守之卓越今古，如日星之燦爛炳彪。其有功於民生彝倫，莫知其然而然也。

由衷贊美恩師嚴毅自持，死而後已的高尚情操，舉止言行必以禮的進退分際，學問上博而能約的高深造詣，以及他對日本文化發展的深遠影響。

---

[120] 德田　庸〈故澹泊齋安積先生行實〉記載：「義公嘗建朱先生祠於駒籠莊，後罹火而不復修。先生傷其廢，請賜建祠之地，肅公乃命建祠於水城西，又請而置主祭，歲時薦享。祠之不廢，實賴先生之忠懇。」《朱舜水記事纂錄》別卷，東京：吉川弘文館，頁9。

[121] 安積　覺〈朱文恭遺事〉，《朱舜水集》附錄1，北京：中華書局，頁625。

[122] 安積　覺〈明故徵君文恭先生碑陰〉，《朱舜水集》附錄1，北京：中華書局，頁631。

[123] 安積　覺〈祭朱文恭先生文〉，《朱舜水集》附錄2，北京：中華書局，頁742。

安積氏個性澹曠和厚，樂群嘉善，誘掖後進，與新井白石、室鳩巢、荻生徂徠等海內名士都有交情，時相切磋。在學養方面，眩博彊識，而闕其疑，一時公侯多嘉其才，有「關東安先生」之稱。他文采斐然，用辭老鍊，精通漢語，最擅史學，任職水戶彰考館達 41 年之久。其著作凡 17 種，重要的如《澹泊史論》3 卷（甘雨亭叢書）、《烈祖成績》20 卷、《西山遺事》5 卷、《水戶唐儒話說》1 卷、《湖亭涉筆》4 卷、《澹泊齋文集》18 卷、《澹泊齋筆記》38 卷、《大日本史贊藪》等。

（三）人見懋齋

水戶藩儒臣人見懋齋（1638～1696），名傳，字子傳，後改又左衛門，號懋齋、竹墩、井井堂，削髮後稱道設，平安（今京都）人。過繼給叔父人見卜幽軒做養子。他 9 歲起，從鄉師學俗禮，勤苦力學。

1659（萬治 2）年，到江戶，拜在朱子學派林　鵝峰門下，學業益進，德行益修。他所學不在雕蟲篆刻之技，而懷抱優游聖賢之域的大志。1668（寬文 8）年，奉命承襲養父人見卜幽軒的祿位，相繼參與水戶藩主的修史事業，眷注日渥。1683（天和 3）年，德川光圀命他為彰考館首任總裁，對於推動館務及文獻史料的校正盡心精慮，貢獻很大。

人見懋齋也拜在朱舜水門下，他向恩師諮詢經義，考訂制度，不得其要不輟，主要以筆談、書信、問答的方式進行。朱氏稱許他優秀的才學說：「台臺妙齡博學，志廣辭華，誠國家之上瑞，當代之名珍。」[124] 寄予殷切的期待。在《朱舜水集》中收錄有〈答小宅生順、野傳論建聖廟書〉、〈答野傳問〉3 條、〈三皇虞詩序〉、〈與野

---

[124] 朱舜水〈答野傳書十一首〉1，《朱舜水集》卷 8，北京：中華書局，頁 246。

傳書〉44 封、〈答野傳書〉11 封及〈與野傳、田犀書〉等，討論非常頻繁。

另外，人見氏將請教朱舜水有關「簡牘賤素之式，深衣幅巾之制及喪祭之略」的記錄，[125]交由安積　覺彙整，收入《舜水朱氏談綺》卷上。[126]「簡牘賤素之式」，原來是朱氏傳授今井弘濟的古簡圖式，凡「書式十四條」，人見氏借抄增補而成。「深衣幅巾之制」，係 1667（寬文 7）年，人見氏將 3 年前依據宋羅大經《鶴林玉露》所記載野服樣式，[127]參酌當時日本儒者深衣道服之制，繪成的〈野服圖說〉，送請朱氏修改。朱舜水改訂後，謙虛的回信說：「〈野服圖說〉，奉命批改已定，強所不知，弟生平所不敢出也。」[128]批註了夾縫和尺寸換算的看法，人見氏感謝說：「先生指點無隱，完補罅漏，於是始愜素願，深以為幸。」[129]「喪祭之略」，介紹棺製、銘旌、神主、墳墓、碑式等喪禮規矩。

1669（寬文 9）年春暮，德川光圀特地在小石川邸後樂園舉行盛大的觀櫻會招待朱舜水，並邀藩內臣屬、彰考館員等作陪，人見氏作〈春遊小石川邸後樂園記〉，記載其見聞感受。[130]是年秋，藩主德川氏在環景樓設宴，泛舟淺草川，人見氏吟唱聯句，朱舜水興起而續之曰：「山歟螺黛遠，高閣徹晴空。」山指筑波山，閣指大悲閣。當時，同行侍側的門人安積　覺表示：「平生所見，止此二句。」謂留下難得的詩句。[131]同年，配合藩主為慶賀朱舜水誕辰而

---

[125] 安積　覺〈舜水朱氏談綺序〉，《朱氏舜水談綺》，上海：華東師範大學出版社，頁3。

[126] 安積　覺《朱氏舜水談綺》卷上，上海：華東師範大學出版社，頁9〜126。

[127] 羅大經《鶴林玉露》卷 8，臺北：臺灣開明書店，頁8。

[128] 朱舜水〈與野傳書四十四首〉19，《朱舜水集》卷 8，北京：中華書局，頁237。

[129] 人見　傳〈野服正制題辭〉，《朱氏舜水談綺》卷上，上海：華東師範大學出版社，頁72。

[130] 人見　傳〈春遊小石川邸後樂園記〉，《朱舜水集》附錄 3，北京：中華書局，頁770。

[131] 安積　覺〈朱文恭遺事〉，《朱舜水集》附錄 1，北京：中華書局，頁628〜629。

舉行的養老禮，特意作〈壽舜水朱先生七十算詞〉一文，虔誠祝賀恩師古稀之喜。[132]由上所述，可以看出他們師生二人，在學術思想方面和生活上都有密切的互動。

安積　覺稱讚他的為人風格說：「溫醇敦篤，悃愊無華，家道整肅，未嘗一日釋卷，鈔纂尋繹，至老不倦。」[133]曾為三代師承的日本朱子學京師派之祖藤原惺窩校刻《惺窩文集》9 卷。著有詩文集《井井堂稿》8 卷、《春秋備考》12 卷、《考訂名字鈔》1 卷等。

（四）今井弘濟

水戶藩藩醫今井弘濟，字將興，號魯齋，稱松庵、宋柏，後改稱小四郎。常陸（今茨城縣）人。父今井照將任職水戶藩府，故年甫 13，即作〈雪賦〉的他，有機會獲得藩主德川光圀的賞識。

1665（寬文 5）年，承藩主之命，從朱舜水學習。最初朱舜水授業督責極嚴，他似乎無法接受，經一段時日才適應。[134]朱氏在答覆其兄儒臣今井弘潤的信中提到他的學習心情已漸好轉，希望多加關切，說：[135]

> 令弟弘濟稚子無知，然亦似有註誤之者；近知悔過，乃是率德改行之漸。三、四日頗有好風景。若如此不衰而加屬焉，則何善之不可臻也。極喜！極喜！且當獎成之，萬一舊病復發，則必不可救矣。怡怡之中，少加愲切為望。

---

[132] 人見　傳〈壽舜水朱先生七十算詞〉，《朱舜水集》附錄 3，北京：中華書局，頁 769～770。

[133] 安積　覺〈人見　傳〉，《彰考館總裁略傳》，東京：蕃文社，頁 2。

[134] 青山延于〈水府三士小傳・今井弘濟〉引富田長洲的話：「舜水教之，課程極嚴，弘濟頗不堪，每有所教，必顧而罵之。」《朱舜水記事纂錄》別卷，東京：吉川弘文館，頁 3。

[135] 這封信，文集未收，引自青山拙齋《文苑遺談》卷 1，《近世儒家史料》中，東京：井田書店，頁 17～18。

後來今井氏曾向友人心越和尚（1639〜1695）提起當年在朱氏門牆受教的情形說：「十四從于朱先師，粗曉經史之義，爾來諄諄之誨，不絕于耳；拳拳之情，日加于躬。」[136]他從少年起即潛心向學，德術日進，稟性疏宕，慷慨有奇氣。為文雄贍，頗善史筆。不但精通華語，也從澄一禪師（1608〜1692）學醫，曾任水戶藩醫，後晉升為幕府侍醫。

1667（寬文 7）年，入彰考館任《大日本史》編修。先後二次奉命到各地蒐集史料。校訂《參考源平盛衰記》50 冊、《參考太平記》40 卷（與內藤貞顯合校）、《參考平治物語》3 卷、《參考保元物語》9 卷諸書，考證真偽，比較異同，作為編纂史書的資料。

於公務餘暇，他不但負責照顧朱舜水的生活起居，又如往謝藩主及大臣賚賜，多由他代勞；對一般學者、士人的酬酢文書，亦由他代為處理。1678（延寶 6）年 12 月，朱舜水長孫毓仁抵長崎，要探視他。可惜礙於幕府嚴令，不能出境到江戶見面。今井氏奉藩主之命，赴長崎會晤朱毓仁，傳達問候消息，並予慰勞賜賞。

值得一提的是，他將平日從朱舜水處「概舉所聞事物名稱」，分為天地、居處、人倫、形體、衣服、飲食、寶貨、器用、禽獸、鱗介、米穀、草木 12 類，凡 1214 種，作了記錄，以備遺忘，送請朱舜水審閱。德川光圀知此事，「覽而善之」。命安積　覺將這份記錄編入《舜水朱氏談綺》卷下。[137]當然，由這些瑣微的事物名稱，雖然無法見到朱舜水思想的全貌，但辨別名物，通徹雅俗，亦足以探知其學識的淵博。

朱舜水逝後，今井弘濟哀傷之餘，更在家中設置神位致祭，懷

---

[136] 今井弘濟〈寄心越和尚送先師留遺書〉，《朱舜水記事纂錄》卷 3，東京：吉川弘文館，頁 78。又，陳智超編《旅日高僧東皋心越詩文集》卷 4，北京：中國社會科學出版社，頁 128。

[137] 朱舜水《朱氏舜水談綺》卷下，上海：華東師大出版社，頁 325〜431。

念師恩。這件事，他的至交森　尚謙（1653～1721）稱贊說：[138]

> 儒臣今井弘濟嘗被命受先生之學，旦暮函丈，眷遇殊特，以
> 其恩義兼備，家設神主，事死如生，敬禮厚而至矣。

師生二人關係非同尋常，可謂深受朱舜水的學問、風範感化使然。
今井弘濟列在朱舜水門下18載（1665～1682），經諄諄教誨，薰陶
提攜，成就一名博識豪邁的儒者，傳承朱氏講究實學的學風。著有
詩文集《魯齋稿》1卷（稿本・水戶彰考館藏）、《病餘援筆》1卷、
《萬葉緯》、〈舜水先生行實〉（與安積　覺同撰）等。

（五）五十川剛伯

　　加賀藩儒臣五十川剛伯，字濟之，號鶴皋，平安（今京都）人。
　　他少時拜名儒木下貞幹為師。為人慷慨義氣，個性嗜武，精於
刀槍之術，折節讀書。朱舜水到江戶後，木下氏請安東守約介紹，
得以認識他，相談融洽，對朱舜水的學問道德非常欽服，於是推介
弟子五十川氏向朱舜水執經叩問。

　　後來朱舜水在答覆木下貞幹的信中贊美說：「源剛伯質性易
良，氣度沖雅，誠為學道之器。前者弟在病中，益見其肫篤周全，
和氣藹然可掬，心甚喜之。」又說：「源氏子誠能袪除俗務，潛心
力學，身可為法，言而有徵，獎率後進，拯救癡迷，則剛伯為貴國
之功臣。」[139]期許五十川剛伯奮發專心學業，術德兼修，進而為民
表率，提攜人才，貢獻國家。

　　朱氏在與奧村蒙窩討論從加賀藩來的門生學習情形時，對五十

---

[138] 森　尚謙〈拜舜水先生祠堂記〉，引自《朱舜水記事纂錄》卷2，東京：吉川弘文
館，頁25。

[139] 朱舜水〈答木下貞幹書六首〉2、4，《朱舜水集》卷8，北京：中華書局，頁200、
202。

川氏也推崇說：「今觀其器宇循良，更能加以警策，自有成就。」[140]
屬望他「恢弘學士之四美」，可不辜負藩主前田氏的重託；另一次，
又勉勵他說：「足下須潛心於此，才勝則詞流，學贍則辭典，為青
為冰，是所望也。」[141]期待五十川氏能「青，出於藍，而青於藍；
冰，水為之，而寒於水。」在文學等各方面成就一番事業，不負加
賀侯的栽培。朱氏替他撰〈五十川剛伯字濟之說〉一文，引用《書·
洪範》曰：「沈潛剛克，高明柔克。」對付亂臣賊子，就用剛克制；
而顯貴大臣，就用柔克制的道理。同時，也藉「水火相為用，既濟」，
「剛柔正而位當」《易·既濟》之義，為他取字「濟之」，寄望他剛
柔並濟。[142]延寶 3 年（1675），加賀侯賜為儒官。

　　朱舜水逝後 2 年（1684），他奉前田綱紀藩主之命，編輯《明
徵君集》十卷（加賀本），這是朱舜水著作在日本首次結集成書，
當時預定作增補，故未刊行。1688（元祿元）年，又奉旨將請教朱
舜水的內容記錄，編集成《學聚問辨》18 卷、《助語集要》12 卷 2
部書，功成，榮獲嘉賞。1698（元祿 11）年，受其子一郎發生贋銀
事件的牽連，遭到禁錮。次年，謫于能州曲邑（今石川縣北）。著
作除上述 2 種之外，尚有《學聚文辨》、《詩範》9 卷、《鶴皋集》等。

（六）奧村蒙窩

　　加賀藩家老奧村蒙窩（1626～1687）名庸禮，[143]一名充，字師
儉、顯思，通稱壹岐，加賀（今石川縣）人。

　　他家世顯赫，天資聰穎，11 歲起即擔任加賀藩主前田光高的侍
臣。於負重任，機務之暇，篤學力行，精進不已，以躬行實踐為學

[140] 朱舜水〈答奧村庸禮書十二首〉8，《朱舜水集》卷 8，北京：中華書局，頁 271。
[141] 朱舜水〈答五十川剛伯書三首〉2，《朱舜水集》卷 9，北京：中華書局，頁 340。
[142] 朱舜水〈五十川剛伯字濟之說〉，《朱舜水集》卷 13，北京：中華書局，頁 449。
[143] 家老，江戶幕府大名的重臣，輔佐藩主統率藩中武士，總管藩中事務。

習重心。1652（承應元）年，升為家老。壯年時喜好禪學，後以為妄，轉而心嚮宋儒性理之學。與日本朱子學派名儒林　羅山、木下貞幹為師友，又拜在朱舜水門下學習。

朱舜水曾寫信懇切地指點他進修的要道，先講述三國孫權（182～252）勉勵部將呂蒙讀書的故事，接著針對奧村氏的處境，勸導謂：「吟詩作賦，非學也，而棄日廢時，必不可者也。」建議從讀史書入手說：「中年尚學，經義簡奧難明，讀之必生厭倦，不若讀史之為愈也。」推薦他首先要讀「文義膚淺，讀之易曉，而於事情又近」的《資治通鑑》，如果「一部《通鑑》明透，立身制行，當官處事，自然出人頭地。」進而研讀《國語》、《左傳》，則義理漸通，具有遠見卓識，自然瞭解「聖賢之大經大法，於此見端焉」的內涵了。[144]不過，這條為學之道，純粹是「就中年為學者指點路頭，使之實實有益，非謂經不須學也。」期望既「得之史而求之經，亦下學而上達耳。」使他瞭解為學之道，在於近裏著己，推之政治而有準；進而擔當起國家重任。

兩人經常以書信、問答的方式連絡，討論學問，如《朱舜水集》中收錄了〈與奧村庸禮書〉22封、〈答奧村庸禮書〉12封、〈與奧村庸禮啟〉、〈答奧村庸禮問〉2條等。其中，朱舜水甚至說：「昔子房與他人語，如水投石，無有入也；與沛公語，如石投水，無弗入也。今不佞之言，賢契深相契悅，他年表表於世，謂是不佞領袖之，庶可無愧一番相與也。」[145]以漢張良（？~前189）與漢高祖劉邦（前256～前195）的相處來比喻自己和奧村氏「深相契悅」的關係，表示非常珍惜這段師生感情緣份。

此外，朱舜水陸續撰寫了〈敬強齋序〉、〈德始堂記〉、〈司馬溫

---

[144] 朱舜水〈與奧村庸禮書二十二首〉2，《朱舜水集》卷8，北京：中華書局，頁256。
[145] 朱舜水〈答奧村庸禮書十二首〉10，《朱舜水集》卷8，北京：中華書局，頁274。

公像贊〉3 篇送給他，期許有加。他一生以道義自任，躬行實踐，朝野皆服其德。也介紹子德輝、婿古市務本及侍童服部其衷到朱舜水門下受教，且以身作則，對老師敬禮有加，凡飲食，必親自奉上，一切不煩勞他人。[146]。著有《讀書拔尤錄》2 卷。[147]

（七）中村顧言

水戶藩儒臣中村顧言（1647～1712），字伯行、玄貞，號春帆、篁溪、淡閑子，通稱新八或新八郎，平安（今京都）人。

1663（寬文 3）年，隨家人遷居江戶，遵父命拜林　春勝為師，接受朱子學說，研精覃思，頗受器重。又先後與林　春信、林　春常交往密切，文思敏捷，精通史學，尤長於詩，雅麗工緻。

2 年後，又投在朱舜水門下學習。他曾請教作文之法，朱舜水答說：[148]

> 作文者句句字字俱要從經史中來，著一句杜撰句法不得，著一句杜撰字法不得，圓滑而非熟，新秀而不生，則佳矣。若其中見理明，主意大，前後首尾如常山之蛇，擊首尾應，擊尾首應，節節相生，字字靈動，則文之極致也。

扼要地提示作文的字法、句法必須以經史為依據；並生動的引用《孫子・九地》「常山之蛇」的道理作譬喻，使中村氏體會其中的巧妙。

1667（寬文 7）年 21 歲，被命為水戶藩儒官，同時入彰考館任《大日本史》編修。他為人溫厚謹飭，喜愛山水，澹然自逸，學術醇正，博洽多聞，善操觚牘，持論端直，明大義名分，故 1691（元

---

[146] 朱舜水〈與吉弘元常書十五首〉5，詳敘奧村庸禮率其子其婿恭敬接待恩師朱舜水的情形。《朱舜水集》卷 9，北京：中華書局，頁 290。

[147] 該書係抄注明薛瑄《讀書錄》10 卷的要點而成。

[148] 朱舜水〈答中村玄貞問三條〉1，《朱舜水集》卷 11，北京：中華書局，頁 402。

祿 4）年，被推為彰考館總裁。46 年間鞠躬盡瘁於纂修史書，「證據今古，精練通貫，鳩集斷簡、蠹編，闡幽扶隱，大有功於史策。」[149]著有《義公遺事》1 冊、《韓客贈酬日記》1 冊、《中村筆記》、《篁溪文集》、《連珠章》等。

（八）服部其衷

服部其衷，字新介、顯思，加賀（今石川縣）人。幼年孤苦無依，奧村蒙窩父子對他期許頗深，所以，送請朱舜水費心教導。與安積　覺、今井弘濟、下川三省等同為朱氏的近身弟子。

他記憶力強，聲音清亮，漢語學得不錯，但因年紀尚幼，不知上進，想半途而廢，所以，朱舜水曾寫信向奧村蒙窩表示，要嚴加管教，請奧村氏配合：[150]

> 服部其衷前者詐病，意圖遣歸。不佞既不急促，亦不落渠彀中。今計窮而後讀書，已將一月矣。儘能記誦，音聲亦不異唐人之子，甚清亮。近日學語，譬如雛鶯，亦間關可聽，漸能作譯人。但要賢弟不為姑恤，則不佞之嚴屬可施；彼若稍有退步，便不思進步矣。

原來慧黠頑巧，像一匹無韁野馬的服部其衷，經朱舜水費一番苦心教導，成了知書達禮，上進有為的青年。[151]

有一次，朱舜水病重，終夜喘逆，汗流無度，時時嘔吐，不能進食，自意將不起。幸而有他不眠不休的照料起居，調理湯藥，才

---

[149]安積　覺〈中村顧言〉，《彰考館總裁略傳》，東京：幕文社，頁 9～10。

[150]朱舜水〈答奧村庸禮書十二首〉9，《朱舜水集》卷 8，北京：中華書局，頁 273。

[151]服部其衷〈寄朱舜水書〉說：「衷加州孺子，僻處海隅，今幸得廁老師宮墻之末，一則不敢忘奧村因幡提拔之恩，而揆厥所由，皆老先生之賜也。」表示感謝奧村庸禮的提拔栽培與恩師的教導。《朱舜水集補遺》卷 1，臺北：學生書局，頁 95。

早日復元。[152]朱氏在給五十川剛伯的信中特意提起感謝服部其衷一二年來的照顧：[153]

> 此子事不佞如事父，朝暮服勤而不倦。一二年來愈加周摯。逆旅孤老而得此，豈不深感顯思厚情！

如至親一般朝暮服侍恩師的表現，使朱氏感受到情意深厚，寄望頗重。

另外，朱舜水於 1672（寬文 12）年，奉命率儒生習釋奠禮儀，乃日本學界一大盛事，其中服部其衷的舉止最為得體，感到非常欣慰，故向友人稱贊他說：[154]

> 習禮一節，通場未有出其右者；不但出其右，即多年學禮之儒，亦無有能及之者。從容次第，禮無違錯，不昊不傲，柔順溫私，不謂其遂能及此。

謂服部氏在釋奠禮儀進行中態度從容，「陳設檢點，中庭唱贊」，都有優秀的表現，即使習禮多年的儒者也無法望其項背，出乎意料之外。此後朱舜水每遇行禮的場合，必以服部氏為佐。

1684（貞享元）年，德川藩主在朱舜水故居駒籠建舜水祠，令服部氏為守祠吏，按時祭享。1703（元祿 16）年，祠堂毀於赤穗浪子之亂，他克盡職責，奉神主於匆遽之際，才未焚毀。[155]

（九）酒泉　弘

水戶藩儒臣酒泉　弘（1654～1718），字道甫、惠迪，通稱彥

---

[152] 朱舜水〈與奧村庸禮書二十二首〉15，《朱舜水集》卷 8，北京：中華書局，頁 263。
[153] 朱舜水〈與五十川剛伯書八首〉7，《朱舜水集》卷 9，北京：中華書局，頁 339。
[154] 朱舜水〈與古市務本書六首〉2，《朱舜水集》9，北京：中華書局，頁 329。
[155] 安積　覺〈祭朱文恭先生文〉，《朱舜水集》附錄 2，北京：中華書局，頁 742。

左衛門（後改稱彥大夫），號竹軒，別號東山、小魯庵、何憂園，筑前（今福岡）人。

他 6 歲而孤，由母親栗野氏輔育成人。自幼篤志力學，手不釋卷，應對敏捷，舉止得體。9 歲時，就師學書，筆力雄健，得到福岡府執事加藤氏的激賞。約 25 歲以後，遊學長崎，問學於朱舜水。

1691（元祿 4）年，仕於水戶藩，並入彰考館，參與修纂《大日本史》，後來擔任總裁。他為人溫厚敬慎，內剛有為，不拘流俗，不慕名利，公事之外，不與人交，恬靜自守，博覽群書，尤精經義，善於講說，音讀詳潤，言簡理盡，藩主德川綱條稱讚為「講官第一」。著有《江都見聞錄》1 冊、《明語要錄》1 冊、《達而和名》1 冊、《象奎知源錄》1 冊、《二十二社奉幣考》1 冊、《切磋集》、《竹軒遺集》3 冊、《言志集》1 冊、《犬吠集》、《竹軒外集》5 冊等書。

（十）佐佐宗淳

水戶藩史館編修佐佐宗淳（1640～1698），幼名島之助，字子朴，晚號十竹齋，通稱介三郎，讚岐（今香川縣）人。

15 歲時，入京都臨濟宗妙心寺剃度為僧，法號祖淳。潛心研修佛道蘊奧，持律清苦，講究教相，雲遊四方，訪問各地古剎名僧，質詢宗旨，研學百端，嘗著《六物輯釋》6 卷，刊行於世，評價甚佳。他博涉內典，一日讀《梵網經》，有「殺父母、兄弟六親，亦不得報讎」之戒律，遽然廢卷，以為其戒律不近人情，心中有懷疑教義妄誕，厭薄佛說之意。又讀《論語・先進》「子路問事鬼神」章，參考眾說，忽然省知死生之理，於是 1673（延寶元）年春，作〈立志論〉1 卷，否定佛教，認同儒學，因此毀棄衣缽，蓄髮還俗。這是他由佛轉儒掙扎煎熬的心路歷程。

不久就負笈擔簦到江戶，謀求發展。當時他作〈出京〉詩 1 首：「誤入空門二十秋，改衣此日赴東州；功名富貴非吾願，學業不成

死不休。」[156]將在佛門修行的近 20 年歲月，當作人生的一段歷練，而今脫離佛門專心鑽研儒術，並非追求富貴功名，純是為了實現人生的願景。水戶藩主德川光圀聞而壯之，聘為進物番兼史館編修；同時拜在朱舜水門下受教。

次年起，參與彰考館編纂史書的工作，多次奉命赴各地拜訪耆老，搜集民間收藏的珍貴遺簡佚文。1678（延寶 6）年，偕板　垣矩，數次赴京都、奈良、吉野、高野山、河內等各地神社、佛寺、世宦之家採訪搜集中世的書籍文物史料，收穫頗豐。次年，又與吉弘元常一起，到京都、奈良、醍醐等地採訪史料，將 2 次查獲資料分別合編為《南行雜錄》3 卷、《又續南行雜錄》1 卷。第 3 次是於1685（貞享 2）年，與丸山可澄（1657～1731）到九州、山陰、山陽、北陸等地訪查相關史料，將結果編為《西行雜錄》4 卷。其足跡遍歷 55 國，行程達 1040 里。1688（元祿元）年 7 月，佐佐氏和吉弘元常共同被推薦擔任彰考館總裁。

佐佐氏為人放曠，不拘細行，表裏如一，議論風生，果敢直言，提攜後進，不遺餘力。博聞強記，秉史筆，能決疑義，學貫古今，尤精于譜牒學。1692（元祿 5）年，奉德川光圀之命，到攝津湊川監督建造忠臣楠木正成碑，德川光圀親題曰：「嗚呼忠臣楠子之墓」；碑陰所刻〈故河攝泉三州守贈正三位近衛中將楠公贊〉，係取自朱舜水作〈楠正成像贊三首〉之 1，[157]敘事簡約，而楠公忠勤，中興成敗，本篇能中其肯綮，贏得佳評。

可惜師生二人往來的書信、問答、筆語等，或許佚失毀損，《朱舜水集》中未收錄。與井上玄桐合編《鐘銘集》3 卷，而著作有《十竹遺稿》1 冊（彰考館藏）、《十竹遺稿補遺》1 冊、《十竹齋文集》

---

[156] 佐佐宗淳〈出京〉詩，《朱舜水集補遺》附錄 2，臺灣：學生書局，頁 304 引。
[157] 朱舜水〈楠正成像贊三首〉1，《朱舜水集》卷 19，北京：中華書局，頁 571～572。

10 卷、《十竹齋詩稿》2 卷、《足利將軍傳》1 卷（甘雨亭叢書）、《輶軒小錄》3 卷、《求書權輿目錄》1 冊、《十竹齋雜錄》1 冊、《十竹齋筆記》4 冊、《十竹齋手書》6 冊等。

（十一）下川三省

儒者下川三省字宗魯，齋名夢梅，加賀（今石川縣）人。

他出身寒微，刻苦力學，溫文爾雅，深得加賀守鍋島直能喜愛，特地公費選拔他到朱舜水門下受教。[158]朱舜水在〈伯養說—為加賀守鍋島直能作〉一文曰：[159]

> 余門弟子下川三省，寒畯之子，僅能隨俗咕嗶數卷爾！非有頭角之崢嶸也。公慕悅聖人之道，特拔此子而令從學於余，可謂登明選公矣。非徒給之筆札，助其攻苦而已。凡飲食，凡衣被，凡居處使令，諸凡所須之物，無一不出於公之藏府。

對鍋島氏惜才愛才，不但提拔就學，而且照料其生活的作法表示贊美，稱之為「仁明之君」。

又在〈寄安東省庵書〉中也敘及此事說：「初六日，加賀守（按：指鍋島直能）遣來一童子拜於門下，就此學問，看此童，氣宇頗沈靜，頗似可教。」由於下川三省年紀尚輕，所以，朱舜水平日「撫之如慈母，而督之如嚴父」，期望他將來大有所成。[160]

於嚴格教導課業之餘，對下川氏的生活起居亦關懷備至。如有一次他生病時，曾寫信慰問說：「聞汝感冒，不傷眠食否？秋氣宜慎節，汝臥起煩燥，近又無忌憚，深為念之。吾於汝分為師弟子，

---

[158]朱舜水〈與鍋島直能書三首〉1，《朱舜水集》卷 5，北京：中華書局，頁 69。
[159]朱舜水〈伯養說〉，《朱舜水集》卷 13，北京：中華書局，頁 452。
[160]朱舜水〈寄安東省庵書〉，《朱舜水集補遺》卷 5，臺北：學生書局，頁 225。。

而實有父子之情，每為過慮。」[161]以親長的口吻，叮嚀他秋季來臨，
要注意身體。又替他取字為「宗魯」，並詮釋其意義謂：「孔門獨得
其宗，乃屬曾氏之魯，而穎悟者不與焉。……故字之曰宗魯，吾誠
有大望於爾也。」勉勵他要效法曾參的「魯」。也作〈夢梅說〉，提
醒他要時刻體念其母夢梅而生下他的先兆，學習梅樹骨幹凌霜，清
韻開泰，進而「貞下起元，必有資於世用」。[162]這是朱舜水一貫不
斷鼓舞學生志氣，人師經師的風範，使下川氏如沐春風，景仰不已。

　　所以，1669（寬文9）年，當德川光圀在後樂園舉行養老之禮，
向朱舜水祝壽古稀誕辰時，下川三省也作祝壽文獻給老師說：「水
戶相公招之以禮，待之以敬，一國化其德，黎民被其澤。今高壽登
懸車，其德維新，養老賜几杖，殊遇甚渥。卓爾如松柏之立雪霜；
翼乎如仙鶴奮羽翅。衣冠其正，瞻視其嚴。」[163]這是下三氏由衷對
恩師「望之儼然，即之也溫」風格的寫照。

（十二）秋山久積

　　水戶藩書記秋山久積（1652～1690），字孟慶，通稱八兵衛。

　　他少時受業於小宅生順門下，而後再拜朱舜水為師，學習唐
音。1666（寬文6）年，任水戶藩府書記，才學頗受賞識。1684（貞
享元）年，天神阪史館成立，秋山氏有詩記其事曰：「修史成編治
世功，憑高起館勢穹崇；筆頭直氣有伸處，吐作青天萬丈虹。」[164]
意謂德川光圀致力編纂《大日本史》的功業，有如萬丈彩虹，光輝
璀璨。

---

[161] 朱舜水〈與下川三省書四首〉2，《朱舜水集》卷9，北京：中華書局，頁324～325。

[162] 朱舜水〈下川三省字宗魯說〉、〈夢梅說〉，《朱舜水集》卷13，北京：中華書局，頁448、449。

[163] 下川三省致朱舜水祝壽文，見石原道博〈關於所謂『明歸化人舜水尺牘』〉引，《中日文化論文集》，臺北：華岡出版社，頁310。

[164] 青山拙齋《文苑遺談》卷2，《近世儒家史料》中冊，東京：井田書店，頁53。

次年，奉命與丸山可澄等人，巡行鎮西及諸州，搜集各名社古剎所收藏的遺簡，並將成果編為《古簡雜纂》7冊，保存文獻史料，供纂修《大日本史》參考。

（十三）奧村德輝

加賀藩家老奧村德輝（1654～1705），字浚明，號倜宇、兵部，加賀（今石川縣）人。

其幼時受庭訓讀書，14歲起，任藩主前田綱紀的侍臣，累官為家老，後承襲其父奧村蒙窩的職位，輔佐藩主廿餘年。幼年由父攜往江戶，拜在朱舜水門下受教。朱舜水叮嚀他要發憤向學，「果能日日讀書，果能終歲咕嗶，果能尋行數墨，孜孜弗怠，則性自開；若燭炤而數計，自能得乎心，應乎手。」又謂為文在辭達而已，不在華藻典贍，鼓勵他多練習寫信，以期執筆揮灑自如。[165]

朱舜水前後寫了〈與奧村德輝書〉8封、〈答奧村德輝書〉9封計17封信給他。另外，為他作〈奧村浚明名德輝說〉、〈誠齋〉、〈周濂溪像贊三首〉之3、〈硯銘二首并序〉等文。[166]由此可見，師生往來很密切。

奧村氏喜愛收藏石硯，請朱氏撰銘文作紀念，序曰：「善敗徵之古，省察著乎心。古人盤几有銘，戶牖有箴，匪直為觀美已爾，皆所以省惕其心也。」[167]提醒他每天見到硯上銘言，應自我省察惕厲，居高思危，見賢思齊，方不愧名門之後的風範。

貞享、元祿年間（1684～1703），經常到江戶，輔佐藩主前田氏處理政務，處事態度圓熟。他的為人，風骨清雅，才力超絕，忠

---

[165] 朱舜水〈與奧村德輝書八首〉1、2，《朱舜水集》卷8，北京：中華書局，頁277。

[166] 朱舜水〈與奧村德輝書八首〉等文，《朱舜水集》卷8、13、17、19、20，北京：中華書局，頁276～285、447、501、569、581。

[167] 朱舜水〈硯銘二首序〉，《朱舜水集》卷20，北京：中華書局，頁582。

誠之情，溢于行止，深受各界人士敬重。

（十四）藤咲僊潭

水戶藩奉行藤咲僊潭（？～1762），名正方，初名幹事，字叔通、叔稱，號粹精堂，通稱傳八、小右衛門，江戶（今東京）人。

幼年舉家遷居水戶，即拜在朱舜水門下學習。後應聘入彰考館，參與《大日本史》編纂事業。又任水戶藩奉行、代官等職。時人稱北窗先生。著有《大日本史引書通考》2 卷、《有職備考》15卷、《禮儀類典引用記者考》1 卷、《僊潭筆記》1 卷、《僊潭詩稿》、《海棠詩》1 卷等書。

（十五）古市務本

加賀藩儒臣古市務本，字主計。

係奧村蒙窩的女婿，也同列朱舜水門牆，精進勤學，士林傳為佳話。在文集中收錄朱舜水〈與古市務本書〉6 封、〈答古市務本書〉7 封、〈典學齋記〉、〈程明道像贊〉以及〈答古市務本問二條〉，二人的互動不少，主要是討論為學之道及文學觀。

有一次，朱氏收到古市氏文筆清新的來函，高興的說：「得足下書，讀之輒喜，劌爽明白，而少塵俗之習，若能充之以學力，此是最好筆氣。」提示他多念書，充實學識。接著有感而發的說：「日本人何嘗不可學？日本人何嘗不可教？特上下自安固陋，不肯振作，而妨賢害能者，又懼後人之勝己，則己無可擅場，多方排阻，泥塗俗子之耳目耳。」批評社會上有些人安於固陋，不求上進，又多方阻礙別人學習的管道，是不好的風氣。所以，對古市氏每天勤於讀書的作法，欣慰的說：「足下公餘之暇，惟在讀書。一則日親古人，一則日遠損友。古人日益親，則路境日益熟；匪人日益遠，則持身日益高。閒事不涉，則禍患不侵；閒人不交，則浪費節省。

若能高尚而不詭俗，和光而不同汙，斯善之善者也。」[168]站在師長的立場，分析讀書的效果，層層遞進，理清辭暢，期許他高尚其志，「和而不同」，達到勤學敬修，志立道成的善的境界。另外，〈典學齋記〉是贈送古市氏陪侍藩主回加賀（今石川）時所作，引《禮記‧學記》：「始終典於學」的典故，勉勵他說：「吾子資質溫淳，學之無有不至。……當以論學取友，親賢進業為務。」[169]堅定為學的信念，以導其行。

朱氏對文學的看法，強調有益世道人心的道學功用，所以，在信中向古市氏表示：「為詩豈盡無益哉？能如《三百篇》，風者足以勸，刺者足以懲，於世道人心，未嘗無補也。然必天子巡狩肆觀，陳詩納賈，而後有益也。是故王跡熄而詩亡，豈遂無詩哉？詩之用亡矣。」持「詩言志」《尚書‧堯典》的詩教觀，主張教化人心的才是有益的詩。至於後世詩人竟然以「高者宣淫導豫，下者學步傚顰。掇取《藝文類聚》及《詩學大成》等書，節令名物，敷衍數字，雜合成章。」的方式吟詩作賦，作品毫無表現個人文學生命可言，更談不上匡濟世道，裨益人心了。故朱氏責之曰：「此不過欲虛張名譽，巧取世資，何嘗發之性靈？」[170]諸如此類不是表現性靈的詩，就不可為了。朱氏又說：「須知學者以躬行心得為主，而潤色之以文彩；不可以文字為主，而潤色之以德性。」[171]意謂以德行為根本，而文彩僅是末節而已。

（十六）林　春信

　　江戶幕府儒官林　春信（1643～1666），又名慤，字孟著，通

---

[168] 以上 3 句均引自朱舜水〈答古市務本書七首〉2，《朱舜水集》卷 9，北京：中華書局，頁 334。

[169] 朱舜水〈典學齋記〉，《朱舜水集》卷 16，北京：中華書局，頁 487～488。

[170] 朱舜水〈答古市務本書七首〉3，《朱舜水集》卷 9，北京：中華書局，頁 335。

[171] 朱舜水〈答古市務本書七首〉1，《朱舜水集》卷 9，北京：中華書局，頁 333。

稱又三郎，號梅洞（梅花洞主）、勉亭。為日本朱子學派大儒林　羅山長孫、林　春勝長子。

林氏生而聰慧，自幼即由祖父親授四書、唐宋詩及《詩經》、《尚書》、《左傳》等，勤學精進，博覽群書，尤長於詩，自稱有「文筆之癖」。擔任幕府儒官。1665（寬文 5）年 7 月，朱舜水剛到江戶，就從旅舍主人處見到他作的詩二首，「清新流利，灑灑出群」，不禁贊美說：「謖謖如松下風，涼爽入人襟際；疏疏如食哀家梨，津液溢於齒牙。意言之外，別有一種超邁之氣。」朱氏讀後連旅途勞累而引起的熱病，都為之頓除。[172]

不久之後，二人在人見竹洞家中初次見面，林氏執弟子禮，朱舜水甚賞其才。1664（寬文 4）年冬，奉命編纂《續本朝通鑑》，表現史才，「有得於馬、班、左、范也。」在文學上，推崇杜詩格律。可惜不幸罹患瘧痢，英年早逝，朱舜水撰〈勉亭林　春信碑銘〉，既贊其學養優異，又哀歎老天不從人願，銘曰：[173]

> 其為人沈潛貞靜，和惠愛人，寬裕亮直，不迫不阿。好揚人善，勤改己愆。孝友誠信，顧行謹言。……蓋天而不欲日本之興於斯文也，何為而生若人？天果欲日本之興起於斯文也，又何為而翦若人？

這位出身名儒世家，謙恭有禮的弟子不幸辭世，使朱氏寄望他能發揮所長，振興斯文的期待落空，表示痛心之至。

朱舜水文集中收有〈答林　春信書二首〉和〈答林　春信問七條〉，涉及內容包括「巨儒鴻士」的要件；道學家與文章之士互相攻擊，而使國家遭其害的狀況；杜甫與元次山詩評價等，留下二人

---

[172] 朱舜水〈答林　春信書〉1，《朱舜水集》卷 9，北京：中華書局，頁 286。
[173] 朱舜水〈勉亭林　春信碑銘〉，《朱舜水集》卷 21，北京：中華書局，頁 600。

共論詩文，心靈溝動的記錄。其著作有《史館茗話》1 卷、《勉亭詩集》10 卷、《梅洞全集》41 卷等。

弟春常（1644～1732），名戇、信篤，字直民，號鳳岡、整宇、拙拙齋、徐于子。幼聰明，家學淵源日本朱子學派，由兄春信督課讀書，而通經書，通博多識，才思敏捷，父林　春勝逝後，襲封幕府儒官。也曾向朱舜水執經問學，不過二人交往互動不多，附記於此。[174]

（十七）佐藤彌四郎

朱舜水曾寫信贊美他個性真懇，不虛情做作。同時，針對水戶德川藩主為改善信仰的風氣而清理佛教淫祠的措施，叮嚀說：[175]

> 且此事關係重大，儒教得行，其居則安富尊榮，子弟則孝悌忠信，通國之君臣士庶，並受其福；不行則邪道浸淫，將來無所底止。

強調推行儒家思想的重要性，提示他要專心修身讀書，慎毋輕率躁妄。

至於藤井德昭和栗山潛峰（1671～1706）二人，未列為朱氏弟子的原因，說明如下：

朱舜水曾經對安東守約談到師生相處之道，他說：「師徒相與之際，小宜以和氣涵育薰陶，循循善誘，非能如嚴父之於子也。」[176]基於這個原則，朱氏苦口婆心的藉答謝贈果的機會教誨列在門牆的藤井德昭，千萬不要「金玉其外，而敗絮其中」，務必改過奸詐

---

[174] 在朱舜水文集中僅收錄〈答林　春常書〉1 封、〈答林　春常問〉1 則，簡單答覆林氏的問題而已。《朱舜水集》卷 9、11，北京：中華書局，頁 287、384。
[175] 朱舜水〈與佐藤彌四郎書〉，《朱舜水集》卷 5，北京：中華書局，頁 98。
[176] 朱舜水〈寄安東省庵書〉，《朱舜水集補遺》卷 5，臺北：學生書局，頁 236。

的習性，洗刷為人嗤詆之恥。[177]可惜，藤井氏依然故我，不改本性，如果他服膺師訓，應當不致遭受覆餗之禍。[178]既然藤井氏不接受教導，朱舜水也表示對他失望，故將他排除在門人之列，不作說明，僅列名於附表「日本友人」。

又，有多種書籍記載栗山潛峰的事蹟謂：「仕於水府，曾從朱舜水學。」[179]其實，他是平安（今京都）人，1693（元祿 6）年，23 歲時，經鵜飼真昌推薦，才到江戶，入彰考館編修《大日本史》。當年，朱氏已逝世 11 年了。他們兩人未曾見過面，故師生之說應不確。

綜而言之，朱舜水無論在長崎生活困頓期（1659～1664），或在江戶、水戶講學期間（1665～1682），對友人及門生，始終懷著滿腔熱忱，誨人不倦，從治國、平天下的聖賢之學，到實用的園藝營繕之技，有問必答，來函即覆，傳播儒家思想，致力溝通兩國文化。今井弘濟、安積　覺〈舜水先生行實〉記載說：「碩儒學生常造其門者，相與討論講習，善誘以道。於是學問之方、簡牘之式、科試之制、用字之法，皆與有聞焉。」[180]因此，聲名遠播，除了嫡系的常陸水戶藩之外，連幕府、北陸地區的強者──加賀金澤藩、

---

[177] 朱舜水〈答藤井德昭書〉說：「五日復餉以佳果，膚理精金，胸包玉液，允也東南珍異。學者似之，斯足為世資矣。萬一金玉其外，而敗絮其中，不獨為人所吐棄，武人俗吏，無怪乎共相嗤詆矣。足下妙齡好學，當更加勉勵，一雪此言耳。」《朱舜水集》卷 5，北京：中華書局，頁 108。

[178] 青山延于〈朱之瑜〉說：「藤井德昭夙負才名，當時無知其奸者，而先生獨知之。復德昭書曰：「……蓋有所見而言之也。若德昭者，所謂金玉其外，而敗絮其中者也。先生冰鑑足使奸人寒膽。使渠當時服膺其言，必無覆餗之禍也。」《文苑遺談》卷 1，東京：井田書店，頁 13。

[179] 如東條琴台《先哲叢談續編》卷 2；石原道博《朱舜水》第 3，頁 245；李甦平《朱舜水》第六章，頁 163；徐興慶《朱舜水集補遺》附錄 2，頁 300，四者都將栗山潛峰列為朱氏弟子。

[180] 今井弘濟、安積　覺〈舜水先生行實〉，《朱舜水集》附錄 1，北京：中華書局，頁 624。

九州地區的大藩──筑後柳川藩等，都有儒者慕名前來請教他。[181]
我們從文集所收「書簡」6 卷中有 5 卷，是與日本友人、門生連絡
的，即可以知其盛況了。朱氏高風亮節，淵博學識以及誠樸和藹的
態度，贏得日本朝野各界人士的敬重。[182]有了這份難得的師弟愛與
珍貴的友情，使他寓日孤寂的歲月得到慰藉；也在中日文化交流史
上留下一段佳話。

附表三：朱舜水與日本門生、友人關係表

（表中以實線──表示直接關係；以虛線……表示間接關係。）

日本門生：

```
┌─安東守約（柳川藩儒臣・日本朱子學派）……安東侗庵
│                                      ……片岡宗純
│                                      ……南部南山
│                                      ……伊藤春琳
├─安積　覺（彰考館第 3 任總裁・水戶學派）……菊池南汀
│                                      ……青山瑤溪
│                                      ……菊池南洲
│                                      ……德田錦江
│                                      ……松村芳洲
│                                      ……鈴木白水
```

---

[181] 朱舜水〈寄安東省庵書〉說：「昨暮肥前殿遣其國儒生來，特來致禮，送銀五枚，因二月間，曾作一文，有三百餘字，彼時已送銀壹枚，今又致此禮，且云欲久相與，且甚有相敬之意。」信中「肥前國」，即今佐賀。因未舉出來訪儒者姓名，無法考察其後續情形，故未列入討論。《朱舜水集補遺》卷 5，臺北：學生書局，頁 223。

[182] 如前面章節所述，朱舜水逝後，日本朝野為之建祠堂祭祀、立碑紀念、召開紀念會等皆是。

　　　　　　　　　　　　　　　　　　……鈴木廉泉

　　　　　　　　　　　　　　　　　　……谷田部東壑

──人見懋齋（彰考館首任總裁・水戶學派）……大串雪瀾

──今井弘濟

──五十川剛伯（加賀藩儒臣）……原　淇園

──奧村蒙窩（加賀藩家老）

──奧村德輝

──中村顧言……小池桃洞

──服部其衷

──酒泉　弘……中島通軒

──佐佐宗淳

──下川三省

──秋山久積

──藤咲僊潭

──古市務本

──林　春信（日本朱子學派）

──佐藤彌四郎

日本友人：

──德川光圀（水戶藩第 2 世藩主・水戶學派）……德川綱條
　　（水戶藩第 3 世藩主）

──前田綱紀（加賀藩第 5 世藩主）

──人見卜幽軒（水戶藩儒臣）……小宅處齋

──人見竹洞（德川幕府儒臣）……梁田蛻巖

──三木高之

──三好安宅

──小宅生順（水戶藩儒臣）

```
┌── 小宅重治
├── 大井田義行
├── 大村加卜
├── 大村純長（因幡守）
├── 大和杏庵
├── 山田正吉
├── 山谷此君軒
├── 山鹿素行（古學派）……山鹿高基
├── 丸山可澄
├── 木下貞幹（加賀藩儒臣）……新井白石（日本朱子學派）
│                        ……雨森芳洲（日本朱子學派）
│                        ……木下菊潭（日本朱子學派）
├── 中山風軒
├── 中山道軒
├── 太田資政
├── 太田資真
├── 太串次郎左衛門
├── 內藤儀左衛門
├── 今井弘潤
├── 今井有順
├── 片山益庵
├── 片岡秀元
├── 片岡作太夫
├── 平賀勘右衛門
├── 本多重昭
├── 矢野保庵
└── 四宮勘右衛門
```

——加藤明友（石州吉永守）

——白井伊信

——田　止邱

——辻　達……辻　好庵

——伊藤維楨（古學派）……伊藤東涯

——伊藤友次

——吉弘元常

——安東親清

——安藤抱琴

——安藤年山

——何　可侯（長崎唐通事）

——佐野　回

——佐野利尚

——佐藤盛辰

——佐藤舍人

——佐藤伊右衛門

——赤林重政

——赤林三郎兵衛

——谷　重代

——近藤定久

——岡崎昌純

——林　道榮（長崎唐通事）……中野撝謙

——林　春常（日本朱子學派）

——松平求女

——松平康兼

——松平賴利

——松平賴道

—— 板　垣矩

—— 明石源助

—— 保田宗雪

—— 原　善長

—— 桐山知幾

—— 高木作右衛門（長崎町年寄）

—— 島田守政（長崎鎮巡）

—— 酒井純常

—— 淺　有定

—— 清水三折

—— 清原季敬

—— 野村重直

—— 森　草全

—— 彭城宣義

—— 黑川正直（長崎鎮巡）

—— 菅原綱利（加賀藩中將）

—— 奧山玄建（醫官）

—— 稻生正倫（長崎鎮巡）

—— 劍持清左衛門

—— 鍋島伯養

—— 鍋島直能（加賀守）

—— 藤井茂英

—— 藤井德昭

—— 藤田貞固

—— 藤田貞清

參　考　資　料：朱舜水著《朱舜水集》　北京：中華書局。
　　　　　　　　　關儀一郎等編《近世漢學者傳記、著作大事典》　東京：關　義直發行。
　　　　　　　　　長澤孝三編《漢文學者總覽》　東京：汲古書院。

茉莉花在日本的活動及其重獲研究

參　朱舜水與日本江戶時代儒學各學派的關係

　　近一、二百年來，日本漢學界對朱舜水的學養風範及其影響日本文化等層面，一直寄予相當的關心與肯定。我們從：(1) 1816（文化 13）年，原　念齋著《先哲叢談》；(2) 1901（明治 34）年，青山　勇編《朱文恭遺事》[1]；(3) 1912（明治 45）年，朱舜水記念會編《朱舜水》；(4) 1914（大正 3）年，水戶彰考館館員編《朱舜水記事纂錄》；(5) 1921（大正 10）年，井上哲次郎著《日本朱子學派之哲學》、《日本古學派之哲學》；(6) 1933（昭和 8）年，高須芳次郎編《水戶學全集》；(7) 1942（昭和 17）年，關儀一郎編《近世儒家史料》；(8) 1989（昭和 64）年，石原道博著《朱舜水》等書的論述，可以得到充分的佐證。

　　當年，朱舜水由於不肯臣服清朝，而抗清復明運動又屢告失敗，故迫不得已，懷抱孤憤亡命日本，直到病逝，為時 38 年（1645～1682）。前 15 年經營海外，尋求支援，先後到長崎凡 7 回，最後獲准定居日本；接著子然一身，卜居長崎 5 年多，手頭拮据，幸賴友人接濟與弟子安東守約奉送一半俸祿，生活才安定下來。後來他接受水戶藩主德川光圀聘請為賓師，移居到江戶、水戶，展開他人生最後 18 年——在十七世紀中、日文化交流史上受人景仰的生涯。

　　在這段期間，他除了應德川光圀的諮詢，講學授徒，規劃釋奠禮儀、服飾、學校制度等之外，也秉持其一貫溫文有禮，和煦儒雅

---

[1] 手稿本，日本國會圖書館古典籍資料室藏。

的態度，廣泛地與儒學各學派人物往來，藉書簡、筆談的方式交談、問答、辯論溝通。因此，聲名遠播，贏得日本朝野各界人士的敬重。為避免學者對他所持學說的猜測和妄議，防止「再生葛藤，以滋煩擾」，故朱舜水在〈答某書〉中提出解釋說：[2]

> 不佞徒以避難苟全，本非倡明道學而來，亦不以『良知赤白』自立門戶。

所以，他從未築起藩籬，拒人千里；也無糾眾聚黨，爭權謀私之舉。

木宮泰彥非常推崇朱舜水對日本儒學界的影響，列出重點說：[3]

> 來居日本之明、清人，助長儒學、詩文學、繪畫、書法、醫術、工藝等之發達者亦頗多。其中對於日本文化有最大影響者，為明代遺臣朱舜水。……筑後柳川之儒臣安東省庵師事之。寬文 5 年德川光圀迎為賓師，興起水戶學風，開修史之運，並建築聖堂以垂模範。木下順庵、林鳳岡、山鹿素行等當代多數學者，直接間接無不蒙其感化，其對於日本儒學界影響之大，無待絮述。

我們從現存文集統計，和朱舜水有往來的日本官員、友人、門生達百位之多。若以所屬學派而言，則涵蓋當時的水戶學派、日本朱子學派與古學派，接觸層面頗廣。至於陽明學派、折衷學派等，因思想不同、代表學者與朱氏亦無交涉，故本章不論。以下僅就前 3 者分節說明之。

---

[2] 朱舜水〈答某書〉，《朱舜水集》卷 5，北京：中華書局，頁 112。
[3] 木宮泰彥（陳捷譯）《中日交通史》第 13 章，臺北：三人行出版社，頁 393。

一、朱舜水與水戶學派的關係

　　水戶學派在日本近世學術發展史上的地位與評價究竟如何？見仁見智，各主一說。如名學者井上哲次郎認為：水戶學派的思想係本著朱熹（1130～1200）的名分論作基礎；在編纂的《大日本史》中主張尊崇皇統、褒貶人臣等觀點，也帶有朱子學說的色彩，故將該學派列入朱子學派來論述。[4]而另一位學者久保得二（1875～1934）則肯定水戶學派的學術價值及其重要性，在《近世儒學史》中，單獨一章討論其思想內涵及發展過程。[5]又，岩橋遵成《近世日本儒學史》一書，也設專篇論述水戶學派的思想與代表人物。[6]

　　綜觀水戶學派發展的脈絡，即可以理解此學派在促使日本邁入近代化過程中，曾扮演過重要的角色。同時，初期經德川光圀網羅來纂修日本史的學者，雖然出自不同師門，個人的思想或許有尊程、朱，或崇陸、王，或倡古學等不同的主張，但基本上，都認同《大日本史》大義名分的史觀主軸，確立以日本史為中心的水戶學派特色。所以，我們贊成久保氏和岩橋氏的看法，從單一學派的角度切入，較能掌握到此學派的全貌，給予適當的評價。

　　本節就朱舜水在水戶學派創立時期，與水戶藩主、儒臣等交往的關係，試作探討，並論述其貢獻。

（一）「水戶學派」釋義

　　由於各家詮釋「水戶學」的著眼點不同，故認知、定義上有些差異。有人說，水戶學是江戶時代水戶藩第 2 代藩主德川光圀的行

---

[4] 井上哲次郎《日本朱子學派之哲學》第 5 章，東京：富山房，頁 585。一般學者都認同此說。
[5] 久保得二《日本儒學史》第 23 章，東京：博文館。
[6] 岩橋遵成《近世日本儒學史》下卷第 5 篇，東京：寶文館，頁 233～304。

動及其編纂《大日本史》的精神。也有人說，它是水戶藩中期以後的尊王攘夷運動及其理論。亦有人說，它是水戶藩所設「弘道館」的建學精神。更有人直截了當的說，水戶學即為水戶藩的尊王思想。[7]事實上，1657（明曆3）年，德川氏為了編修史書而在江戶設置史館，且不分師門學派，廣聘儒者來從事，希望順利完成修史的宿願。[8]當初他並非有意籌組學派，而是整部《大日本史》歷經250年（1657～1906）才編撰完成，前後由數百位儒者群策群力來進行，因此，無形中凝聚了建立君臣之義、以南朝為正統、彰顯忠臣義士等史觀和史識，奠定其於日本近世學術界上的地位，帶給後代深遠的影響。故我們可以說，水戶學派是由江戶時代水戶藩儒官和一批儒者，在藩主德川光圈積極的倡導下，以編撰《大日本史》為中心而形成的儒學學派。

水戶學派的主要精神，如德川齊昭（1800～1860）〈弘道館記〉所云：[9]

> 奉神州之道，資西方之教；忠孝無二，文武不岐；學問事業，不殊其效；敬神崇儒，無有偏黨；集眾思，宣群力，以報國家無窮之恩。

文中謂神儒並重，既「奉神州之道」（意指尊奉日本神道），也要「資西方之教」（意指吸收中華儒學），建立其敬神崇儒的思想特色。其次，強調「文武不岐」（意指「文之弊弱，武可以矯弱；武之弊愚，文可以醫愚。」文武兼修）的精神，所以，除了祭拜武神，又設孔廟聖堂，虔誠供奉。可謂「取儒教以培之，名數節目燦然大備。」

---

[7] 菊池謙二郎《水戶學論藪》，東京：誠文堂新光社，頁1。

[8] 如高須芳次郎《水戶學新研究》第2章列舉義公時代的修史館員，包括國文學者安藤年山等；神道派丸山活堂等；日本朱子學派田　止邱等；水戶學派安積　覺等，屬不同學派。東京：明治書院，頁32。

[9] 菅　端友《弘道館記述義詳解》，東京：藤田東湖先生著文刊行會，頁243～292。

即攝取中華儒家忠孝的觀念，與日本神道信仰融貫陶鑄，而形成水戶學派獨具的思想內涵。此學派淵源於德川光圀，而德川氏是禮聘朱舜水為賓師的水戶藩主，所以，水戶學派深受朱舜水的影響。立林宮太郎在《水戶學研究》中甚至推崇朱舜水為水戶學派的開山祖師。[10]不過，從整個學派的發展過程而言，這未免是過譽的推崇之說，不切實情。

至於水戶學派發展的歷程，有人區分為前期水戶學和後期水戶學 2 階段；[11]而瀨谷義彥、岩橋遵成與立林宮太郎等人，則將之分為創立、中興、集大成 3 期。[12]茲依後者之說簡述之。

第 1 期──以第 2 世藩主德川光圀（義公）為中心的創立期，致力於「水戶史學」的建立，以《春秋》、《史記》、《資治通鑑》、《通鑑綱目》為指標，編修《大日本史》，闡揚大義名分的道理。代表人物有人見卜幽軒、朱舜水、人見懋齋、安積　覺、栗山潛鋒等碩學鴻儒，積極的進行修史大業。義公之後，由於修史經費開銷過於龐大，致水戶藩勢力逐漸衰落，到第 7 世藩主襲位後，才轉趨興盛。

第 2 期──以第 7 世藩主德川治保（文公）為中心的中興期，設立學校，注重人才的教育。代表人物有立原翠軒（1744～1826）、小宮山楓軒（1764～1840）、藤田幽谷（1774～1826）等儒者，加入彰考館，各個氣概軒昂，翼贊文公的復古事業。

第 3 期──以第 9 世藩主德川齊昭（烈公）為中心的集大成期，也可以說是實行期，致力於「水戶政教學」的建立，興辦學校，講授四書。代表人物有會澤正志齋（1782～1863）、藤田東湖（1806～1855）、栗田　寬（1835～1899）等。由初期的史學，擴大為道

---

[10] 立林宮太郎《水戶學研究》，東京：國史研究會，頁 1。
[11] 黑野吉金《幕末・維新における水戶學の位置》，東京：日本橋研究所，頁 12～22。
[12] 瀨谷義彥《水戶學の史的考察》第 2 章，東京：中文館書店，頁 7～70。岩橋遵成《近世日本儒學史》下卷第 5 篇，東京：寶文館，頁 236～237。立林宮太郎《水戶學研究》，東京：國史研究會，頁 36。

德、教育、政治、經濟的範疇，提倡經世致用之學。

（二）朱舜水與水戶學派人物的互動

由於朱舜水應聘在江戶、水戶講學 18 年（1665～1682）期間，正值水戶學派醞釀階段，與創立期的諸位儒者有相當程度的往來。所以，本節僅就朱舜水與水戶學派第 1 期代表人物，擇要討論其交往的關係，至於該學派第 2、3 期的發展部份，由於不在本文主題範圍內，故略而不論。

1. 朱舜水與德川光圀

水戶藩第 2 代藩主德川光圀，年輕時受儒家思想薰陶，研讀司馬遷《史記》後，仰慕伯夷、叔齊的作為。襲位藩主後，即致力推行德治、文治政策，厚遇儒者，發揚儒學，特別是先後招聘朱舜水、東皋心越等人，禮遇有加，深獲學界稱許，給日本學術思想帶來多元化的影響。

德川氏獎勵學問，在思想上尊崇程朱學說，提倡大義名分，成為水戶學的淵源。年輕時即立志要修纂史書，在自撰的〈梅里先生碑陰並銘〉中扼要記載：[13]

> 自蚤有志於編史，然罕書可徵，爰搜爰購，求之得之，微遜以稗官小說，摭實闕疑，正閏皇統，是非人臣，輯成一家之言。

於是在江戶藩邸設史館，以「正閏皇統」為指導原則，聘儒者人見懋齋、安積　覺等多人纂修日本史。1672（寬文 12）年，將史館移往小石川本邸內，並正式命名為「彰考館」。

---

[13] 德川光圀〈梅里先生碑陰並銘〉，《水戶義公‧烈公集》，東京：日東書院，頁 47。

　　朱舜水於 1665（寬文 5）年到江戶後，也負責指導日本史編纂方向、諮詢的工作。如彰考館前 6 任總裁，都是由朱氏的門人擔任，可見其關係的密切。其次，朱氏曾撰文表彰楠木正成；而德川藩主在湊川修建楠木紀念碑，發揚其忠義精神，碑文即採用朱氏所撰像贊，這也是他們二人史觀契合的例證。

　　所以，日下　寬（1852～1926）評論說：「舜水遇義公而全其節；義公得舜水而用其學。所期忠孝大節，不在辭章記誦之末，以此扶植綱常，養成人材，後世所謂水戶學者，未嘗不淵源于茲焉。」[14]謂朱氏在德川藩主禮聘下，傳播忠孝節義，蔚然成為水戶學派的精神內涵。

2.朱舜水與安積　覺

　　安積　覺是朱氏的得意高足之一，畢生從事修史事業，在彰考館任職達 41 年之久，參與完成《大日本史》本紀 73 卷、列傳 170 卷，計 243 卷的編纂工作。1716（享保元）年起，奉藩主德川綱條之命，撰寫各志論贊，展現其驚人的史學才識。[15]這本《論贊》，成為水戶學的經典之一，使他奠定了在水戶學派的地位，為「水府三士」之一。[16]朱舜水平日著重於《通鑑》的研習，給安積氏不少啟發。

---

[14] 日下　寬〈朱舜水傳〉，《支那雜誌》，轉引自荀任〈朱張二先生傳〉附錄，《國粹學報》乙巳第 12 號，頁 5。

[15] 德田　庸〈故澹泊齋安積先生行實〉記載：「《大日本史》就緒，而論贊未成，於是令先生因義公之意筆之，五年功竣，乃獻成史於幕府。史之成也，前後預之者數十百人，而獨先生之力居多。」謂水戶藩第 3 世藩主德川綱條命安積氏撰〈論贊〉，1720（享保 5）年完成。《朱舜水記事纂錄》別卷，東京：吉川弘文館，頁 9。田邊晉齋（1692～1772）於 1746（延享 3）年，自《大日本史》中輯為《大日本史贊藪》梓行。

[16] 松本純郎《水戶學の源流》8，東京：朝倉書店，頁 241。水戶彰考館員纂輯〈水府三士小傳〉，將小宅生順、今井弘濟、安積　覺合稱「水府三士」，《朱舜水記事纂錄》別卷，東京：吉川弘文館，頁 1～11。

安積　覺秉承朱氏尚實學的學風，亦以嚴正務實，端正無華的方針教導學生，使其學養精進，有成就者，如菊池南汀、菊池重固（1751～1808）、青山一溪、青山瑤溪、鈴木重宣等多人，或入彰考館修纂史書，或任水戶舜水祠堂守兼授經書，達 60 年之久，形成水戶學派中舜水學脈重要的一支，影響深遠。

3.朱舜水與人見懋齋

學界將人見卜幽軒列為前期水戶學派重要的代表人物之一，[17]與朱舜水有往來，其祿位由養子人見懋齋承襲。人見懋齊為人謙遜，處事慎密，頗得藩主德川氏的賞識。年輕時受教於日本朱子學派林　春勝之門；又在朱舜水的指導下，研讀過《資治通鑑》等史籍，奠定其史學素養，並從林家史學的概念轉變為水戶修史的方向，1682（天和 3）年，藩主指派為彰考館首任總裁，掌理館務，帶領彰考館史臣進行纂修日本史的浩大工程。他撰寫作品，都請恩師修改後才定稿。[18]

朱氏嘉許人見氏既有「妙齡博學，志廣辭華」的優秀條件，又獲藩主德川氏用心培植，前途似錦。故除了提出「敬」字──堯、舜以來相傳的心法勉勵他之外，更期望二人能共同為藩主「力裏至治」，以成王者之法，為無前之美。[19]森　尚謙評論他說：「學承先哲後，史纂古來今。」[20]指出其傳承的學脈和纂修史書的功業。

---

17 松本純郎《水戶學の源流》六，東京：朝倉書店，頁185。

18 如朱舜水〈答野傳書十一首〉8 說：「尊作遵命借筆改竄奉上，仍恐點金作鐵，貽笑後人耳。」《朱舜水集》卷8，北京：中華書局，頁249。

19 朱舜水〈答野傳書十一首〉2 說：「今上公種明德，直可邁越古來哲王。若夫敬之一字，堯、舜至於文、武，心法相傳惟此耳。……王道之行，於今見之。此政台臺際會之時也。惟冀共為敦勉，力裏至治。」《朱舜水集》卷8，北京：中華書局，頁246

20 森　尚謙〈悼人見子傳〉，《儼塾集》。轉引自仲田昭一〈懋齋人見　傳〉，《水戶史學先賢傳》，水戶：水戶史學會，頁51。

（三）朱舜水對水戶學派的貢獻

前面已談到，水戶學派是以水戶藩主德川光圀倡導編纂《大日本史》為中心，凝聚儒者共同的理念，而形成的學派。朱舜水雖以賓客身分，未任職彰考館，也未列名編纂，無實際參與工作，然而，傳授史書的編纂理念，接受諮詢問答的指導之功，自不可磨滅。高須芳次郎認為朱舜水應聘到水戶藩，懇切的對水戶學派學者教導漢學，啟迪思想，間接促進水戶學派的發展。[21]試歸納朱氏的貢獻為 3 項，列述之。

1. 大義名分思想

北鄉 康指出德川氏倡議編纂《大日本史》的目的，在於敘述歷史事實，進而闡明國家道德，明君臣之分，嚴是非之辨，仿朱熹《資治綱目》的體例，以正潤皇統，褒貶人臣忠奸，對於幕府藩主，隱然予以針砭。[22]《大日本史》前期所編纂的本紀和列傳，基本上是依據正名的思想。這與朱舜水主張：「君臣、父子、夫婦、昆弟、朋友，天地之定位」的觀念是一致的。[23]後藤新平在序朱氏文集時說：「道義貫心肝，學術則主王業，不得行懷抱于故國，而卻傳衣鉢于我邦。」[24]文中「主王業」，即推崇大義名分。在《大日本史》中不少詮釋大義名分的篇章，如安積 覺說：「夫四海之廣，人民之眾，一統居正，莫敢搖動者，卑高以陳，君臣之分定故也。」[25]君臣之分既定，上下有序，奠立國家發展的根基。所以，吉川幸次郎（1904～1980）依《大日本史》的論贊評謂：安積 覺的史學，在

---

[21] 高須芳次郎《水戶學講話》第 1 講，東京：今日の問題社，頁 30。

[22] 北鄉 康〈朱舜水史學思想〉，《水戶史學》第 4 號，頁 26。

[23] 若林喜三郎謂：朱舜水主張的大義名分論，對水戶學有深遠的影響。《前田綱紀》，東京：吉川弘文館，頁 143。

[24] 後藤新平〈朱舜水全集序〉，《朱舜水全集》，東京：文會堂，頁 1。

[25] 安積 覺〈叛臣傳序〉，《大日本史贊藪》，東京：井田書店，頁 314。

大義名分之學。[26]追溯安積氏史學的根源，則應歸之朱舜水的教導啟迪。

2. 發揚忠孝思想

「忠」和「孝」並立，是日本倫理的雙維。高須芳次郎從朱氏數百篇中精挑細選具代表性的 5 篇作品，編為《朱舜水文集抄》，其中〈孝說〉、〈忠孝辯〉和〈楠正成像贊〉1，都是論述忠孝思想的。[27]由此可謂，高須氏重視朱舜水的忠孝學說。

對日本人而言，忠象徵著對君國的奉獻。朱氏〈楠正成像贊〉凡 3 篇，表彰楠木氏的忠義精神，[28]係日本民族的特性之一。所以，當第 1 篇像贊刻在「嗚呼忠臣楠子之墓」碑陰，對外公開供憑弔時，引起頗大的回響。[29]此篇像贊，乃根據門人安東守約撰〈楠正成傳〉而作，[30]充分表現師生二人誠忠信念的一致性。

就個人而言，盡孝道是立足社會最基本的教養。朱氏在〈孝說〉中，引述先賢言論暢談「孝之為道，治平天下之極則」。[31]門人安積覺也認同朱氏的觀點，他說：「孝，百行之本也。非孝無以為教，物則民彝不能立，禮樂政刑不能出。」[32]肯定行孝道的重要，不容疏忽。

---

[26] 吉川幸次郎〈安積澹泊〉，《古典について》，筑摩書房，頁 198。

[27] 高須芳次郎編《水戶學全集》第 4 編《水戶義公烈公集附朱舜水集》，東京：日東書院，頁 350〜365；又，《水戶學大系》第 6 卷《安積澹泊集附朱舜水集》，東京：井田書店，頁 428〜443。2 種所收篇章相同。

[28] 朱舜水〈楠正成像贊三首〉1，《朱舜水集》卷 19，北京：中華書局，頁 571。

[29] 柳川山門三池教育會謂：楠正成墓所在的神戶湊川神社，參拜者一年超過 300 萬人次。激發多數勤王志士，成就明治維新之業。《柳川人から見た安東省庵とその著《三忠傳》》，柳川：柳川山門三池教育會，頁 155。

[30] 安東守約《《三忠傳》序》說：「朱老師，在長崎，有友人求楠公父子畫像贊者，乃作傳呈覽。」安東作〈楠正成傳〉，提供朱氏撰寫像贊的參考。轉引自高須芳次郎《水戶學派の尊皇及び經綸》第 14 章，東京：雄山閣，頁 283。

[31] 朱舜水〈孝說〉，《朱舜水集》卷 13，北京：中華書局，頁 438〜439。

[32] 安積 覺〈孝子傳序〉，《大日本史贊藪》，東京：井田書店，頁 302。

　　朱氏又作〈忠孝辨〉一文，謂忠臣孝子，以誠為至德要道，則「經邦弘化，正己物正，教成於上，俗美於下矣。」形塑一幅百姓盡忠行孝，一片祥和的社會情境。

3. 文武合一精神

　　第壹章記載朱氏年少就學時，曾獲師長向禮部推薦為「文武全才第一名」的榮譽。在海外經營期間，也親身參與鄭成功和張煌言聯軍攻打清廷的戰役。就其表現而言，朱舜水並非只知埋首書堆的書生，而是文武合一，武士道型人物。[33]他在〈書劍堂記〉說：[34]

> 文武之道，無所分也。君子之德，欽明者為文，剛健者為武，無從得而分別之也。出則攘除寇賊，入則鎮撫國家；是故非文無以附眾，非武無以威敵。

意謂文武本為一體的兩面，各有存在的意義，不應勉強分開。門人安積　覺則說：「武以創業，文以守成，猶陰陽寒暑之不可偏廢也。」[35]兩人都主張文武要兼容並蓄不可分。

　　朱氏稱許孫武、岳飛（1103～1141）等優秀兵家，在〈孫子兵法論〉、〈孫武子像贊〉、〈岳武穆像贊〉中評論謂：孫武非戰將，而是能用其民的大將。[36]而岳飛具有「武而不黷，文而不靡」的天性。[37]在〈文庫銘〉扼要的指出：「兵有機，呼吸變化，爭於希微。兵有要，奇正循環，窮神盡妙。」[38]「希微」是老子對天道的描述；「奇正」是孫臏等兵家的道術。要成為「強」者，必須以「敬」為依歸，

---

[33] 朱謙之〈朱舜水與日本〉，《中日文化交流史論文集》，北京：人民出版社，頁192。
[34] 朱舜水〈書劍堂記〉，《朱舜水集》卷13，北京：中華書局，頁437。
[35] 安積　覺〈文學傳序〉，《大日本史贊藪》，東京：井田書店，頁293。
[36] 朱舜水〈孫子兵法論〉、〈孫武子像贊〉，《朱舜水集》卷13、19，北京：中華書局，頁435、562。
[37] 朱舜水〈岳武穆像贊〉，《朱舜水集》卷19，北京：中華書局，頁571。
[38] 朱舜水〈文庫銘〉，《朱舜水集》卷20，北京：中華書局，頁581。

「敬則心強，強則心敬，二者相須為用。」[39]進而達到朱氏文武合一的境界。

結語

朱舜水從應聘到江戶至病逝的 18 年之間，藉答詢、講學、書信、筆談等方式，積極地參與水戶藩的各種活動，和友人、門生也有良好的互動往來，若以當時的儒學界而言，跟朱氏關係最密切、影響最深遠的就是水戶學派了。

他向來重視史學，認為應吸取歷史上國家興亡得失的經驗教訓，作為借鏡。所以，全心全意的指導人見懋齋、安積　覺、今井弘濟、佐佐宗淳等十多位門生，實際參與纂修日本史的行列，逐漸形成了以強調尊王思想，具有主張大義名分特色的水戶學派。我們可以說，藩主德川氏親自領導支持，以及史館全體儒者的全心投入，是完成修史目標的主要因素，而因緣際會，共襄這項不朽盛事的賓師朱舜水，秉其卓越的學識涵養，在思想層面上，也有相當大的貢獻。

其次，朱氏本著儒家的信念，闡揚忠孝思想。他也跳脫空談性理的風氣，主張文武合一，鼓吹經世之道。所以，阿部吉雄推崇朱舜水說：「德川光圀以禮遇明遺臣朱舜水為賓師一事亦有名，然其志永為水戶藩所繼承，故水戶藩派終成為明治維新之推動力。」[40]意謂水戶藩諸儒臣本著尊王理念，矢志不移的推動明治維新運動，其教導啟發者即為朱氏。

由以上各節所述可知，朱氏與水戶學派創立期諸儒者交往互動，既彼此心靈激盪而產生智慧的光與熱，亦深切的影響該派後來

---

[39] 朱舜水〈敬強齋序〉，《朱舜水集》卷 15，北京：中華書局，頁 474。
[40] 阿部吉雄〈孔子學說對日本明治維新後之影響〉，《孔子學說對世界之影響》第 2輯，臺北：復興書局，頁 20。

的學者。進而在日本近世政治、學術發展上發揮積極的作用。

二、朱舜水與日本朱子學派的關係

　　朱舜水於 1659（萬治 2）年亡命長崎，至 1682（元和 2）年病
逝東瀛的 23 年間，正逢實行封建制度的德川幕府，指定符合其政
治意識形態的日本朱子學為官學，聘請名儒學家林　羅山等人到幕
府任職，推廣儒家「君君、臣臣、父父、子子」的思想，重建社會
倫理秩序，維護士、農、工、商的身分等級制和武士集團內部的主
從關係，使每個人各安其位，不生貳心；各地藩主也響應這種政策，
採取獎勵措施，積極禮聘儒者來發揚朱子學說的機緣，因此，他經
常在跟友人、學生的談話中涉及，或被問到有關朱子思想的各種問
題。[41]

　　本節試抽繹朱氏文集中相關的部份，論述其意義，此乃他在日
本活動，及對學術文化發展有所貢獻的一環。

（一）朱子學說的傳入與發展

1. 鎌倉、室町幕府時代的日本朱子學派

　　宋代理學於鎌倉幕府時代（1192～1333）初期，由入宋習佛的
禪僧俊芿（1167～1227）等東傳日本後，[42]以京都、鎌倉兩地的五

---

[41] 如朱舜水在〈答佐野回翁書〉中答覆朱熹、王陽明的異同。《朱舜水集》卷 5，北
　　京：中華書局，頁 84～85。

[42] 當時入宋的日本僧人，都在禪院兼修外典的朱子學。朱子學傳入日本的年代，各
　　家說法不一。如伊地知季安《漢學紀源》第 3 卷謂：鎌倉時代前期僧人俊芿赴宋
　　兼習程朱之學，1211（建曆元）年歸國，攜回大量圖書，其中儒家書籍有 256 卷。
　　他除了擔任京都泉涌寺住持之外，也為朝臣講解經史，日本朱子學因此日漸興盛。
　　《續續群書類從》卷 10，頁 600。又，木宮泰彥說：「考當時宋之朱熹，集宋學之
　　大成，所著《大學中庸章句》與《論孟集註》刊行之時，恰當俊芿歸國之嘉定四
　　年（日本建曆元年，西紀 1211），彼所齎儒書，殆即四書之類，多關於宋學者歟？

山和金澤文庫等為中心，[43]經禪僧明庵榮西（1141～1215）、圓爾弁圓（1202～1280）、玄慧（1269～1350）等人研究、講授，而得以流傳於貴族與學者之間，逐漸受到矚目。[44]這是日本朱子學（亦稱宋學）的黎明期，可稱為禪林儒學。

室町幕府時代（1338～1429）五山禪林僧侶持續兼修外典的朱子學，風氣頗盛，形成儒佛互相滲透、儒學與禪學相輔相成的五山文化特色。[45]然而具有現世道德規範的朱子學，與重視來世的佛教，很自然地產生理念上的衝突，於是出現了朱子學逐漸擺脫禪學束縛的局面。後來 1467（應仁元）年，發生為時 11 年的應仁之亂，以京都為中心，波及全國。經此次動亂，中央權力式微，威令不行，幕府內部爭權奪利，派系紛歧，政治廢弛，群雄割據，莊園制度崩潰，貴族文化沒落，學術思想隨著禪僧、學者紛紛逃難，為地方上大名武將延納而流散四方，日本朱子學亦因此轉入各地發展，產生各種學派。這時期，依興起地區和發展過程，一般分為薩南學派、南學派和京學派。

（1）薩南學派

薩南學派的基礎，是五山禪僧桂庵玄樹（1427～1508）所建立。

其結果遂令日本有志於宋學者，次第興起。」《中日交通史》下卷第 2 章，臺北：三人行出版社，頁 41。而西村碩園《日本宋學史》則說是始於圓爾和蘭溪二位禪師。岩橋遵成《日本儒教概說》則又說一山一寧才是最有力的宋學輸入者。梁容若〈千七百年來日本的論語研究〉謂：伊地知季安的說法，純屬揣測，無可證實。主張係一山禪師傳入日本的。與岩橋氏的看法相同。《現代日本漢學研究概觀》，臺北：藝文印書館，頁 75。筆者以為程朱之學傳入日本，可能非出於二三學者之手，而應視為當時以宋儒或歸化僧在各種機緣的配合下傳播的。

[43] 關西京都的五山指天龍寺、相國寺、建仁寺、東福寺和萬壽寺。關東鎌倉的五山指建長寺、圓覺寺、壽福寺、淨智寺和淨妙寺。金澤文庫是北條實朝於鎌倉時代中期，設在武藏國久良岐郡金澤（今神奈川縣）稱名寺的圖書館。

[44] 如南朝後醍醐天皇時代，請玄慧到宮中講解朱註《論語》等經典；請虎關師鍊主講《朱子語類》。

[45] 如建長寺的蘭溪道隆（1213～1278）、圓覺寺的無學祖元（1226～1286）等僧人都講授程朱之學。

　　桂庵氏號島隱、海東野釋。周防（今山口縣）人。9 歲起，從學京都南禪寺惟肖得巖（1360～1437）；16 歲學業告一段落，為僧任長州永福寺住持，一面參禪，一面學習朱熹《四書集註》等宋學典籍。1467（應仁元）年，他奉派以朝貢使天與清啟的副使身分赴明，遊歷蘇、杭，出入各種禪院書院，求問碩學巨儒，吸取程、朱之學，為時 6 年。學業有成歸國後，於 1478（文明 10）年，應藩主島津忠昌的邀聘到薩摩（今鹿兒島縣）任職，設桂樹院，講授儒學，島津氏一族皆受其學，成為薩摩武士教育的基礎。之後，又有月渚（？～1541）、文之玄昌（1555～1620）等高僧陸續前來講學，逐漸形成以薩摩和肥後為活動中心的「薩南學派」。

　　1481（文明 13）年，桂庵氏與國老伊地知重貞共同刊行的《大學章句》，稱為「文明版大學」，係日本最早問世的朱子新注，這表示日本朱子學已逐漸走出禪林聖地，進而向地方傳播、深入。其講學，四書用朱子《章句集註》；《易》用朱子《本義》；《書》用蔡沈《集傳》；《詩》用朱子《集傳》；《春秋》用胡安國《傳》；《禮記》用陳澔《集說》，此種遵奉新註的學風，在當時大學寮的博士家皆使用古注的風氣中，顯得很特出，這方面，與朱舜水的意見不謀而合。[46]不過，桂庵氏為了陶冶薩摩武士，建立士風，於是將程、朱心性說與禪之明心見性融合而創定精神修養的鍛鍊要樞，主張儒佛老三教一致，這與朱舜水一貫排佛的立場不同。

　　桂庵氏的學術貢獻在於完成了「四書和化」的工作，[47]著有《桂庵和尚家法倭點》1 卷、《島隱漁唱集》3 卷、《島隱雜著》1 卷。

---

[46] 這之前日本人研讀四書，都採用漢唐時代的舊注本，如鄭玄注《論語》、何晏注《論語集解》等。而朱舜水主張用朱熹的《集註》。又，朱氏〈答小宅生順問六十一條〉6 說：「果能以為學、修身合而為一，則蔡傳、朱註、胡傳，儘足追蹤古聖前賢。」《朱舜水集》卷 11，北京：中華書局，頁 406。

[47] 桂庵玄樹「訓點」（日式句讀）朱熹《四書章句集註》，加上文之玄昌的「文之點」，流行於江戶時代。

這一學派，經文之玄昌傳給門人如竹以後，因後繼乏人，日漸沒落。

（2）南學派

南學派以南村梅軒為始祖。

南村氏生卒年不詳，別號離明翁，係室町時代後期或戰國時代（1467～1567）的儒者，拜在名僧薩南學派桂庵玄樹門下，學程朱之學。曾任周防大內義隆的家臣，依照朱子學說的解釋，講授學術思想及文學。他於 1548（天文 17）年前後到土佐（今高知縣），為吾川郡弘岡城主吉良宣經（1514～1551）的賓客，主講《孝經》、四書、兵學，提倡忠信孝悌的道義之學，堅持道學理念，言行一致而達真儒的境界。[48]其學風主張實踐躬行，教學上以四書為本，而小學、《近思錄》為輔，固守程、朱立場，加以深明禪法，重視禪定工夫，主張儒、佛合一之說，表彰儒教道德觀，著重義理名分，奠定南學派的基本理論。

其門下高足雪蹊寺僧天室（？～1623）、宗安寺僧如淵（1557～1621）、吸江寺僧忍性等人繼承南村氏的學統。

（3）京學派

京學派又分為五山派、博士派和公卿派三派，對宋學的貢獻，主要以講學、抄書和詩文為主。

五山派以 1299（正安元）年到鎌倉的歸化僧一山一寧（1247～1317）為主流，他博覽多識，精通宋學，為五山文學的先驅者。1313（正和 2）年，蒙後宇多皇室召至京都，任南禪寺住持。門下

---

[48] 小林信明〈南學の特質〉謂：只務記誦，不明義理者，為小人儒；拘泥於文字訓詁，而不明當世事務者，為腐儒；心有頑曲偏頗，徒稱古道，非議今政者，為曲儒；講仁義，重力行，大至綱常彝倫，小至飲食起居，言行一致者，為真儒。《近世日本の儒學》，東京：岩波書店，頁 759。

有虎關師鍊（1278～1346）、雪村友梅（1290～1346）、夢窗疏石（1275～1351）等名僧，亦多主張儒佛一致，捨古注而取新注，崇尊程朱之學，對日本朱子學的普及化，貢獻很大。

博士派以提倡折衷新古註的清原業忠（1409～1467）和清原宣賢（1475～1550）為代表人物。他們除了祖述家傳舊學之外，也攝取新學（宋學），保全明經家的家風，但未有新創發。

公卿派中最卓越的學者一條兼良（1402～1481），號桃華老人、三關老人、東齋，世稱一條禪閣。他博學多聞，精通儒佛、神道，又熟練朝儀，當時稱為才學絕倫，受外祖父菅原秀長與臨濟宗名僧崎陽方秀（1361～1424）的影響而重視朱子學。[49]所著《四書童子訓》，係據朱子新註編成，是日本最早的《四書集註》講義。據云此書既可「正本國傳習之謬」，又「便於叢林說禪」，評價甚高。

2.江戶時代的日本朱子學派

到江戶時代初期，由於幕府大力推動，脫離禪僧關係的日本朱子學更受到重視，依師承及地區的關係而發展出各具特色的派別。[50]阿部吉雄（1905～1978）於〈朱子學の系譜〉中即將江戶時代日本朱子學區分為：京學派、南學派和崎門學派等3個不同學風的系統。[51]朱舜水與京學派的部份代表人物有較密切的交往，在思想上

---

[49] 東福寺崎陽方秀禪師是日本最早主講朱子《四書集註》，為之和訓的學者。井上哲次郎《日本朱子學派之哲學》，東京：富山房，頁628。

[50] 岩橋遵成《近世日本儒學史》上卷第1篇「朱子學派」分為：京學及林家之祖林羅山、木門派的倫理說、貝原益軒與中村惕齋、崎門派的倫理學說、懷惱堂的學風、較近的朱子學6章。東京：寶文館，頁1～204。黃得時〈日本近世（江戶時代）之儒學與其派系〉一文，將朱子學派分為：京學派、南學派、大阪學派、薩南學派和水戶學派等5派。《孔子學說對世界之影響》8，臺北：復興書局，頁88。而朱謙之則區分為京師朱子學派、海西朱子學派、海南朱子學派、大阪朱子學派、寬政以後朱子學派和水戶學派等6派。《日本的朱子學》本論，北京：人民出版社，頁175～520。

[51] 阿部吉雄〈朱子學の系譜〉，《朱子學大系》第1卷，東京：明德出版社，頁141～142。

造成相當程度的啟迪。

（1）京學派

德川幕府時代最具影響力的學派，當屬藤原惺窩所創，以京都為中心而興起的京學派。

藤原氏名蕭，字斂夫，以號行，又號柴立子，播磨（今兵庫縣）人。7、8 歲時，即入龍野景雲寺出家為僧，上京後轉入相國寺研習五山禪僧傳下來的佛經，以俊秀見稱。後讀宋儒之書，服其性理之說，而對佛教教義產生懷疑，他說：「釋氏既絕仁種，又滅義理。」乃對佛教採取排斥的態度而還俗，將教養五山禪僧的朱子學，從佛教中抽出並予以體系化，主張朱子學為經學的正路，要統治者行仁政，而教導被治者守忠孝、君臣大義，提倡正名和倫理綱常，藉以確立國民道德的基準，保持上下的禮儀，維持君臣的關係。他的儒學著重義理內容及內在生命的探索，而不重視章句訓詁及外貌形式，使朱子學漸脫離禪僧色彩，從寺院和宮廷的壟斷中跳脫出來，成為德川幕府政治、教育的根本思想，奠定其發展的基礎，因而形成了京學派。

他曾於 1593（文祿 2）年，應德川家康之邀赴名古屋、江戶遊歷。後來多次應聘向幕府諸侯公卿講授唐吳兢《貞觀政要》等中國典籍，朱子學也受到諸藩的保護而興隆，漸普及於社會各階層。藤原氏可以說是自安土、桃山時代至江戶初期日本朱子學興盛，成為完全獨立的學派，並向倫理方向發展的功臣，如所著《假名性理》1 卷，為儒學擺脫宗教教條轉向哲學思想體系發展，奠定了初步基礎。因之，他有日本朱子學（宋學）之祖的美稱。

他終身不仕，隱居洛北市原野，自號北肉山人，主要著作有《惺窩先生文集》18 卷、《經書和字訓解‧四書大全頭書》22 卷、《文章達德錄綱領》10 卷、《文章達德錄》100 卷等。

　　師其說者，人才輩出，其中林　羅山、松永尺五、堀　杏庵（1585
～1642）、那波活所（1595～1648）四人，號稱「藤門四天王」；又，
石川丈山是著名的朱子學者和詩人。

　　出身藤原惺窩之門的林　羅山，開展林家學統的端緒。

　　林氏名忠，一名信勝，字子信，通稱又三郎，號羅山、浮山、
羅浮、羅洞、四維山長、胡蝶洞、瓢巷、梅村、夕顏巷、尊經堂、
羃眠、雲母溪。薙髮後法號道春，京都人。14 歲時，入京都建仁寺
研習佛書和儒學。研讀朱子《四書集註》後，為之心服，故加以訓
點。22 歲，拜藤原惺窩為師。學成後，承其師藤原氏推薦，於 1605
（慶長 10）年起，應聘輔佐德川家康，為其侍讀，講解儒學，參與
撰擬幕府的外交文書、諸法草案及各項文教政策的研議制定等，倍
受賞識和器重。繼而擔任德川秀忠（第 2 代將軍）、德川家光（第 3
代將軍）、德川家綱（第 4 代將軍）的侍講，講述儒家經典，反對
陸、王之學，排斥佛、老，推廣日本朱子學說，主張「君有君道，
父有父道，為臣盡忠，為子盡孝，其尊卑貴賤之位，古今不可亂。」
為德川幕府的封建統治提供理論依據，成為林大學頭的鼻祖，奠定
江戶時代日本朱子學興盛的基礎。

　　林氏文思敏捷，運筆如飛，頃刻千言，其學以經為主，主張「理
氣一而二，二而一」的理氣一元論。致力於藉朱子學的觀點撰述日
本史，企圖將日本固有的信仰精神—神道與朱子學說相調和，提倡
神儒一致說。著作甚多，有《本朝通鑑》（原名《本朝編年錄》）310
卷、《神道傳授抄》2 卷、《本朝神社考》6 卷、《羅山詩文集》150
卷等 62 種。

　　其三子林　鵝峰，名恕、春勝，字子和、之道，通稱春齋，
號向陽軒、葵軒、竹牖、爬背子、晞顏齋、也魯齋、格物庵、溫
故知新齋、頭雪眼月庵、傍花隨柳堂、辛夷塢、仲林、南窗、恆
宇、南墩、櫻峰、碩果。其為人豪邁博識，頗能承繼家學，也先

後入那波活所之門學儒，就松永尺五門下學書道，故能廣究經史子集，熟諳日本史實。17 歲，回江戶繼父業，擔任幕府儒官，講授五經，並時時參與外交機密事務，主掌公事訴訟；又設私塾傳播朱子學說。著有《論語諺解》31 卷、《鵝峰文集》120 卷等多種。

次孫林　春常，名戇、信篤，字直民，號鳳岡、整宇、拙拙齋、徐于子。資性優異，篤學勵精，由兄春信（梅洞）教導，通曉經書，1680（延寶 8）年，父鵝峰逝後，承襲職祿，9 月，向幕府將軍德川綱吉講解〈大學〉。5 年後，又奉命講解《詩經》。1691（元祿 4）年，將軍德川氏命他蓄髮穿儒服，擔任大學頭職務，統籌幕府的教育行政。著有《學問筆記》4 卷、《鳳岡林學士集》120 卷等。

此後林家子孫多有文名，克紹箕裘，參與幕政，世襲到第 12 代，均傳習家學，專攻朱子學說，形成屬於林家的朱子學統，領導日本朱子學派達二百多年，對於維護江戶時代德川幕藩體制的學政、階級秩序，奠定封建社會道德基礎等方面貢獻很大。

藤原氏另一位傑出門人松永尺五，名遐年，字昌三，以號行，平安（今京都）人。於 1648（慶安元）年，天皇詔賜數十弓之地，開設講習堂，教育了許多英才。其學說包容儒、佛、道學思想，完全反映出恩師藤原惺窩的精神，詩文作品也表現寬容和慷慨的氣氛，從學者有五千餘人之多，以木下貞幹、宇都宮遯庵、安東守約、貝原益軒最知名。著作有《尺五先生全集》12 卷、《五經集注首書》67 卷等。

（2）南學派（又稱海南朱子學派）

雪蹊寺僧天室門下有谷　時中（1598～1649），除了佛教經典之外，對四書、《詩》、《易》也非常熟悉。當他讀過朱子的《四書

章句集註》及文集後，決定棄佛還俗，在故鄉土佐（今高知縣）教授朱子之學，最能發揮南村梅軒的思想內涵及士風，而確立了南學派的基礎。

谷氏名素有，號鈍齋，後稱三郎左衛門，性情直爽，剛毅不屈，著《素有文集》6卷、《素有語錄》4卷。其弟子不少，其中小倉三省（1604～1654）、野中兼山（1615～1663）、山崎闇齋（1618～1682）有三傑之稱，南學因此得以持續發展。

後來由於小倉氏因遭父喪，悲痛非常，絕食而亡；野中氏1663（寬文3）年辭土佐藩家老之職，到中野隱居，不久逝世；山崎氏也離開前往江戶，致使土佐南學，一時中斷。

（3）崎門學派（或稱闇齋學派）

山崎暗齋於1655（明曆元）年，繼承乃師谷時中的學風，之後自闢蹊徑，在京都開塾講學，逐漸凝聚力量，促使南學派學脈再度受到重視，而與京學派相抗衡。

山崎暗齋名嘉、柯，字敬義，通稱嘉右衛門，號垂加、梅庵、闇齋，平安（今京都）人。他於1633（寬永10）年25歲時，脫佛歸儒，研讀四書、朱子文集、語類等，篤信朱子學說，認為理氣為萬物現象存在的根本。

山崎氏通六經，以「知、行」為學問的基本態度，而「敬、義」乃道德的基本原理，敬以修身，義以正家國天下，強調在生活中篤實躬行的態度，對行動的外表有嚴格限制，不流於性理的空談。晚年從吉川惟足學神道，神、儒兼修，謂宋學之「太極」，即神道中「及天御中主」之神，亦即天地萬有化育之主宰，將宇宙論轉化為倫理說，創立「垂加神道」一派。1647（正保4）年，著《闢異》一書，排斥異端，昭明聖學。

1665（寬文5）年（1665）又到江戶，仕於會津藩（今福島縣）

藩主保科正之（1611～1672），鼓吹勤王的大義，務明倫常，振興當地的教育文化，貢獻不小。藩主歿後，他又回到京都，繼續講學授徒，門人達六千餘人，形成崎門學派（或稱闇齋學派），其中最傑出的，如淺見絅齋（1652～1711）、佐藤直方（1650～1719）、三宅尚齋（1662～1741），有「崎門三傑」之稱。

山崎氏著作等身，重要的有《朱易衍義》3 卷、《朱子輯要》4 卷、《四書序考》4 卷等。

（4）其他

在關西方面，有中井竹山（1730～1804）、中井履軒（1732～1817）兄弟主持，以懷德堂為中心的大阪朱子學派較活躍。[52]中井氏二人都是拜五井蘭洲（1697～1762）為師，攻讀宋學。中井竹山講學標榜程、朱，不會偏狹固陋而排斥他派，[53]揭示「經術心之準繩，文章道之羽翼」的道理。中井履軒則極力倡大義名分的重要。

在筑前（今福岡）地區，有人將同宗朱子學說，而有隱君子之風的安東守約、藤井懶齋（1706～1786）、貝原益軒及中村惕齋（1629～1702）四位學者，合稱為海西朱子學派。

日本朱子學雖然被幕府指定為官學，受到保護而形成儒學的一大勢力。然而，經百餘年的發展，林家學統失其權威，加上社會逐漸轉型，商品經濟掘起，農村相繼荒廢，破壞了武士的紀律生活，一般人對朱子學非現實的思想傾向逐漸發生厭倦，以致研習的風氣衰微不振，而以山鹿素行、伊藤維楨、荻生徂徠為代表，主張以仁義來奠定政治理論基礎，追求古典真正精神的古學派；及積極鼓舞

---

[52] 「懷德堂」亦稱「懷德書院」，1724（享保 9）年得幕府准許而設立，是半官半私的學校。

[53] 懷德堂曾聘請古學派伊藤東涯，陽明學派三輪執齋講學，也採用陽明學派熊澤蕃山的著作為教材。

學術研究方法自由的折衷學派，乘勢興起，引起西山拙齋（1735～1798）等日本朱子學派學者強力反彈。[54]因此，幕府老中[55]松平定信（1758～1829）為強化日趨沒落的封建官學，維持政治上的道義與秩序，先後於1788（天明8）年和1789（寬政元）年，任命柴野栗山（1736～1807）、岡田寒泉（1740～1816）為儒官，責其盡力整肅、振興昌平黌學風。[56]又於1790（寬政2）年5月，向當時的大學頭林　信敬（第7代）發布「異學禁令」，謂應嚴禁異學，鼓勵正學，以培育人才為要。[57]須以「慶長以來代代將軍信奉」的朱子學說為「正學」，除此之外的學說都視為淆亂風俗的「異端之學」，禁止在幕府學問所中講授，作為寬政文教改革的一環。各地藩校也乘此機會而轉為講授朱子學說。[58]

　　1795（寬政7）年，幕府老中松平信明又發布「異學者登用禁止令」，訂定朱子學為官吏登用考試的標準，意即官員必須任用「正學」的人。這種壓制學術發展，妨礙自由研究精神的禁令措施，挽回當時日本朱子學派的頹勢，確實收一時之效，但是，卻無法阻止

---

[54] 西山拙齋〈與赤松滄洲論學書〉曰：「況若近世伊藤、荻生二氏，排〈學〉、〈庸〉、〈繫辭〉，為非孔子之舊；或毀思、孟、程、朱，謂悖聖人之道。詭辯飾辭，簧惑後進，藉口古學，售己邪說，噫！何物小人，無忌憚之甚。自有儒者必遴，所未之有。」文中「伊藤、荻生二氏」，是指伊藤維楨和荻生徂徠2位古學派代表人物。《近世儒家史料》上〈寬政異學禁關係文書〉，東京：井田書店，頁6。

[55] 官名，德川幕府常設的最高行政長官，直屬將軍，總管政務，由4、5人組成，每個月輪流當值。1787（天明7）松平定信就任老中，任期7年（1787～1793）。

[56] 柴野栗山、岡田寒泉和尾藤二洲（寬政3年任命）3人擔任湯島聖堂儒官，協助大學頭林　信敬推行異學禁令，時稱「寬政三博士」。當岡田氏離職後，1796（寬政8）年，由古賀精里遞補。

[57] 白河樂翁〈異學禁諭達書〉曰：「急度門人共異學相禁之，不限自門他門申合，正學講究致し，人材取立候樣，相心得可申候。」「白河樂翁」即原白河藩主松平定信。《近世儒家史料》上〈寬政異學禁關係文書〉，東京：井田書店，頁42。

[58] 諸橋轍次《寬政異學之禁》列舉：米澤興讓館、仙臺養賢堂、佐倉成德書院、名古屋明倫堂、荻明倫館、水戶弘道館、熊本時習館、鹿兒島造士館和白河藩等藩校，群起仿傚，採取禁止異學的態度。《近世日本の儒學》，東京：岩波書店，頁157～158。

古學派、陽明學派和折衷學派的抬頭和普及。

到江戶後期，幕藩體制動搖，大義名分論也與現實脫離，加上國學、洋學盛行，[59]大肆攻擊儒學，因此，學風所趨，日本朱子學逐漸步上衰退之途。

（二）朱舜水與日本朱子學派人物的互動

朱舜水在日本認識的友人、教導的門生，有多位師承日本朱子學派，如前田綱紀、木下貞幹、奧村蒙窩、安東守約、人見竹洞、林　春信、田　止邱、辻　達、中村顧言等都是。本節擇其要者說明之。

1. 朱舜水與木下貞幹

木下貞幹是松永尺五的得意弟子之一，屬於京學派。原任職加賀藩（今石川縣），1671（寬文 11）年，赴江戶，與京學派林　春勝、林春常父子等儒者往來。1682（天和 2）年，被任命為幕府將軍德川綱吉（1646～1709 在位）的侍講和儒官。

他經安東守約介紹，與朱舜水認識。二人時常藉書信往返，於思想、教育、語言等方面多所商榷。他鼓吹自由研究，不偏於一派一家之說，教導學生依照朱子學的精神，戒避空談，注重實證，主張孝悌之道，以實踐儒教道德為宗旨，致力矯正朱子學末流趨於空疏的弊病。朱舜水撰文推崇其德行、學識均足為人們的典範說：[60]

> 幸遇台臺，文苑之宗，人倫之冠；博綜夫典、謨、子、史，
> 研窮夫孔、孟、程、朱。獲矣聞名於西土，晚哉相見於東都。

---

[59] 國學派如本居宣長（1730～1801）等，研究日本固有的制度，熟讀古典書籍，向儒家思想中的道德觀挑戰。洋學指蘭學的盛行及對西洋文明的崇拜風氣。

> 身體力行，無須拾格致之餘瀋；意誠心正，自能袪理氣之膚
> 言。

明白指出他在騷壇上的名聲不小，更研習孔、孟、程、朱學說，並貫徹實踐。實則在木下氏的心目中，尊崇朱熹為孔門的正系，而孔、孟、程為萬世之師，具古人之風，絕非流於泛泛虛言者可相提並論。服部南郭（1683～1759）也稱美木下氏說：[61]

> 錦里先生實為文運之嚆矢，……又聞先生恆言：『非熟讀十
> 三經注疏，則不可謂通經矣。』由此觀之，所謂古學亦先生
> 為之開祖。

這種強調經學的重要，須熟讀十三經注疏以融通經學的意見，與朱舜水的立場相同。

2.朱舜水與安東守約

安東守約和前述木下氏相同，都是名儒松永尺五的門生，不過，思想發展各具特色，分屬於日本朱子學派中的不同系統。他在松永氏門下 5 年，學習程、朱學說，精通四書五經大義，學成後歸為柳川藩侍講。1658（萬治元）年，經友人介紹而認識第 6 次來到長崎的朱舜水，仰慕其學植德望，故致書問學，執弟子之禮。安東氏本身孜孜追求聖賢之道，精進不已，更親炙朱氏的教誨，於是「學益富，行益脩」，遂成一家篤實之學，古學派儒者伊藤東涯稱他與貝原益軒為「海西巨儒」。[62]

安東守約的為人，謙恭篤實，淡泊自甘，不慕虛名。他很崇奉

---

60 朱舜水〈謝木下貞幹啟〉，《朱舜水集》卷 8，北京：中華書局，頁 203。
61 原 念齋《先哲叢談》卷 3，東京：平凡社，頁 141。
62 伊藤東涯〈貝原翁與妻某氏字帖〉說：「前時海之西，有二巨儒，曰省庵先生，曰損軒先生。」《紹述先生文集》卷 15，東京：岩波書店，頁 148。

朱熹，但對朱氏的某些言論與觀點抱著懷疑和批判的態度。如理、氣的關係，他說：「大地之間，惟理與氣，以為二不是，以為一亦不是。」反對將二者合而為一，也不認同截然分開，而主張理只是氣之理，理須就氣上求取，當於氣轉折之處觀理，持以氣為主的理氣不可分論。於 1659（萬治 2）年，請朱舜水句讀明陳建（1497～1567）所著要廓清蓍障，維護儒學正統的《學蓍通辯》12 卷研讀之，對其中「究辨真似是非」的立場，使朱、陸之學異同問題明朗化產生共鳴後，即擇要加以訓點為 4 卷本，刊行於世。[63]

安東氏非常欽佩朱舜水的學養，曾說：「猗與先生！德抱經濟之大器，學究聖賢之壼奧。」[64]由衷推崇恩師的人格風範。安東氏以為朱舜水的學問屬於程、朱學派，致函請教。然而，朱氏答覆說：[65]

> 至若以不佞為程、朱，不佞問學荒疏，文字粗疏，豈易當此？賢契求師之專，故以未似之有若為似也。

謙虛的表示自己的學識荒疏，「未似」為程、朱學派學者，亦不願刻意的分門別派，徒增學界紛擾，有違初衷。

朱舜水將得意門人安東氏視為志同道合，最為知己；而安東氏對恩師的教誨，敬信傳習，進德修業，真積力久，卓然有成，使學術生命的光輝薪火相傳，古今難得。

3.朱舜水與人見竹洞

人見竹洞出身儒學世家。曾拜在林　羅山、春勝父子門下，研

---

[63] 朱舜水寄安東守約〈筆語〉9，《朱舜水集補遺》卷 2，臺北：學生書局，頁 156。安東守約〈學蓍通辯跋〉，《日本の朱子學》附，東京：明德出版社，頁 589。1663（寬文 3）年，安東氏跋《學蓍通辯》翻刻刊印。1977 年，京都中文出版社影印寬文本梓行。

[64] 安東守約〈舜水先生文集序〉，《朱舜水集》附錄 4，北京：中華書局，頁 784。

[65] 朱舜水〈答安東守約書三十首〉3，《朱舜水集》卷 7，北京：中華書局，頁 174。

習程、朱學說。1658（萬治元）年遊京師時，他又親炙朱子學派名儒石川丈山的教誨。1664（寬文 4）年起，擔任德川幕府侍講。次年，人見氏得知朱舜水應聘到江戶後，即經常與之交談問學。由於語言的隔閡，會晤時不免有「我以筆為舌，他以眼為耳，每相對杳然，如泛虛舟而已。」溝通方面的困境，幸而，雙方理念相近，對文化傳承都具有深切的關懷心，故藉漢文為媒介，以筆談的方式，作充分的溝通。

他們曾經討論過「道」的意涵，人見氏在〈舜水朱大翁書〉中提出他的看法謂：[66]

> 伏願翁之說道腴者，不在書味，啖蔗而已。乃道之於人也，譬之五穀之於口腹，若罕珍則不食之足矣。若道與五穀一日無之，則奈此生民何乎？翁能說其道腴，而學苗嘗已秀矣，仁田嘗已熟矣，足養此生民者也。

強調「道」的重要性，必致學以植其苗，行仁以耘其田，方能使人民得到教養，生活安樂。他後來又在〈舜水翁書〉中說：[67]

> 前項翁言：道者，日用常行之大路，而貴賤各無不行矣。僕竊言：道與五穀一日不可無之，……五穀則人之大倫者五是也。所以且食者，誠意正心是也。一生之工夫盡此矣。……唯喜逐日親炙翁之習氣，則我穀之不厭精，日日新而遂得研其精也。

信中提到朱氏認為「道」，就像人人可行、常行的大路。而他自己則以人類每天需食五穀維生為喻，「道」之於民心，亦不可一日或

---

[66] 人見竹洞〈舜水朱大翁書〉，《人見竹洞詩文集》卷 2，東京：汲古書院，頁 231。
[67] 人見竹洞〈舜水翁書〉，《人見竹洞詩文集》卷 2，東京：汲古書院，頁 231。

缺。欣喜能親沐朱氏的風範，體會道理的平實可行，「誠意、正心」為人生修養的根本。所以，朱舜水覆函贊美他體悟出「道」的新義說：[68]

> 屢接丰容，氣度自然，有德之徵。采之輿評，益為足信。「大路五穀」，較量親切；「五穀尚可不備」，更為勘到之語。……工夫既得，日新自程，景行在望，體胖神怡，所到寧有限量？

綜之，人見氏以五穀比喻「道」，而朱氏則謂「道腴仁熟」之說，雙方各藉平實的辭彙，表達其卓見，非深造有德者，不能語及此。

4.朱舜水與林　春信

林　春信出身日本朱子學派世家，祖父林　羅山、父林　春勝、弟林　春常都擔任幕府大學頭，家學淵源深厚。1665（寬文5）年，朱舜水剛到江戶，就在旅舍主人處見到他的詩作 2 首，「清新流利，灑灑出群」，不禁贊美說：「謖謖如松下風，涼爽入人襟際；疏疏如食哀家梨，津液溢於齒牙。意言之外，別有一種超邁之氣。」[69]當時連多日旅途勞累而引起的熱病，都為之頓除。不久之後，二人在人見竹洞家中初次見面，林氏執弟子禮，朱舜水非常賞識其才華。

可惜林氏因病早逝，人見竹洞特地請朱舜水撰碑銘記其學行以追念之。[70]朱氏哀歎道：「蓋天而不欲日本之興於斯文也，何為而生若人？天果欲日本之興起於斯文也，又何為而夭若人？」[71]對「日

---

[68] 朱舜水〈答野節書二十八首〉5，《朱舜水集》卷8，北京：中華書局，頁222。
[69] 朱舜水〈答林　春信書二首〉1，《朱舜水集》卷9，北京：中華書局，頁286。
[70] 朱舜水〈與野節書三十五首〉32，《朱舜水集》卷8，北京：中華書局，頁217。
[71] 朱舜水〈勉亭林　春信碑銘〉，《朱舜水集》卷21，北京：中華書局，頁600。

本學道之機」受到斲傷，表示痛心之至。

（三）朱舜水對日本朱子學派的貢獻

朱舜水在回答友人、門生所提有關朱子學說的問題時，都是針對問題涉及的範圍作說明。就其內容而言，我們可以歸納出朱舜水對此學派的貢獻有二：

1.辨正朱、陸異同之爭

《禮記・中庸》標舉「尊德性、道問學」的認識法則，本有其殊途同歸的旨趣。宋儒各取其一端，致形成朱、陸異同的爭議，千載以來莫衷一是，所以，清章學誠（1738～1801）說這個爭議是：「千古不可合之同異，亦千古不可無之同異也。」[72]

日本江戶時代儒學界也興起辯論的風潮，如藤原惺窩的學問，以朱子為中心，亦不排斥陸象山（1139～1192）及漢、唐儒者的學說，頗有寬厚之趣。然而這種主張折衷程朱、陸王的態度，不免引來駁雜之譏。[73]不過，林　羅山、山崎闇齋、木下貞幹等學者，則站在尊崇程、朱的立場而排斥陸、王之說。[74]當安東守約提出這個爭議不休的問題，朱舜水作了比喻說：[75]

> 「尊德性」、「道問學」，不足為病，便不必論其同異。生知、學知、安行、利行，到究竟總是一般。是朱者非陸，是陸者非朱，所以玄黃水火，其戰不息。譬如人在長崎往京，或從

---

[72] 章學誠〈朱陸〉，《文史通義》卷2，臺北：漢聲出版社，頁33。

[73] 武內義雄《儒教の精神》14，東京：岩波書店，頁172、174。

[74] 如木下貞幹〈朱子〉詩曰：「遺經千歲決群疑，義理精微抽繭絲；仰止鵝湖論舊學，確乎鹿洞定新規。百王著鑑編綱目，四子階梯錄近思；頓悟金鎞何足貴，泗源嫡派舍君誰？」可為例證。引自井上哲次郎《日本朱子學之哲學》第1篇第3章，東京：富山房，頁105。

[75] 朱舜水〈答安東守約問三十四條〉8，《朱舜水集》卷11，北京：中華書局，頁396。

陸，或從水。從陸者須一步一步走去，由水程者一得順風，
迅速可到。從陸者計程可達，從舟非得風，累日坐守。只以
到京為期，豈得曰從水非，從陸非乎？然陸不能及朱，非在
德性問學上異也。

意謂一般從「尊德性」、「道問學」的方向來議論朱、陸異同，以致
「是朱者非陸，是陸者非朱」，徒然爭執於口舌之間而已，並未切
中思想的重心。他認為朱、陸在「尊德性」、「道問學」的論題上，
如同從長崎要往京城，既可以經陸路，也可以由水路，都是以抵達
京城為目的，不能說誰是誰非，「究竟總是一般」，故主張「不必論
其異同」。

　　當然，在此論題上，朱氏並非全無立場，在函覆佐野回詢問
「朱、王之異」時，他非常明確的口吻說：「當爭其本源，不當爭
其末流。」而溯其本源，即應以孔子思想作為評斷理學、心學的標
準。進而分析說：[76]

　　　　來問朱、王之異，不當決於後人之臆斷，寒暖之向背，即當
　　　　以孔子斷之。……朱子道問學，格物致知，於聖人未有所戾。
　　　　王文成即有高才，何得輕詆之？不過沿陸象山之習氣耳！王
　　　　文成固染於佛氏，其欲排朱子而無可排也，故舉其格物窮
　　　　理，以為訾議爾已。愚謂此當爭其本源，不當爭其末流。……
　　　　王文成為僕里人，然燈相焰，鳴雞相聞。其擒宸濠，平峒蠻，
　　　　功烈誠有可嘉，官大司馬，封新建伯。後厄於張璁、桂萼、
　　　　方獻夫，牢騷不平之氣，故託之於講學。若不立異，不足以
　　　　表見於世。故專主良知，不得不與朱子相水火，孰知其反以
　　　　偽學為累耶？愚故曰：『文成多此講學一事耳。』……今貴

---

[76] 朱舜水〈答佐野回翁書〉，《朱舜水集》卷5，北京：中華書局，頁84。

國紛紛於其末流而急於標榜，愚誠未見其是也，又何論朱與
王哉？

指出朱熹的理論符合聖人的學說，而王陽明藉佛理批評朱子的「格
物窮理」之說，畢竟未把握本源而趨於末流；又講學專主良知之說，
只是為立異以發洩其牢騷不平之氣而已。朱氏以為王陽明這種作法
不足取，強調「古今人惟無私而後可以觀天下之理，無所為而為而
後可以為天下之法。」才能贏得後人的肯定。

　　弟子安東省庵受到啟發，在〈朱陸辨〉中說：[77]

朱、陸之同異，異說紛紛，終為千古未了之談。予嘗不自揣，
作其辨曰：天下之水，一也，其支分派別不同者，流使之然。
然其源未嘗不一，聖賢之道亦然。其立教或由本達末，或溯
末探本，其所入不同，而其所至一也。

他不抱成見，認為朱、陸二人的基本理念，都是「師堯舜、尚仁義、
去人欲、存天理」的聖賢之道，而「朱子以博文漸次歸於約為教，
陸子以頓悟一蹴至於道為教」，修習的途徑不同，目的則是一致的，
故朱、陸思想的分歧可謂源同流異而已。1680（延寶 8）年，安東
氏作〈勉學〉詩五絕 10 首，其 7 詩曰：[78]

　　六經元平夷，本文須從事；不費朱陸辨，道豈有同異？

這是他 59 歲所作，學養已臻圓熟，對朱、陸之爭的見解，跳脫朱
子學狹窄範疇的自由學風，與朱舜水的思維方向薪火相傳。

2. 推崇朱子學說的價值

---

[77] 安東守約《省庵先生選集》，《日本の朱子學》下，東京：明德出版社，頁 584。
[78] 安東守約〈勉學十首并序〉7，引自阿部吉雄等《日本の朱子學》下附原文，東京：
　　明德出版社，頁 594。

如第 1 節所述，十三世紀初，朱子學說傳入日本以後，大多在貴族和僧侶間傳授研習，以致偏於玄思，流於空談，而不切實用。到了江戶時代，藤原惺窩將儒學從佛教體系中獨立出來，當時京都學風，明經家學（博士家）固守漢唐注疏之學，而京學派林　羅山、松永尺五、石川丈山等人，各張門戶，極一時之盛。基本上，他們都本著程、朱學說的範疇。1664（寬文 4）年，小宅生順在長崎向朱舜水請教說：[79]

> 我國當今志學者，《易》用朱義，《春秋》用胡傳，《書》用蔡傳，《詩》用朱傳。間亦有好異者，捨宋儒之說，而用近世快活之說。故其所辯論，如長河之不可障。雖然，步步不由實地，如順者困此弊久矣，如之何而可乎？

朱舜水答覆說：

> 果能以為學、修身合而為一，則蔡傳、朱註、胡傳，儘足追蹤古聖前賢。

明白的提示小宅氏，應以朱熹《周易本義》與《詩集傳》為研習準繩，使為學、修身合而為一，方為正途。若有人問起支離破碎的理學命題，朱氏往往拒絕回答。後來加藤明友問：四書、六經，宜用何人之註？朱舜水迴答說：朱子之註不可廢。[80] 又，朱氏建議人見竹洞當遵依「晦翁之註」以治《詩》。[81] 由以上三例可知，朱氏充分肯定朱熹注釋經典的學術價值，也教導日本學者應以朱子的注解為依歸，循序鑽研，才能奠定學識根基。

---

[79] 朱舜水〈答小宅生順問六十一條〉6，《朱舜水集》卷 11，北京：中華書局，頁 406。

[80] 朱舜水〈答加藤明友問八條〉1，《朱舜水集》卷 11，北京：中華書局，頁 381。

[81] 朱舜水〈答野節問三十一條〉3，《朱舜水集》卷 11，北京：中華書局，頁 385。

朱舜水說：「宋儒之學可為也」。[82]也明白的表示自己的學問根源是：托其足于濂、洛、關、閩之學。[83]就儒學的基本思想而言，朱氏的學說與宋儒諸人是一貫的。至於「宋儒之習氣」，他則強調「不可師也」。所以，在朱舜水文集中，可以見到推崇周敦頤（1017～1073）、程顥（1032～1085）等人的言論，對朱子學說，除了少部份有異議以外，[84]亦持肯定的態度。如朱舜水針對朱子「窮理居敬」說，提出應「隨時格物致知」，才能收實理實學之效；而「居敬」，乃他一生為人處世一貫的態度。[85]綜而言之，井上哲次郎、錢穆等學者均謂朱舜水在日本傳播的儒學是程、朱學說，[86]乃持之有據的論點。

結語

由以上 3 小節的說明，我們可以明瞭，江戶時代初期的儒學，是以日本朱子學派為主流，而德川幕府則指定朱子學說為「官學」，奠定其學術普及發展，影響深遠的基礎。各派儒者擺脫佛教的領域，展開深入的研究，普及面廣，綻放日本朱子學說的異彩。國府種德推許謂儒學為經世治民的要道，而日本學者之所以能跳脫空理虛論，皆朱舜水所賜。[87]意謂朱子學說在日本傳播，使社會形成由空想玄理轉而為實用的學術風氣，個人陶冶奉公守法，忠於職守的

---

82 朱舜水〈答加藤明友問八條〉8，《朱舜水集》卷11，北京：中華書局，頁382。

83 朱舜水〈答某書〉，《朱舜水集》卷5，北京：中華書局，頁110。

84 如朱舜水〈周濂溪像贊三首〉、〈程明道像贊二首〉。又〈答野節問三十一條〉6說：「晦翁先生以陳同甫為異端，恐不免過當。」是為一例。《朱舜水集》卷19、11、北京：中華書局，頁568～570、386。

85 朱舜水〈答野節問三十一條〉6說：「不若隨時格物致知，猶為近之。至若『居敬』工夫，是君子一生本等，何時何事，可以少得？」《朱舜水集》卷11，北京：中華書局，頁386。

86 井上哲次郎《日本朱子學派之哲學》附錄6，東京：富山房，頁815。錢穆〈讀《朱舜水集》〉，《中國學術思想史論叢》8，臺北：東大圖書公司，頁15。

87 國府種德〈水戶義公の賓師たる朱舜水〉曰：「儒學が全く經世治民の要道であって，空理空論でないといふ事を明かにしたのは，舜水の賜であります。」《朱舜水》，東京：朱舜水記念會事務所，頁33。

修養，是朱氏啟迪培養出來的。

其實，朱舜水對朱子學說採取擇善而從的態度。他在日本期間對朱子學說的詮釋，維護倫理道德，主張尊君，提倡大義名分等思想觀點，僅是他幸逢時代的契機，身體力行展現其精深的學養，在江戶、水戶等地，融入日本朱子學派傳揚儒學活動的一環而已。然而，影響層面之深遠，亦足以在十七世紀中日交流史上留下不朽的篇章。

三、朱舜水與古學派的關係

井上哲次郎《日本朱子學派之哲學》和岩橋遵成《徂徠研究序論》等書，都論及朱舜水的學風與江戶時代古學派諸人的學說有若干相近之處。[88]以下首先探討其「務為古學」的理念；接著說明他和古學派代表儒者山鹿素行（1622～1685）、伊藤維楨（1627～1705）、荻生徂徠（1666～1728）等人交往的情形及其影響。

（一）朱舜水的古學理念

朱舜水曾經為年輕時參加科舉考試以致荒疏古學，惋惜地說：「舉子三年精力，不足以讀文，所以於古學荒疏。」[89]其得意門生安積　覺也再三稱：「文恭先生研究古學，視科場為兒戲。」[90]「世方以靈通為宗，斲喪淳樸，以禍社稷，而先生獨為古學。」[91]「先生務為古學，視時文為塵飯土羹，況於詩乎？」[92]謂朱氏的學術重視古學。

---

[88] 井上哲次郎《日本朱子學派之哲學》附錄 6，東京：富山房，頁 811～812。岩橋遵成《徂徠研究序論》，東京：名著刊行會，頁 39～40。

[89] 朱舜水〈答安東守約問八條〉，《朱舜水集》卷 10，北京：中華書局，頁 372。

[90] 安積　覺〈舜水朱氏談綺序〉，《舜水朱氏談綺》，上海：華東師大出版社，頁 1。

[91] 安積　覺〈朱舜水先生文集後序〉，《朱舜水集》附錄 4，北京：中華書局，頁 372。

安積　覺從十三歲起即師事朱舜水，為時數載，深刻體認到朱氏一向崇尚經世實用之學，而將科舉考試當作兒戲，應付了之；且將無教化作用的時文和吟風弄月的詩詞視為棄之可也的東西。這種古學觀念的形成，個人以為除了朱氏本身的學識之外，與師承也有密切關係。

據安積　覺、今井弘濟合撰〈朱舜水先生行實〉一文記載他受教育的情形：[93]

> 初從慈谿李契玄學，及長受業于吏部左侍郎朱永佑，及東閣大學士兼吏戶工三部尚書張肯堂，禮部尚書吳鐘巒研究古學，特明《詩》《書》。

文中朱永佑、張肯堂（？～1651）、吳鐘巒三位先後殉國，垂範後世。[94]其中值得一提的是，吳鐘巒係東林黨領袖顧憲成（1550～1612）的門人。[95]他為明崇禎 7 年（1634）進士，魯王時任禮部尚書，經常以南宋末擁幼帝赴崖山舟中主講〈大學〉正心章的陸秀夫自任。當時，他一方面向顧憲成執經叩問，另一方面與顧憲成的友人高景逸、薛玄臺深交，心靈契合；更得到有東林黨集大成者之稱的孫淇澳著《困思抄》一書的啟發，因此，吳氏撰寫《霞舟隨筆》，詮釋自己的實學思想。簡言之，他上承東林學風，下啟門生朱舜水等人的思維，尤其對朱氏賞識有加，曾貢箚推薦之為「開國第一人」。

---

92 安積　覺〈朱文公遺事〉，《朱舜水集》附錄 1，北京：中華書局，頁 628。

93 安積　覺、今井弘濟〈朱舜水先生行實〉，《朱舜水集》附錄 1，北京：中華書局，頁 612～613。

94 安積　覺、今井弘濟〈朱舜水先生行實〉中列朱氏受業「張肯堂」之門，係錯誤的記載。見朱舜水〈與諸孫男書〉說：「鯢老張肯堂，松江華亭人，欲與我相親，我三次拒絕之，是以與我極不相好。」足以為證。《朱舜水集》卷 4，北京：中華書局，頁 47。

95 黃宗羲《明儒學案》卷 64‧東林 4，臺北：河洛出版社，頁 21。

後來朱舜水作〈吳霞舟先生惠詩〉（五律）一首敬答其師，詩曰：[96]

> 孤生倚知己，飄泊謝浮名；自接瑤華贈，能禁白髮生。
> 八閩秋水闊，三楚曉雲橫；漫作山中約，歸耕向四明。

首聯即表示由衷感激師恩，倚為知己，受影響之深不言可喻。故朱舜水可謂為顧憲成的再傳弟子，承繼東林學者注重實學，合於世道的精神。

朱舜水不願與流俗士人同浮沉，不斤斤於學派門戶之見，探究孔、孟本來面目的古學。高徒安積　覺在〈朱舜水先生文集後序〉中凱切地說明他的古學理念：[97]

> 蓋先生天生豪邁，不以循行數墨為學，而以開物成務，經邦弘化為學；大而禮樂刑政之詳，小而制度文物之備，靡不講究淹貫。而其教人，未嘗高談性命，憑虛騖空，惟以孝弟忠信，誘掖獎勵。其所雅言，不離乎民生日用彝倫之間。本乎誠而主乎敬，發於言而徵於行。

意謂朱舜水為學的目的在「開物成務，經邦弘化」，而不拘於文字意義；為學的內容包括「禮樂刑政，制度文物」，即以經世實學為主，不空談性理。所以，德川光圀贊美朱舜水具有「純然經濟之學問」，的確是有得之見。

（二）日本古學派概述

日本江戶時代儒學界首先站出來，表示古學概念的立場，向幕府官學——日本朱子學派挑戰的是以山鹿素行為主的聖教學派。接

---

[96] 朱舜水〈吳霞舟先生惠詩〉，《朱舜水集》卷 12，北京：中華書局，頁 427。

[97] 安積　覺〈朱舜水先生文集後序〉，《朱舜水集》附錄 4，北京：中華書局，頁 786。

著有以伊藤維楨為代表的崛川學派（又稱古義學派）和以荻生徂徠為代表的蘐園學派（又稱古文辭學派）。

這3支學派中，山鹿氏與伊藤氏的學派，於十七世紀末興起；而徂徠學派則到十八世紀初才崛起。他們3人之間並無師承關係，思想學風也不盡相同，只是意識形態上具有共同的特點：站在反對的立場，批判當時日本朱子學派、陽明學派的思想與現實社會脫節，而著重主觀式的個人內省之不當；主張用客觀方法，跳脫漢、唐的注疏，直接研究經典，探討孔、孟學說的真義。無論山鹿素行的聖教學、伊藤維楨的古義學或荻生徂徠的古文辭學，皆本著追求古義的原則，否定朱子學自然靜觀的思維方法；認為要把握現實，重視實學，提倡擴充德性、存養德性的經驗主義道德論，從歷史觀點去瞭解「禮樂刑政」的客觀性社會文物、法律制度、時代文化的變遷，藉以發現政治的途徑。所以，一般學界將他們3位歸類為「古學」派。

以風行情形而言，寬文2年至享保13年的60多年間（約1662～1728）是古學派的全盛期，對江戶時代中葉的思想界產生不小的影響。[98]

1.山鹿素行

山鹿素行原籍陸奧（今青森），生於岩代會津（今福島），名高祐，一名義矩，字子敬，號因山、隱山，又號素行子，通稱佐太郎、甚五左衛門。根據山鹿素行的自傳《配所殘筆》記載，他6歲時隨父親到江戶（今東京）；8歲，讀四書五經、詩文等；9歲即入日本朱子學派名儒林　羅山門下接受啟蒙，時稱文三郎。11歲時就會為人講解《小學》、《論語》、《貞觀政要》等書，論辯殆若老成。18歲

---

[98] 1662（寬文2）年，伊藤維楨設立古義堂，樹立崛川學派。1666（寬文6）年，山鹿素行發表《聖教要錄》。1728（享保13）年，荻生徂徠逝世。

又從小幡景憲、北條氏長研習六韜三略的兵學，為時 5 年，同門無
出其右者。[99]後又到高野按察院拜光有法印學習神道、和歌、佛法
等，聲名大噪。31 歲應聘到赤穗（今兵庫縣），報答赤穗侯淺野長
直的知遇之恩。這段期間，他已不滿朱子學，掙脫日本朱子學派林
家的拘束，主張學貴活用，追求對武將、武士日用之業有好處的學
問。9 年後，辭職返江戶，再啟塾門授徒，弟子達四千多名。

關於其思想轉變的緣由，東條琴台分析說：[100]

> 素行始講宋學，左袒程、朱，年四十後，有疑于理氣心性之
> 說，以先是所著經解數種，悉燒之。寬文六年春著《聖教要
> 錄》3 卷，刊行於世，非斥程、朱，辯駁排詆，無所忌憚。
> 其意蓋在諷刺于崇奉宋學者。

由此可知，山鹿氏原來是習程、朱之學，40 歲之後思想發生變化，
對宋儒理氣心性學說產生懷疑，以為朱子學不過是後世之學，於是
將所著《四書句讀大全》20 卷、《四書句讀或問》10 卷、《七書諺
義》20 卷等著作焚毀，始而追溯儒學思想的本源，只相信周公、孔
子學說，認為只有聖人之教，才能教導真實的道理。

如 1666（寬文 6）年，刊行《聖教要錄》3 卷，提倡溯源於洙
泗，恢復中華聖人——周公、孔子之道；並謂孔子歿，聖人之統絕，
漢、唐、宋、明之學，悉非傳孔子之學統；極力駁斥日本朱子學的
抽象性。由於山鹿氏提出的古學之說，有違當時屬幕府官學——日
本朱子學派的學風，他成了反對「官學」的異端，因而激起在幕府
任後見職（即將軍攝政）的保科正之[101]的反對和責難，主張嚴辦；

---

[99] 田原嗣郎等校注《山鹿素行》，東京：岩波書店，頁 318～338。他拜師學了甲州流
兵學，後來自創山鹿流兵學。

[100] 東條琴台《先哲叢談後編》卷 2。

[101] 保科正之是山崎闇齋的門人，屬日本朱子學派。曾任會津（今福島）藩主（1643
～1669 在位），當時輔佐幕府第四代將軍德川家綱，是將軍的叔父，致力強化幕權。

幕府儒官林　春勝也表示不滿，痛恨他出自羅山之門而反羅山的思想。加上當時傳言有武士密謀反對幕府之舉，而山鹿氏在武士群中頗具威望，故幕府當局視他為危險人物。次年（1667）就將他放逐到播磨赤穗。

他在赤穗專心著述，宣揚忠於主君的武士道，提倡日本主義，以尊皇的「日本精神」，訓誨當地子弟，蘊釀成一股促使元祿年間（1688～1703），發生大石良雄等所謂「赤穗四十七浪士」，為主君淺野長矩報仇，襲擊吉良義央，然後集體切腹自殺事件的動力。10年後他（55歲）被赦免，回到江戶，受平戶城主松浦鎮信的保護和厚待。此時他放棄經學，主要從事兵學的講學和著述，64歲病逝。

堀　勇雄將山鹿素行一生的思想成長及發展歷程，畫分為：

1. 訓詁的朱子學期（6～21歲・1627～1642）

2. 四教一致期（21～35歲・1642～1656）

3. 朱子學期（35～41歲・1656～1662）

4. 中華聖學期（41～45歲・1662～1666）

5. 日本聖學期（45～54歲・1666～1675）

6. 象數的宇宙觀（54～64歲・1675～1685）

6個階段。[102]清晰的勾勒出他思想轉變的脈絡。

大致而言，第1期為求學過程，奠定思想的基礎。第2期為依所學，融合各派之說的階段。第3期則以儒學為宗，主張排佛，展開對各思想批判的序幕。第4期則以周公、孔子思想為宗，而排朱子學說。第5期是以日本神道思想為宗，而排周公、孔子思想。第6期則提出其宇宙象數觀的思想。山鹿氏樹立獨特學風，具代表性的是在第4及5期階段，影響最大，開展他的古學思想，使日本的儒學日本化。

---

[102]堀　勇雄《山鹿素行》，東京：吉川弘文館，頁321。

　　戴季陶（1890～1949）針對山鹿素行倡導日本古學派的時代背景與思想特色，作了以下的分析：[103]

> 德川氏承續豐臣氏的霸業以後，政治文物，燦然大備。傳入日本千餘年的印度、中國的思想，已經和日本人的生活融成一片。於是日本民族自尊的思想，遂勃然發生。有一個有名的學者，叫山鹿素行，在這民族自尊心的鼓盪裏面，創造起一個日本古學派。這一個日本古學派學術的內容，完全是中國的學問；並且他標榜的學問，是直承孔子，對於中國儒家的學說，連曾子以下，都認為不滿意，對於漢唐宋諸家，尤其對於宋儒，更抨擊無遺。

指出山鹿氏創造古學派的目的，純粹是借重周公、孔子的思想來建立其民族自尊心。因此，當他由於發表鼓吹古學思想的代表作《聖教要錄》，而遭放逐赤穗後，仍然一本初衷著作《武家事紀》3 冊、《中朝事實》2 卷，記述武家時代的歷史，來宣傳其「神道國家」、「君主神權」的觀念，企圖喚起日本國民的自覺精神，乃是順理成章的事了。其作品今有《山鹿素行全集》15 卷（26 種）行世。

2. 伊藤維楨

　　伊藤維楨初名維貞（幼名源七），通稱鶴屋七衛門，字源佐，又字源助，最初自號敬齋，後來改號仁齋、古義堂，因堂前植有海棠、櫻樹，故又號棠隱、櫻隱，平安（今京都）人。

　　他 11 歲時，就師習句讀，初從〈大學〉入門，讀「治國平天下」章，竟能感慨說：「今世亦有知如許事者耶？」19 歲時，背誦朱子《延平問答》，琅琅上口，從此崇奉宋儒性理之學。進而，細

心研究朱子《性理大全》和《朱子語類》等書，窮其精奧。數年後，匯整心得，著為《太極論》1卷、《性善論》1卷、《心學原論》1卷等，並揭「誠修」二字於書房以自警，不疾言厲色。生性沈穩，為人寬厚平易，一生不仕，於貧困中猶致力學問，德高望重，從全國各地至其門下求學者達三千餘人，形成古義學派，由於居住在京都的「堀川」，又稱「堀川學派」，為當時學術界的一大勢力，授古義學，故有「古學先生」之稱。

依據原 念齋《先哲叢談》記載，他約在 37、38 歲時，思想上發生轉變，開始懷疑宋儒的獨斷性，與孔、孟之旨不同。經多年的探索，才真確體會到「欲得孔孟之正宗」，「明鄒魯之正傳」，就必須「悉廢語錄注腳，直求于《語》《孟》二書。」[104]將《論語》當作「最上至極宇宙的第一書」，而《孟子》是「《論語》的義疏」，認為權威的書就只有《論》、《孟》二部，應直接回歸孔、孟的原典去探明道義的真貌，進而取《論語》之「仁」與《孟子》之「義」為根柢，謂道即仁義，而仁義應從學術培植；主張實證，實踐倫理道德，提倡博文約禮的立場，得到學術界很高的評價。

對於孔孟思想，伊藤氏著有《語孟字義》2卷、《論語古義》10卷、《孟子古義》7卷、《中庸發揮》1卷、《童子問》3卷諸代表作，創立古義堂，成一家之言，奠定其以道德論為中心，透過仁與義之解釋來開展其政治論的古義學基礎。所以，他根據孔、孟「仁者愛人」，「為政以德」的學說，提倡為政應實行仁愛、德政、王道；也主張對不實行王道的君王可以「放伐」的政治論。這種思想，在日本朱子學大義名分論占盡優勢的幕府封建社會中，是具有相當進步意義的。此學派於元祿到正德年間（1688～1715）最為興盛。井上哲次郎非常推崇他在日本儒學史上的地位。[105]

---

[104]原 念齋《先哲叢談》卷4，東京：平凡社，頁157～166。
[105]井上哲次郎《日本古學派之哲學》敘論，東京：富山房，頁3～4。

其長子伊藤東涯名長胤，字源藏（或作原藏、元藏），以號行，別稱慥慥齋。他幼受庭訓，見識淵博，精通經學，紹述古義學，而益光大之。行誼方正，講學著述不輟，以繼家學為己任，學者稱之「紹述先生」，有《論語古義標註》4 卷、《孟子古義標註》1 卷、《紹述先生文集》21 卷、《紹述先生詩集》10 卷、《經史博論》4 卷等49 種著作傳世。

3. 荻生徂徠

荻生徂徠名雙松（幼名傳二郎），通稱總右衛門，字茂卿，以號行，又曾至日本橋的茅場町，取號蘐園。因先祖原姓物部氏，而自稱物徂徠、物茂卿。江戶（今東京）人。父荻生方庵在幕府擔任第 5 代將軍德川綱吉的侍醫，1679（延寶 7）年，因被連坐而流放上總（今千葉縣）長柄郡本納村。當時徂徠年幼，跟隨同往，直到25 歲（1690），父得到赦免，才還故鄉。這十餘年間，徂徠都與鄉間野老相處，並無師友，熱衷中華文物，獨自研讀其父收藏的日本朱子學派學者林　春勝著《大學諺解》1 卷一書，真積力久，因此培養解讀古文的功夫，可以不藉講說而遍通群籍。[106]

荻生氏初期服膺程、朱之學，鑽研兵學和漢學，著有《孫子國字解》13 卷、《吳子國字解》5 卷、《素書國字解》2 卷、《譯文筌蹄》6 卷等書，表現這個階段的觀念。1696（元祿 9）年，荻生氏仕於柳澤吉保，[107]除講學外，也參與政治上的諮詢，將儒學思想作為客觀考察政治制度的標準，名聲漸起。及柳澤氏逝後，他就辭官授徒，以碩儒著稱。1714（正德 4）年，發表《蘐園隨筆》5 卷，剛開始時，站在朱子學立場，駁論伊藤維楨的古義學；不久，轉向復古，攻擊朱子學，進而詮釋「禮樂風俗論」、「尊重歷史論」的中心思想；

---

[106] 參考原　念齋《先哲叢談》卷 6，東京：平凡社，頁 279～291。
[107] 柳澤吉保係第 5 代將軍德川綱吉之執權者。

對於元祿至享保年間（1688～1736），幕藩體制的動搖，給予尖銳的指責，而主張維持封建制度。

他後來受到明嘉靖年間，李攀龍（1514～1570）、王世貞（1526～1590）二人所主張「文必秦漢，詩必盛唐」的啟示，提倡復古思想的影響，步上以歸納方法來研究古文涵義，以漢語直接誦讀漢籍，寫作漢詩，探求古典本質的途徑。認為唯有掌握古文辭，即用中國的古典語文去寫作及思考，才能了解六經中記載的聖人之道。以當時而言，這是具有突破性，自成一家的方法，開啟古學派的新風氣。此學派後繼者，以其門人太宰春台（1680～1747）、服部南郭等為中心，頗能傳其學，對享保（1716～1734）以後的日本儒學、國學和通俗文學方面都有一定程度的影響。其主要著作，除了上述5 種之外，還有概論其學說的《弁道》1 卷、《弁名》2 卷，和為了反駁伊藤維楨《論語古義》而寫的《論語徵》10 卷等。今有《荻生徂徠全集》30 卷行世。

由以上所述三位代表學者的學識風格，我們可以得知，日本江戶時代儒學古學派，大體上，是以古代經典為依據，企圖從德川幕府提倡的官學──日本朱子學派籠罩的氛圍中另闢蹊徑，經典之再檢討，古義之再究明，恢復唐堯、虞舜、周朝三代的古學，殊途同歸而提倡經世致用的學說。有人說，古學派的發展，是使日本從封建式的學問，進入近代式學問的橋樑。[108]也有人說，山鹿氏和伊藤氏提倡的古學，是江戶時代前期儒者批判運動中產生出來最顯著的成果。[109]肯定其於日本近世學術史上的地位。

（三）朱舜水與古學派代表人物的互動

---

[108] 黃得時〈禮失求諸野（下）─中華文化在日本〉，《中外雜誌》第 47 卷第 3 期，頁 29。

[109] 相良 亨（許政雄譯）〈江戶時代的儒學〉，《日本儒學史概論》第 3 章，臺北：文津出版社，頁 58。

1. 朱舜水與山鹿素行

　　雖然沒有可徵的文獻記錄二人交往的情形，但是，依他們在江戶的年代推算，約於1676年至1682年7年間在江戶認識交往的。[110]朱舜水曾受託而作〈子敬箴─為山鹿素行軒作〉一文，詮釋山鹿氏字「子敬」的涵義，彌足珍貴。全文引述如下：[111]

> 問學如何？徵乎素行；素行如何？希聖希賢。匪敢僭踰，勉承來命。堯舜可為，人皆此性。儒道非難，養至德盛。懿美內涵，聞望外令。文武張弛，維人無競。溫恭誠允，端莊靜正。不在他求，是在子敬。

　　從儒家立場稱讚山鹿氏是一位學行並重，文武雙全；具溫恭誠實，懿德令聞，弘揚古道的希聖希賢之人。其實，這之前，山鹿素行在《聖教要錄》中就已提出批判說：「戰國之諸子，漢唐之訓詁，宋元之理學，皆非周公、孔子之道。」又謂：「余師周公、孔子，不師漢唐宋明諸儒。」他認為應直接承襲周、孔精一之道，而展開日本古學思潮的先河。因此，從此篇〈子敬箴〉的內涵，我們可以印證到：山鹿氏的觀點與朱舜水一貫尊孔孟的思想相近。

　　另外，如第壹章所述，朱舜水年輕就學時，曾被譽為「文武全才第一名」，向禮部推薦。後來參與鄭成功和張煌言聯軍的長江戰役，克瓜洲，下鎮江，他「皆親歷行陣」。又在言論上，主張文武合一論。[112]

　　由以上所舉朱氏言行的3則記載可以推知，朱舜水這方面的理

---

[110] 依劉梅琴《山鹿素行》頁109，記載山鹿素行於延寶3年（1675）8月，獲赦免到達江戶，貞享2年（1685）病逝。而朱舜水是1665年至1682年間住在江戶。
[111] 朱舜水〈子敬箴〉，《朱舜水集》卷20，北京：中華書局，頁578。又附見島津岩編《山鹿素行全集》，題為〈素行號記〉，頁43。
[112] 朱舜水〈書劍堂說〉，《朱舜水集》卷13，北京：中華書局，頁437。

念，與山鹿素行一生提倡文武的學行風格，也有相當程度的近似之
處。

　　山鹿素行為了延續「聖人之統」、提倡「古學」，在《要錄》中
一再批判宋儒。他認為古人只言「道」，而宋儒專謂之理，導致去
聖人之教，成清談之風。山鹿氏說：[113]

> 道者日用所共由當行，有條理之名也。天能運，地能載，人
> 物能云為，各有其道，不可違；道有所行也，日用不可以由
> 行則不道。聖人之道者，人道也；通古今，互上下，可以由
> 行也。

又說：

> 凡聖人之道，唯在日用事物之間耳。日用事物之間格物致
> 知，則天地自然之妙，不言而著，不求而來。

二段文句都強調「道」，是有條理、上下古今皆可行；存在天地、
人們日用事物之間的。與宋代理學家提出的「理」有所不同。而山
鹿氏這種觀點和朱舜水主張「學在日用彝倫之中」的實學思想有契
合之處。所以，井上哲次郎就說：「山鹿素行抱一家之見，主古學，
所云古學，在朱舜水學說中多少也有。可見在山鹿氏學脈系統中，
不能說與朱舜水全然無關。」[114]意謂山鹿氏之所以倡導古學，與朱
舜水的學說有關。

　　不過，就上節所述山鹿氏思想轉變的脈絡而言，他是 41 至 45
歲期間（1662～1666），提倡周公、孔子思想，注重古學的。後來
55 歲（1676）被赦免，從赤穗到江戶（今東京）時，才與朱舜水認

---

[113] 二段話均見山鹿素行《聖教要錄》卷中，東京：岩波書店，頁 20。
[114] 井上哲次郎《日本朱子學派之哲學》附錄 6，東京：富山房，頁 812。

識交往。所以，二人主張的古學思想有相同之處，但是，彼此思想互動的可能性，時間上並不吻合。這是該辨明的。

2.朱舜水與伊藤維楨

1665（寬文 5）年，伊藤維楨由安東守約的弟子片岡宗純轉述，得知朱舜水接受水戶藩主德川光圀的聘請，將由長崎赴江戶的消息，[115]於是致函安東守約，誠懇表示請介紹從學朱舜水之意。其函云：[116]

> 承聞明國大儒越中朱先生，躬懷不帝秦之義，來止長崎。……僕嘗聞仙槎著于長崎，竊欲摳衣相從於門下，然以人子之孝，不可航海遠遊，遂不果往。……聞先生近以親藩之招，將赴于武城，僕又欲俟侍養有人，往從先生于武城，不知先生許之否？若獲為僕言之於先生，實大幸也，至懇至懇。

其傾慕之切，溢於言表。函中所提「親藩」，是指水戶藩第 2 代藩主德川光圀；而「武城」，是指東武，即江戶（今東京）。朱舜水得知這件事之後，雖然對伊藤氏的學養很推崇，但是，由於彼此學術觀念不同，為了避免日後議論的不合，造成無謂的紛擾，故明白的要安東氏覆信告訴他，婉拒與他見面談話，當然更不考慮接受這位門人了。朱舜水說：[117]

> 伊藤誠修誠貴國之翹楚，頗有見解。……彼之所謂道，自非不佞之道也。不佞之道，不用則卷而自藏耳。萬一世能大用之，自能使子孝臣忠，時和年登，政治還醇，風物歸厚，絕

---

[115] 片岡宗純是伊藤氏所創同志會會員。石田一良《伊藤仁齋》，東京：吉川弘文館，頁 59。
[116] 伊藤維楨〈答安東省庵書〉，《古學先生文集》卷 2，東京：岩波書店，頁 28～29。
[117] 朱舜水〈與安東守約書廿五首〉10，《朱舜水集》卷 7，北京：中華書局，頁 160。

> 不區區爭鬥於口角之間。……如果聞其欲來，賢契幸急作書
> 止之。若一成聚訟，便紛然多事矣。此是貴國絕大關頭，萬
> 勿視泛泛也。……若果來，不佞當以中朝之處徐鉉者處之，
> 必不與之較長絜短也。

特別解釋自己主張的「道」，如沒有機會行世，則收卷自藏；如大
用行於世，則必能發揮其功用。和伊藤氏的學說有所差異，縱使安
排見面談論，徒增意見的歧異而已，不過，是不會跟他計較長短的。

　　過了一段時日，朱舜水又寫信向安東守約說明拒絕伊藤氏求教
的原因有三：[118]

> 伊藤誠修學識文品，為貴國白眉，然所學與不佞有異。不佞
> 之學，木豆、瓦登、布帛、菽粟而已；伊藤之學，則雕文、
> 刻鏤、錦繡、纂組也。未必相合，一也。且不佞居於此地，
> 人地則甚輕，而聲價則甚重。京華人士不敢輕與相接，即有
> 書來，亦當秉明黑川公，其為煩瑣，二也。此間人情多好自
> 高，稍有學識，猶且岸然；如此淹貫，豈更求益？且不佞亦
> 不能有以益之，三也。

指出二人所學路線不同，伊藤氏講究如雕刻錦繡之工巧，而朱舜水
自以為學問要像布帛菽粟，才有益世用，因此，彼此很難有交集；
況且身在長崎，凡事都必須向長崎鎮巡黑川正直報告，不得不慎重
考慮自己的立場和處境；另外，想到他對伊藤氏的學問也許無所助
益。故委婉的推辭他的要求。梁啟超《朱舜水先生年譜》〈壬寅〉
條記載說：[119]

---

[118] 朱舜水〈與安東守約書廿五首〉12，《朱舜水集》卷7，北京：中華書局，頁162。
[119] 梁啟超〈朱舜水先生年譜〉〈壬寅〉條，《朱舜水集》附錄1，北京：中華書局，頁698。

> 先生於當時日本士大夫，皆取『來者不拒』態度，獨於此人
> 絕之。如此其亟，殆必有故。先生痛恨晚明講學家門戶主奴
> 之習。其與黃黎洲同縣，同在舟山軍中，而始終不相聞問，
> 似亦有不輕與作緣之意。右與安東兩札，最足代表先生自守
> 之狷介，及其學風之平實真切。

以朱舜水狷介自守，不願輕易與人結識交往的緣故，對他之所以不
接受伊藤維禎的請教，作了合理的解釋。

伊藤氏雖然無法如願拜朱舜水為師，仍一本初衷，誠懇的將作
品拜託安東守約轉請朱舜水批閱。朱舜水批閱之後，讚賞不已，表
示佩服。朱氏在〈答安東守約書〉中提到：。[120]

> 伊藤誠信兄策問甚佳，較之舊年諸作，遂若天淵。儻由此而
> 進之，竟成名筆，豈遜中國人才也？敬服敬服。……二兄作
> 本不應該批閱改竄，因賢契之言，遂不顧僭越耳。至若門人
> 之稱，恐非所宜。

十七世紀中日兩位思想家，雖然無緣見面，成為師生，但是，互相
敬服學問淵博，文采斐然，最後在古學思想上取得認同，亦屬難能
可貴。

至於石田一良根據安東守約與朱舜水的書信數次提到伊藤氏
的內容認為，伊藤維禎的思想形成過程中與朱舜水應該有密切關
係。[121]而童長義則取這四封問學書函跟伊藤氏自記的〈同志會筆記
第27〉、〈讀予舊稿〉及長子東涯撰〈古學先生行狀〉3篇，作思想
學術的交涉的分析比對後，釐清了伊藤維禎受到朱舜水很大的影響

---

[120] 朱舜水〈答安東守約書三十首〉29，《朱舜水集》卷7，北京：中華書局，頁194。
又，信中「二兄」，是指同時拿作品請朱舜水批閱的伊藤維禎和片岡宗順。
[121] 石田一良《伊藤仁齋》，東京：吉川弘文館，頁63。

[122]。這種推論，似乎沒有顧及朱舜水多次拒絕伊藤氏的直接因素及思想傾向不盡相同的事實，個人以為值得商榷。若說這兩位中、日思想家間接認識過，彼此在心靈上有過溝通和推崇，則較符合實情。

3. 朱舜水與狄生徂徠

朱舜水應聘到江戶的第 2 年（即 1666），狄生徂徠才出生。而朱氏病逝時（1682），他剛 17 歲，正隨被貶謫的父親住在上總鄉下，研讀《大學諺解》、《近思錄》等程、朱之學，所以，他們二人從未見過面。然而，我們若從朱舜水入門弟子安積　覺與狄生徂徠往來的書信中，或許可以找出朱舜水的思想啟發狄生氏的一些消息。

如安積　覺曾答覆狄生氏的來函，解釋朱舜水的古學謂：「文恭務為古學，不甚尊信宋儒，議論往往有不合者，載在文集，可徵也。當時童蒙，不能知其所謂古學為何等事？至今為憾。」[123]由於安積　覺參與水戶藩主德川光圀所創設史局編修史書多年，也擔任第 3 屆彰考館總裁，在當時儒學界，頗具名聲，因此，各地修書請益者，絡繹不絕，而狄生氏自不例外。他從安積　覺的覆函中得到朱舜水古學思想某種程度的啟發，是可以肯定的。同時，德川光圀具名編輯的《朱舜水先生文集》28 卷，已於 1715（正德 5）年梓行，所以，安積氏在信中告訴他有文集作為參考。從這封信的內容，我們可以推測，狄生徂徠對朱舜水的古學思想不但已有所聞，而且間接得到某些啟示。如狄生氏主張孔子之道，即先王之道；而先王之道亦即禮樂刑政的道術。他又強調「君子以安民為己任」。這些觀

[122] 童長義〈德川大儒伊藤仁齋與明遺臣朱舜水〉，《中國歷史學會史學集刊》第 30 期，頁 223～225。
[123] 安積　覺〈答狄生徂徠書〉，《澹泊齋文集》卷 8。《先哲叢談》卷 5 引，東京：平凡社，頁 234。

點，基本上與朱舜水的意見相近。[124]

（四）結語

古學派的發展，為時僅 60 多年，從學門生 3 派合計約近萬人而已。但是，3 位代表人物的思想層面，如山鹿素行倡導尊周公、孔子的中華聖學；伊藤維楨提出「氣一元」說；而狄生徂徠致力於古文辭和實學闡述，既有宣揚古學的共通性，又各具個人思想的特色，扭轉了日本思想界的傳統面貌，在儒學史上綻放異彩。

朱舜水一向不主一家之說，對宋、明理學亦持分析批評的態度，他真正信奉的是孔、孟聖賢之學，並將其作為實學的淵源。所以，至交人見竹洞就指出：「舜水先生可謂能治孔、孟之學矣。」[125]這種理念，與古學派思想有若干不謀而合之處。如在長崎時，間接與伊藤維楨有過接觸，始則婉拒見面，後來讚許其策問古文；在江戶時，曾為山鹿素行書寫箴言，嘉勉其學聖賢之心；而經過安積　覺的推介，狄生徂徠藉閱讀文集，也得到朱舜水學說的精華。綜而言之，朱舜水對古學派的發展產生過些許的影響，值得珍惜。

由本章 3 節的說明，我們可以明瞭，日本江戶時代初期的儒學，是以日本朱子學派和陽明學派為主流，而德川幕府則指定以林　羅山為首的日本朱子學派為官學，將儒學從佛教獨立出來，奠定其學術普及發展，影響深遠的基礎。經山崎闇齋等人專研性理實踐之學，排佛以明聖人之道。到了江戶時代中期，以山鹿素行為先導，繼之有伊藤維楨、狄生徂徠，突破宋、明理學的束縛，揭起古學派

---

[124] 試舉一例，如朱舜水〈答野節問三十一條〉2 說：「治國有道，因民之所利而利之。……富民當以禮節之，貧民當以省耕省斂補助之，但要萬民免於饑寒，亦不必多歷年所。」《朱舜水集》卷 11，北京：中華書局，頁 385。

[125] 人見竹洞〈贊舜水朱先生文〉，《朱舜水集補遺》卷 4，臺北：學生書局，頁 209。

的大纛，倡導古義古文辭，精於訓詁，以詩文為主，在當時瀰漫非朱則王的日本儒學界，帶來另類的思維方向及啟發。至於水戶學派，早期純粹在德川光圀創意編修《大日本史》的光環號召下，一批理念相同的儒者凝聚而成的，前期較具史學色彩，部份觀念接近日本朱子學派。朱舜水身遭屯邅，義不帝秦，被迫在海上經營 15 年後，流寓扶桑 23 年，其目的本不在宣揚儒道。然而，由於正逢德川幕府鼓吹中華儒家思想的環境和風氣，特別是水戶藩主德川氏禮聘他到江戶、水戶為賓師，講學授徒，使他有機會與日本官吏、儒學各學派代表人物，有直接間接，或深或淺的交往切磋，進而激盪出智慧的光芒。從以上這些活動風貌的描述，可以肯定他已在十七世紀中、日文化交流史上留下了璀璨的一頁。

肆　朱舜水對日本學術文化的貢獻（上）

　　於緒論中提過，朱舜水在日本活動 23 年間，雖然僅待過長崎、江戶和水戶 3 地而已，然而，藉由幕府的連絡管道，突破空間的距離，各藩經常主動派學生來向朱氏學習「唐音」、經籍，或透過書信、筆談等書面媒介的方式，請教各種問題。他有教無類，往往因人、時、事、地的差別而提出不同的意見，其內涵具現了朱氏的學養和真性情；影響的對象，也隨著時間而日益增多。

　　由於民族性的差異，各國文化交流、接受和發展的模式也不同。牟宗三（1909～1995）說：「一種學術，流於他國，常有新面目、新作用，亦可謂新表現。」[1]朱舜水將中華文化介紹給日本學界，對江戶時代所帶來的貢獻層面，究竟以何種樣貌呈現？是學術界探討的重心之一。較具代表性的如梁啟超強調朱氏對日本明治維新運動的影響力；[2]郭垣謂其對日本學術界的影響有闡明朱子學說和啟發朱子學派 2 方面；[3]石原道博則扼要的說：「先生之學，受德川義公之知遇，形成水戶學與後世深遠影響。」[4]並未明確指出朱氏影響的項目。

　　在前賢研究成果的基礎上，益以個人從朱氏文集中思考的心得，將朱舜水對日本學術文化的貢獻綜合為以下 6 項。

---

[1]　牟宗三〈《比較中日陽明學》校後記〉，《牟宗三全集》27，臺北：聯經出版公司，頁 99。

[2]　梁啟超說：「舜水不特是德川朝的恩人，也是日本維新致強最有力的導師。」《中國近三百年學術史》七，臺北：臺灣中華書局，頁 82。

[3]　郭垣《朱舜水》，臺北：正中書局，頁 52～57。

[4]　石原道博〈朱舜水頌德碑記〉，引自朱力行〈朱舜水頌德碑在日本揭幕〉，《餘姚史料》2，頁 155。

一、提倡以儒為宗的思想

　　史載中華文化傳入日本已達一千七百餘年，[5]內容包括典章制度、學術思想、宗教、科學技能、社會民俗等方面，影響的層面頗為深遠。後人所矚目討論的事例，如604（推古朝12）年，聖德太子發布「十七條憲法」，[6]作為國家立國的政治準則和官吏群臣的行為方針，其內容融合儒、佛及法家的思想，引自儒家的典籍尤多。又，孝德朝於646（大化2）年，下詔推動大化革新，仿效唐代文物制度訂定各種律令法規，舉凡官制、戶籍、田制、稅制、兵制、刑制、學制等均付諸實施，奠定統一的基礎，使日本從氏族部落，邁向中央集權的國家。所以，我們可以說，當時日本王室的統治思想，是擷取中國自漢朝以來一脈相承的儒家思想，希望建立正名分、嚴君臣、別上下，一以天皇為統治中心的體制。

　　明治維新以前，日本的學術，大體上以儒學為主流，其發展的軌跡，可歸納為3個脈絡：初在王室，中世在禪林，近世以後則在平民。[7]王室儒學以貴族的博士家為主，研究漢、魏、唐的注疏訓詁。鎌倉、室町時代王室式微，武家興起，宋代理學由僧侶傳到日本，儒學在禪林寺院發展。江戶時代以後，在幕府獎勵下，儒學脫離佛教的規範轉入庶民階級，逐漸日本化。

　　正當此際，明末思想家朱舜水遭亡國之痛而逃抵日本，他自稱：少時先後拜李契玄、朱永祐門下研讀過《毛詩》、《禮記》，[8]為學崇實致用，力斥空疏無用之談，以孔孟思想為中心而排斥佛老，

5　據《日本書紀》記載，王仁於285（應神朝16）年抵達日本，呈獻《論語》、《千字文》二書給朝廷，並任皇太子菟道稚郎子之師。

6　全文見《日本書紀》卷22，「推古12年」條，東京：東京堂。

7　參見蘇振申〈日本儒學的發展〉引言，《中國之文化復興》第七編第五章，臺北：中國文化大學出版部，頁776。

8　朱舜水〈答源光圀問十一條〉10，《朱舜水集》卷10，北京：中華書局，頁350。

[9]是位典型的儒者。他曾謂本非為倡明儒學而來日本，[10]然而，於寓日 23 年間，接受各方邀請，透過書信、諮詢、問答、筆談等方式，向藩主、友人、門生傳播了中華文化豐富的內涵，對日本江戶時代學術文化的發展有多方面的貢獻。

　　朱氏當時所傳播的儒學，有人認為屬於程、朱學說；[11]也有人認為屬於陽明學說；[12]甚至有人認為介乎朱、王之間，[13]眾說紛紜。其實朱舜水並不樂意見到別人有「聚徒講學，各創書院，名為道學，分門別戶，各是其師。」的作法，導致「聖賢精一之旨未闡，而玄黃水火之戰日煩。」使中國問學真種子幾乎絕息。[14]主張做學問，如剪裁好質料縫製皮裘，是以道理為依歸，而不考慮是屬於那一家的思想？所以，他告訴門人說：[15]

　　　　學問之道如治裘，遴其粹然者而取之。若曰吾某氏學、某氏學，則非所謂博學審問之謂也。

9 　朱舜水在〈答佐野回翁書〉中直截了當的說：「孔子之道，宜可萬世無弊已。」又在〈答太串次郎左衛門書〉說：「黃、老、莊、列之書，虛無清靜之旨，為禍於世者，十四於朝矣。……其最烈者，無如彼釋氏之言。……遂能舉天下之人心而搖之。」《朱舜水集》卷 5，北京：中華書局，頁 85、66。

10 朱舜水在〈答某書〉表白說：「不佞徒以避難苟全，本非倡明道學而來，亦不以『良知赤白』自立門戶。」《朱舜水集》卷 5，北京：中華書局，頁 112。

11 認為朱舜水在日本傳播程、朱學說的：如錢穆〈讀《朱舜水集》〉：「大抵舜水尊程、朱。」《華岡文科學報》12 期，頁 5；井上哲次郎《日本朱子學派之哲學》，東京：富山房，頁 816～818。

12 認為朱舜水在日本傳播陽明學說的：如邵廷采《明遺民所知錄》17〈朱之瑜〉曰：「為建學，設四科，闡良知之教，日本于是始有學。」《朱舜水集》附錄 1，北京：中華書局，頁 640；陶希聖〈《朱舜水》序〉說：「舜水先生亡命日本，傳王學於彼邦。」郭垣《朱舜水》，臺北：正中書局，目次前頁。

13 認為朱舜水在日本傳播的思想介乎朱、王之間的：如石原道博《朱舜水》第 3 章：「介於朱子學與陽明學中間的實學。」東京：吉川弘文館，頁 183；朱力行《朱舜水的一生》說：「舜水之學說，處於朱子學與陽明學之間。」臺北：世界書局，頁 82。

14 朱舜水〈答安東守約書三十首〉3，《朱舜水集》卷 7，北京：中華書局，頁 173。

15 見今井弘濟、安積　覺〈舜水先生行實〉，《朱舜水集》附錄 1，北京：中華書局，頁 624。

朱氏總結明朝滅亡的教訓，深惡講學有門戶之分。對宋儒習氣和陸、王學派都持批判精神，指出其弊病，如曾說：[16]

> 宋儒之學，可為也，宋人之習氣，不可師也。至若陽明之事，偶舉其說「良知是赤的」，以為笑談耳。故曰「良知豈是赤的來」，非僕宗陽明也，幸勿深疑。

不過，又謂：「王文成亦有病處，然好處極多。」贊美「其擒宸濠，平峒蠻，功烈誠有可嘉」之餘，又極力反對他講良知、創書院、標榜道學的缺點，尤其指名說：「其徒王龍溪有《語錄》，與今和尚一般，其書時雜佛書語，所以，當時斥為異端。」[17]很明顯的，朱氏對王陽明學說及及其末流並不認同。主張超脫門戶之外，擇取各家精華而不拘泥，才是博學審問的態度。他也向至交人見竹洞說：[18]

> 看書貴得其大意，大意既得，傳註皆為芻狗筌蹄。豈得泥定某人作何解，某人作何議也？

意謂研習各家思想，應跳開作品傳註的解說框架，不主一家，而以經典本義為思考重心。所以，一般學者所說他在日本傳播的儒學屬於何種門派，基本上是不符合朱氏的概念。

由於朱舜水思想與日本儒學發展關係涉及的場域，如第1章所述，是以十七世紀的江戶時代前期為範疇，故本節僅就此而論。

佛教於飛鳥時代（592～710）從中國和朝鮮傳入日本以後，奈良時代聖武天皇大力扶植佛教，建立寺院，鑄造佛像，信仰佛教的風氣興盛。歷經平安、鐮倉與室町時代的發展，各宗派樹立不同的

---

[16] 朱舜水〈答加藤明友問八條〉8，《朱舜水集》卷11，北京：中華書局，頁382。

[17] 朱舜水〈答佐野回翁書〉、〈答安東守約問三十四條〉9，《朱舜水集》卷5、11，北京：中華書局，頁85、397。

[18] 朱舜水〈答野節問三十一條〉3，《朱舜水集》卷11，北京：中華書局，頁385。

特色。由於入唐僧侶返國時將儒家典籍攜回日本，因此當時有機會接觸儒學的也以僧人較多。到江戶時代初期儒學猶未普及，還留有儒者削髮披僧衣的遺風。依當時東吳（今東京）百萬人口估計，儒者的比例顯然偏低，所以，朱舜水應聘到江戶，了解情況後有感而發的說：[19]

> 東吳戶口百萬，而名為儒者僅七八十人，加以婦女則二萬人中一儒也。而其人又未必不佛。就此七八十人中，又自分門別戶，互相妒忌，互相標榜，欲望儒教之興，不幾龜毛兔角乎？乃欲以此闢佛，是以蚊撼山也。

說明日本佛教極盛，對低迷的儒學界各立門派，猜忌標榜的風氣，表示憂心忡忡。幸而藩主德川氏尊重他主張儒學的立場，不致受到外來無謂的詰責。[20]

　　1665（寬文5）年12月，水戶藩主德川光圀為了扭轉儒釋互相攻訐的歪風，[21]大規模改革社寺，下令清理領內淫祠，計毀了3088座淫祠。次年，又毀新建寺院997座，令破戒僧侶344人蓄髮為編氓。[22]部份受到打擊的佛教人士，不明事實緣由真相而批評朱舜水，謂事端由朱氏的排佛思想造成的。他不得已只好在給門生、友人的回信中，作適度的辯白。[23]朱氏雖不信仰佛學，但先後與幾位僧侶

---

19 朱舜水〈與釋獨立書三首〉3，《朱舜水集》卷4，北京：中華書局，頁58。
20 朱舜水〈答奧村庸禮書十二首〉3說：「況不佞儒而日本遍地皆佛。噓佛之氣，足以飄我；濡佛之沫，足以溺我。……水戶上公尊之信之，亦已至矣。」《朱舜水集》卷8，北京：中華書局，頁268。
21 朱舜水〈答釋斷崖元初書〉說：「至若儒釋紛紜之議，舌敝耳聾，不得肯綮，何足復道？彼以削髮披緇者為僧；峨冠廣褥者為儒，互相攻擊，專在此輩。」《朱舜水集》卷4，北京：中華書局，頁63。
22 水戶彰考館員〈義公行實〉，《朱舜水記事纂錄》別卷，東京：吉川弘文館，頁3。
23 朱舜水在〈與佐藤彌四郎書〉中澄清流言說：「通國皆學佛之人，近時適有清理淫祠之政。彼謂釁皆由我，窺間伺隙，造此紛紜，亦理所應有也。舊年及前書，皆言事由安之而起，安知非姦詐之徒，見我與安之相與款密，造為此言，以構間我

有往來，他告訴安東守約說：「不佞無一言佞佛，無一物供佛，而逸然師甚為相愛，亦一奇事。」[24]其中「逸然」（1601～1668），係長崎興福寺住持。朱氏寓居長崎期間，也與獨立、化林（1596～1667）、澄一、心越等和尚有交往。他認為儒釋紛紜之議，互相攻擊，實在徒勞無益，因為「儒教不明，佛不可攻；儒教既明，佛不必攻」。[25]始終維持他儒者的信念。

　　朱舜水藉各種機緣向日本友人推崇孔子，先後寫了〈孔子贊〉3 首及〈聖像贊〉5 首，表達其見解。[26]在〈聖像贊〉5 中說：

> 然在中國，帝王之治或有盛衰，則仲尼之道固有明晦。況在日本，國小而法立，氣果而輕生，結繩可理，畫地可牢，前乎此，未聞有孔子之教也。故好禮義而未知禮之本，重廉恥而不循廉恥之初。一旦有人焉，以孔子之道教之，行且民皆堯舜，比屋可封。

針對日本當時的社會風氣，謂若推行孔子之道，則百姓就可以過安居樂業的生活。朱氏在給門人佐藤彌四郎的信中強調：[27]

> 儒教得行，其居則安富尊榮；子弟則孝悌忠信。通國之君臣士庶，並受其福。不行則邪道浸淫，將來無所底止。

又訓勉安東守約說：

> 儒者之道，振古由今，極天際地，仲尼日月，無得而踰。

兩人耶？慎毋輕聽浮言，以致得罪前輩。」文中「安之」，為朱氏友人「小宅生順」，《朱舜水集》卷 5，北京：中華書局，頁 98。
[24] 朱舜水〈寄安東省庵書〉，《朱舜水集補遺》卷 5，臺北：學生書局，頁 239。
[25] 朱舜水〈答釋斷崖元初書〉，《朱舜水集》卷 4，北京：中華書局，頁 63。
[26] 朱舜水〈孔子贊〉3 首、〈聖像贊〉5 首，《朱舜水集》卷 19，北京：中華書局，頁 557～560。
[27] 朱舜水〈與佐藤彌四郎書〉，《朱舜水集》卷 5，北京：中華書局，頁 98。

諄諄提示他們推行儒學的重要性，為經世治民的要道，其影響既深且遠。朱氏也列舉四書為學者必讀的經典。[28]當時水戶藩主德川氏曾採納田　止邱的建議，要彰考館儒臣分治五經：《易》為人見懋齋、《書》為吉弘元常、《詩》為板　垣矩、《禮》為中村顧言、《春秋》為田　止邱。[29]這五位具有代表性的人物都是朱氏的至交或門人，精通五經之一，深受重視。

湯島聖堂即日本規模最大的孔子廟，為講授、傳播以孔子思想為中心的儒學和祭祀孔子及其他聖賢的祠堂，其前身是 1632（寬永 9）年，在江戶上野忍岡林　羅山家塾建造的聖堂。到了 1691（元祿 4）年，幕府第 5 代將軍德川綱吉將林家聖堂遷移至湯島，其大成殿即依朱舜水之前為德川光圀設計的學宮明倫堂圖模型建造的；更值得一提的是，聖堂中的孔子像，係朱舜水當年千里迢迢親自攜帶到日本三座孔子像之一。[30]

▲朱舜水攜往日本「孔子像」
（日本東京湯島聖堂藏）

朱舜水從明亡的教訓中，深切體認到在時代變革中，人民的力量具有相當大的作用，民心向背能決定一朝代的存亡。[31]因此，本

28　朱舜水〈答太串次郎左衛門書〉說：「使學者亟誦〈大學〉，非謂〈論〉、《孟》後於〈大學〉，亦非謂〈論〉、《孟》之義不如〈大學〉也。至於〈中庸〉，雖聖人傳授極致之言，大本大經，參天地，知化育，然亦子思子為下學而作也，非言性言天，下學必當後之也。」《朱舜水集》卷 5，北京：中華書局，頁 67。

29　東條琴台《先哲叢談續編》卷 2，轉引自《朱舜水集補遺》附錄 2，臺北：學生書局，頁 307。

30　該孔子銅像，高 38 厘米。供在大成殿中央。〈湯島聖堂略志〉，東京：斯文會，頁 1。另外兩座，目前分別收藏在門人安東守約家和福岡縣立傳習館高校。《聖堂夜話》5，東京：斯文會，頁 36。

31　朱舜水〈答小宅生順問〉說：「民心若固，何憂外患？」又〈中原陽九述略〉說：

著孟子的「民本」思想，提出「利民」的社會改革主張，以不忍人之心為體，不忍人之政為用，事事為百姓著想。[32]

名學者阿部吉雄說：「孕育日本古來文化之大搖籃，為儒教與佛教。而儒教尤為培養倫理、政治之基礎，保持日本秩序之根源。」[33]肯定儒家思想給日本人帶來良好的生活教養和社會安定的精神力量。所以，安積　覺致書森　尚謙說：「文恭之學，即堯、舜、禹、湯、文、武、周公、孔子之道也。」[34]肯定朱舜水思想的重心是在孔孟之道。

二、注重實理實學的觀念

明朝覆亡之後，學者如顧炎武、顏元等，鑑於當時士大夫專務心性之論，游談無根，因此主張為學應摒棄浮華，務為實用，一代士風為之丕變。當時，朱舜水寓居東瀛，未與國內學者互通訊息，而他的作品中表現的理念，正是注重民生日用彝倫之道的實理實學。所以，德川光圀嘗評論朱舜水的學問具多面向，足以治國，他說：[35]

> 先生之學，真經世之學也。假令獲一曠漠無人之野，篳路襤褸，以啟山林，而成都成邑，必萃士農工商以為之，然得先生一人，吾知其綽有餘裕，何則？先生之學問，大而詩書禮樂，與夫田園之藝植、宮室之築造，下至酒鹽醯，莫不盡幾

「其心既變，川決山崩。」《朱舜水集》卷9、1，北京：中華書局，頁314、3。

[32] 朱舜水〈答加藤明友問八條〉2，《朱舜水集》卷11，北京：中華書局，頁381。

[33] 阿部吉雄（陳淑女譯）〈孔子學說對日本明治維新前之影響〉，《孔子學說對世界之影響》第2輯，臺北：復興書局，頁11。

[34] 安積　覺《澹泊集》，《近世儒家史料》中冊卷2，東京：井田書店，頁45。

[35] 德川光圀《玄桐筆記》，轉引自馬瀛〈明朱舜水先生言行錄〉，《東方雜誌》第10卷第2號，頁15。

極研，則於治國乎何有？

高度肯定朱舜水讀書力行，有益世教，落實所學的風格，絕非一般虛浮逞能之輩可以相比的。門人今井弘濟和安積　覺也贊美朱舜水的博學宏識說：[36]

> 格物窮理，志慮精純，古今禮儀而下，雖農圃梓匠之事，衣冠器用之制，皆審其法度，窮其工巧。識者服其多能而不伐，該博而精密也。

意謂除了「精研六經，特通毛詩」之外，也多才多藝，富於巧思，舉凡禮樂刑政、科舉教育、文學、民俗、文物制度、傳記、建築、農耕、鳥獸花草、香料等各方面的問題，都能侃侃而談，作詳細的解說。

朱舜水的學問以經世致用，有益天下國家為目的，注重躬行實踐，反對「專事理學研究」流於空疏，捕風捉影的態度。嘗言：「不佞生平無有言而不能行者，無有行而不如其言者。」恪守言行一致的作風。在答覆人見竹洞的問題時，更明確的說：[37]

> 兼致知力行方是學，方是習，若空空去學，學個甚底？習又習個甚底？慎思明辨，即是此中事。

提示《禮記‧中庸》博學、審問、慎思、明辨、篤行，是學習的重要原則。

朱氏在認識論上，堅持實理實學，不言天道，唯重人事。在〈諭安東守約規〉指出：[38]

---

[36] 今井弘濟、安積　覺〈舜水先生行實〉，《朱舜水集》附錄1，北京：中華書局，頁624。

[37] 人見竹洞《舜水墨談》，《人見竹洞詩文集》附錄，東京：汲古書院，頁512。

[38] 朱舜水〈諭安東守約規〉，《朱舜水集》卷20，北京：中華書局，頁578。

> 仲尼之道如布帛、菽粟，誠無詭怪離奇，如他途之使人炫耀
> 而羨慕。然天下可無雲綃霧縠，必不可無布帛；可無交梨火
> 棗，不可無梁粟；雖有下愚，亦明白而易曉矣。

以日用物品的布帛、菽粟為喻，形象化地指出「振古由今，極天際地」，如日月照耀的孔子思想，其實是平常無奇，生活中一日不可或缺的，對明末空談性命，不務實學的空疏學風，提出嚴厲的批判。所以，錢穆謂朱氏的學問，用心於社會民生之實功實用上。[39]

朱舜水為石州吉永守加藤明友撰〈勿齋記〉，指出：聰明睿智的顏淵向孔子問「仁」，孔子並未告之以「精微之妙理」，「惟精惟一之命」的「聖賢傳心之祕」，僅簡潔地回答「非禮勿視，非理勿聽，非理勿言，非禮勿動」而已。何故？他說：[40]

> 夫視聽言動者，耳目口體之常事，禮與非禮者，中智之衡量，
> 而「勿」者下學之持守，豈夫子不能說玄說妙，言高言遠哉？
> 抑顏淵之才不能為玄為妙，騖高騖遠哉？夫以振古聰明睿智
> 之顏淵，而遇生民未有之孔子，其所以授受者，止於日用之
> 能事，下學之工夫，其少有不及於顏淵者，從可知矣。故知
> 道之至極者，在此而不在彼也。

意謂《論語‧顏淵》記載顏淵問「仁」，孔子並未說一些令人摸不著邊的「言思俱斷」的玄妙高遠之理，而以明白曉暢的「克己復禮」為綱；以耳目口體間常事，凡人皆應持守的「四勿」為目回答，可知聖賢之道，應該是在「日用之能事，下學之工夫」。所以，朱氏曾謙虛的說：「不佞之學，木豆、瓦登、布帛、菽粟而已。」從日常生活中體認平實可行之道。主張「為學當有實功，有實用。」意

---

[39] 錢穆〈讀《朱舜水集》〉，《中國學術思想史論叢》8，臺北：東大圖書公司，頁18。
[40] 朱舜水〈勿齋記〉，《朱舜水集》卷16，北京：中華書局，頁484～485。

謂知識應從生活實踐中學習，學是為了用，能發揮功用的學習才有意義，此為「道之至極」。

　　他告訴安東守約說：「學問之道，貴在實行」；「聖賢之學，俱在踐履」。又強調：「為學之道，外修其名者無益也。必須身體力行，方為有得。」舉例勿像華而不實的子貢，雖然天資穎悟，卻不得與聖道之傳，唯有能身體力行，切實解決實際的國計民生問題，才是真正的學問。[41] 反之，無益於世用的事物，則視之為砂礫，棄之如敝屣，舉例說：[42]

> 昔有良工能於棘端刻沐猴，耳目口鼻宛然，毛髮成具，此天下古今之巧匠也。……不佞必抵之為砂礫。何也？工雖巧，無益於世用也。宋儒辨析毫釐，終不曾做得一事。

指出宋儒為學如巧匠一般，注重細枝末節的辨析，終無法對社會有多大的貢獻。

　　他對明代士人不務實學的態度，深不以為然；而明朝官吏的作法，更是大事批評。朱氏提起曾與日人談話的經驗說：[43]

> 一日翁語余曰：『中國之亂逆，既萌天啟之始矣。』時預國政有理學之黨，有文章之黨，日日相軋相訐，爭權不已。繼之以連年之凶荒，故闖賊作逆，韃虜奪位，皆是姦逆之臣為之禍根矣。

我們無法考究這位日翁是何時告訴他的，而如此一語中的之精闢讜論，與朱舜水的主張相吻合，點明空虛的性理之學，和吟風弄月的文章，為國家亂亡的根源。所以，在朱舜水心目中，唯有能「經邦

---

[41] 朱舜水〈寄安東省庵筆語〉33，《朱舜水集補遺》卷2，臺北：學生書局，頁167。
[42] 朱舜水〈與安東守約書二十五首〉10，《朱舜水集》卷7，臺北：學生書局，頁160。
[43] 人見竹洞《舜水墨談》，《朱舜水集補遺》卷5，臺北：學生書局，頁249。

弘化，康濟艱難；開物成務，實用實功」，不唱高調，不務虛聲的學識與技術，才是有價值的，才能稱為巨儒鴻士。[44]

　　如朱舜水在〈答平賀舟翁（平賀勘右衛門）書〉中，針對農田收成不佳的問題，診斷其癥結謂：「貴邦田多沮洳，水浸則土膏不存，土寒則禾稼不發，而且播種太密，冗雜逼迫，求其暢茂蕃碩，難矣。」所以，殷切的講解耕耘農田的方式，整地灌溉的技巧，他說：[45]

> 二三月間田盡深耕，起大土塊，翻而覆之，如伏虎蹲羊，然後以水灌之，使土酥而釋，然後用耙耙之，然後用平耙打平。平時亦用水淹一寸許，四面阡陌，勤勤修理，勿令滲漏，亦勿令客水流漸。若大雨水多，亟須開缺放去，放畢復塞，以俟蒔苗。

他本著出身中國南方，對經營農田，提高收穫量，具有相當的經驗認知，所以，毫無保留的指導平賀氏播種水稻前翻土及引水灌溉的技術，這可以說是十七世紀日本接受中國農耕技術轉移的例證之一。朱氏在信中也引述管子、子產、邵雍等中國歷代古賢銘言勉勵之，並期許說：[46]

> 惟願足下追蹤古人，先勞無倦，上嘉其功，下歌其德，名垂後世，式布四鄰，則丈夫男子之事已。士惟在有為耳，不在官職之大小崇卑也。

這番話正表現他一貫只講究做有益社稷的事情，而不求圖謀官職的

---

[44] 朱舜水〈答林　春信問七條〉1說：「明朝中葉，以時文取士。時文者，制舉義也。此物既為塵飯土羹，而講道學者，又迂腐不近人情。……巨儒鴻士者，經邦弘化，康濟艱難者也。」《朱舜水集》卷11，北京：中華書局，頁383。

[45] 朱舜水〈答平賀舟翁書二首〉1，《朱舜水集》卷5，北京：中華書局，頁89。

[46] 朱舜水〈答平賀舟翁書二首〉2，《朱舜水集》卷5，北京：中華書局，頁91。

務實精神。從此例顯示他連農業實務都那麼熟悉，也可以證明其學識淵博的程度了。

　　安積　覺輯《朱氏舜水談綺》一書，收錄了朱氏向門人解說信函書式 14 條、服飾、銘旌、神主棺木、墳墓碑式、排行式、饗禮式、迎歲式、祭灶式、殷奠儀注、學宮建築、孔廟總圖、禮器圖、啟聖宮圖、改定釋奠儀注、節令，以及天地、居處、人倫、形體、衣服、飲食、寶貨、器用、禽獸、鱗介、米穀、草木等 12 種名物內容，表現出豐富的學識造詣。名漢學家吉川幸次郎認為此書乃朱舜水就明朝衣、食、住方面所作的講述，由門生人見懋齋、今井弘濟詳細筆記下來，附上圖畫，滿足了江戶時代的日本人「仰慕唐風的心情」。[47]如該書卷下「草木‧橙子」條謂：日本誤以「橙子」為「柚」，並對柚子詳加解釋。[48]而門人五十川剛伯曾問「何謂柚？」朱氏答稱：[49]

> 日本之所謂「柚」，乃「橙」也，非「柚」也。「柚」有二種：白者長而瓤虛；紅者皮稍薄而實大，徑七八寸。

再次指正「柚、橙」之別。後來吉弘元常也提出相同的問題：[50]

> 《廣志》云：『成都有柚大如斗。』又閩、廣有一種如瓜者。日本所謂『柚』甚小，如何？

朱氏則進一步解釋紅柚、白柚的不同，他說：

---

[47] 吉川幸次郎（侯靜遠譯）《日本漢學小史》18 說：「舜水又把中國許多瑣碎的物質生活都介紹給了日本人，這是希望能滿足日本人仰慕唐風的心情。……由過去的日本人看來，中國就像天國般的被憧憬著，這本書是用以傳遞天國的消息的。」臺北：臺灣書店，頁 57～58。

[48] 安積　覺輯《朱氏舜水談綺》卷下：「橙子，ユズ，日本ニテ柚ト云ハ誤ナリ。」上海：華東師範大學出版社，頁 425。

[49] 朱舜水〈答五十川剛伯問〉11，《朱舜水集》卷 10，北京：中華書局，頁 366。

[50] 朱舜水〈答吉弘元常問〉4，《朱舜水集》卷 11，北京：中華書局，頁 419。

> 柚有紅柚、白柚。紅柚者，其皮皆黃色，或黃，或青黃，穰紅，肉實酢多而甘少，味淡不佳，大者可比二升器。穰同瓤，亦曰囊，亦曰瓣，亦曰繭。白柚者，穰白肉鬆，味更不及紅柚，其大者可比三四升器。

從以上所引問答的內容，清楚的看到朱舜水見聞廣博的一面。

文集卷 10、11 所收「問答」中記載，數百條友人、門生各門各類的問話，涉及的領域廣泛，朱氏都圓滿的答覆，使當時的學者佩服。如以明確的數據回答小宅生順所問臨近各國，如交趾、臺灣的位置距離。[51] 又，答覆五十川剛伯所提有關靈寶、黃河之水和龍門等疑問時，引證辨正各種謬誤的說法。[52] 以十七世紀的科學水準而言，朱舜水對地理環境的瞭解及準確度，可謂相當周全。這正是他跳脫空虛的性理之學，而注重實學的表現。

在植物認知方面，如答人見竹洞謂：採芸香草挾入書中，可以避蠹蟲。[53] 也列述了涵蓋中國、東南亞 12 種香料植物的產地、性味和功效，告訴小宅生順。[54]

由上述事例，可以印證朱舜水具有超群的才華，講究實學的態度。周作人推崇朱舜水的學養說：「記聖廟建築那麼細緻嚴謹，說名物時又多引用俗語，看似牴牾，其實乃出於誠篤切實，二者反可互證也。」[55] 句中「聖廟建築」、「說名物」，是指朱舜水既有淵博的

---

[51] 如朱舜水回答小宅生順說：「中國去貴國水道一千六七百里。交趾去貴國八九千里，來則向東北方行，交趾宜在西南也。」對方位、距離非常熟稔。《朱舜水集》卷 11，北京：中華書局，頁 410。

[52] 朱舜水〈答五十川剛伯問十一條〉1～3，《朱舜水集》卷 10，北京：中華書局，頁 363～364。

[53] 朱舜水〈答人見竹洞問二十三條〉14，《朱舜水集補遺》卷 3，臺北：學生書局，頁 190。

[54] 朱舜水〈答小宅生順問十六條〉5～16，《朱舜水集》卷 10，北京：中華書局，頁 359。

[55] 周作人〈關於朱舜水〉，《藥味集》，臺北：里仁書局，頁 7。

學識，奉德川藩主之命而設計「學宮圖說」，極受各界贊賞，評價很高；又能引用俗語，解說各項名物。可謂雅俗兼具，平實中蘊含真學問。

三、培養敦禮存誠的風氣

（一）建立禮儀制度

中國的禮儀內容，一般劃分為吉禮、嘉禮、賓禮、軍禮和凶禮五大類，涉及的範圍幾乎涵蓋了社會生活中的各層面，成為維繫家族血緣紐帶、協調人際關係和維護社會秩序的重要方式。隋、唐以來，日本吸收的中國文化，禮儀文化可謂占了相當多的份量，使日本社會建立禮儀週到的正面形象。

他本著儒家的理念，非常注重禮節的表現，在個人言行修持，乃至國家發展的各階段，都不會忽略。如他無論在何處，都一直穿著明代的服裝，象徵心懷故國，謹守生活禮儀，即使奉命打算召其孫來日本侍奉，也特地寫信叮嚀：須蓄髮，穿明朝衣服。[56]他與藩主、友人、門生對談、問答時，都十分留意彼此的分際，應對進退，周旋得體而不逾禮。[57]門人安東守約問：「願聞弟子事師之禮。」即答覆謂：「弟子事師，惟以傳習敬信為禮，其他皆末務也。」[58]強調弟子事師之「禮」的意義，是學生能矢志向學，

---

[56] 朱舜水〈答王師吉書〉說：「上公諭令接取小孫來此，若得一可意者，晚景少為愉悅，稍解離憂耳。一到長崎，便須蓄髮，如大明童子舊式。另做明朝衣服，不須華美。其頭帽衣裝，一件不許攜入江戶，弟不喜見此也。」《朱舜水集》卷4，北京：中華書局，頁51。

[57] 朱舜水〈答明石源助書〉說：「蓋士君子之相接也，有情、有文、有禮，未可苟焉而已。如其苟焉而已，則亦何以異於市井負販百工技術之徒哉？是以君子慎之。……不佞雖亡國之遺民，來此求全，情文即不能備，然而不敢隕越者，徒以禮為之防也。」《朱舜水集》卷5，北京：中華書局，頁82。

[58] 朱舜水〈答安東守約問三十四條〉2，《朱舜水集》卷11，北京：中華書局，頁394。

敬師守信，而非外在的繁文縟節。他曾語重心長的提醒安東氏說：[59]

> 大凡處事，須先以禮裁度，而後發之於言。……不佞之所以諄諄言之者，為後日耳。賢契近君，凡有妨於眾之言，一字不可出口；且每事當顧大體，不得市私恩。慎之慎之。

站在為師者立場，諄諄告誡安東氏要顧及身分，無論發言、處事都必須謹守「禮」的原則。而回答人見竹洞關於「國家之禮制、飲食衣服器用之法」的問題，則說：[60]

> 凡為天下國家之禮，在乎有制。有制則貴賤有等，上下有章，文不至於奢華，儉不至於固陋。古之人，繪衣繡裳，山龍華蟲，燦然可觀。紊豕為酒，賓主百拜，始終秩秩。何嘗無文？何嘗非質？質而至於野，文而至於靡者，皆無制之禮也。

意謂國家禮節一定要有規範，個人在飲食、衣服、器用的行為有了規範，自然表現得體，言談必中規中矩，文質彬彬；若文勝質，或質勝文，則成為散漫的「無制之禮」了。朱氏進而指出：禮的本根，是天地間「君臣、父子、夫婦、昆弟、朋友」的五倫關係定位清楚；百姓士、農、工、商，各盡其分；社會呈現「男耕而食，女織而衣，民生之常經」，幸福樂利的景象。[61]

在回答柳川儒者明石源助有關「禮」的問題時，朱氏直言不諱地指出，於 1658（萬治元）年，應鄭成功之召專程到廈門，親眼「見其將吏並寄居薦紳，皆佻達自喜，屏斥禮教，以為古氣，

---

[59] 朱舜水〈與安東守約書二十五首〉8，《朱舜水集》卷7，北京：中華書局，頁159。

[60] 朱舜水〈答野節問三十一條〉13，《朱舜水集》卷11，北京：中華書局，頁388。

[61] 朱舜水〈答野節問三十一條〉14，《朱舜水集》卷11，北京：中華書局，頁388。

以為骨董，不佞知其事必無成，故萬里遄行，不投一刺而返。」萬里迢迢要去見鄭氏，期待共謀復明良策，以圖有所作為。但當見到鄭軍將吏和縉紳不守禮教，沾沾自喜，表現輕浮不穩重的態度，缺少真正在文化上、精神上有所秉持的人才，即見微知著，預見到反清復明事業難有成就，因此未與鄭氏見面而返。次年，鄭成功與張煌言會師北伐，連獲數捷後，終無所濟而飲恨南京城下。此失敗的結果不幸被料中，這般足資鑑戒，鮮明的例證，與《左傳》僖公33年春，記載年幼的王孫滿看到秦師過周北門時，輕而無禮的表現，即預測秦師必敗的道理相同。[62]針對此事，朱舜水有感而發的說：[63]

> 可見禮也者，不特為國家之精神榮衛，直乃為國家之楨幹。在國家為國家之幹，在一身為一身之幹，未可蔑也。

春秋鄭國子皮說：「禮，國之幹也。」[64]魯國孟僖子則說：「禮，人之幹也，無禮無以立。」[65]謂禮節是為人的基本修養，人若無禮，則無法立身處世。朱氏融會上述2說，也以國家的「楨幹」為喻，強調禮節是立國的制度，建國的精神，教化人民的重要指標，不容忽視。朱氏在回信中期待明石氏要愛惜存全「天理自然之節文」的禮節，進而講求作興之，使國家上下都能雍容彬彬，臻於文明的佳境。

---

[62] 左丘明《左傳》卷17〈僖公33年〉春：「王孫滿尚幼，觀之，言於王曰：『秦師輕而無禮，必敗。輕則寡謀，無禮則脫，入險而脫，又不能謀，能無敗手？』」《左傳》，京都：中文出版社影印十三經注疏本，頁3975。

[63] 朱舜水〈答明石源助書〉，《朱舜水集》卷5，北京：中華書局，頁82、83。（前引文同此）

[64] 左丘明《左傳》卷40〈襄公30年秋〉：「子駟氏欲攻子產，子皮怒曰：『禮，國之幹也，殺有禮，禍莫大焉。』乃止。」《左傳》，京都：中文出版社影印十三經注疏本，頁4368。

[65] 左丘明《左傳》卷44〈昭公7年秋〉，京都：中文出版社影印十三經注疏本，頁4451。

　　朱舜水在日本講學期間，詮釋禮的內涵，偏重在吉禮（包括釋奠禮、祭禮）、凶禮（喪葬）方面，作了較深入的說明，至於嘉禮（冠、婚），則未涉及。錢穆推崇他在日本發揚儒家禮儀的貢獻。[66]首先試討論朱氏在日本改定、演示釋奠禮的情形。

　　釋奠之禮儀，基於儒家的倫理而為國家重要祀典之一，最早見於《周禮》、《禮記》等，而以先聖為釋奠儀式的主要對象，確立於漢代以後；先聖專指孔子而言，則始於明世宗嘉靖年間（1522～1566）以後。

　　日本實施釋奠禮儀，始於 701（大寶元）年。[67]最初倣唐制，於陰曆 2 月與 8 月上丁之日在大學寮舉行。經多次改革，更接近中國之制。[68]不過，室町時代應仁之亂（1467）以後，即廢止舉行了。到 1633（寬永 10）年，幕府儒臣林 羅山大力提倡，才恢復舉行釋奠之禮。[69]

　　1672（寬文 12）年，水戶藩為編纂《大日本史》而設立的史館，正式命名為「彰考館」。次（延寶元）年，藩主德川光圀有意在水戶建造大成殿，於是請朱舜水制定釋奠禮儀及各種器物，作為祭祀

---

[66] 錢穆〈讀《朱舜水集》〉說：「舜水所重在社會民間制度上。日本之得益於舜水者亦在此。所謂制度，皆即古代儒家之所謂禮也。」《中國學術思想史論叢》8，臺北：東大圖書公司，頁 19。

[67] 《續日本紀》卷 2「本朝釋奠」條云：「大寶元年二月丁巳，始行釋奠，延喜大學式，載陳設、饋享、講論之三事，凡諸國學舍，各釋奠，國司行之。昇延喜式第五十。」「二月丁巳」是二月十四。謂日本首度舉行釋奠之禮。引自物質高見等編《廣文庫》第 10 冊，東京：名著普及會，頁 199。

[68] 稻葉默齋〈墨水一滴〉曰：「延喜式有諸國釋奠式，吉備公入唐，得弘文館之聖像歸，置大宰府，以肆釋奠式，爾後盛行諸州，今存者唯足利學校而已。有聖像及十哲像，尚足證。上古王室中微而其禮廢久已。至羅山先生，再興其禮也。」文中「吉備公入唐」，是指吉備真備於 717（養老元）年，隨第 8 次遣唐使赴唐，734（天平 6）年歸國，攜回唐禮 130 卷、太衍曆經 1 卷、《樂書要錄》10 卷等。「王室中微」，意謂室町時代以後，政經大權落在幕府將軍手上，天皇地位權力被架空。「羅山先生」，是指日本朱子學派代表人物林 羅山。《近世儒家史料》中冊，東京：井田書店，頁 6。

[69] 今東京湯島聖堂於每年四月第 4 個週日舉行釋奠祭孔禮，儀式已簡化。

孔子的依據。[70]

　　朱氏瞭解要設計、傳授釋奠禮儀，茲事體大，一再懇辭這項任務，但在德川氏的堅持之下，只好秉持盡忠的理念，努力以赴。於是根據明李之藻（1565～1630）《頖宮禮樂疏》的禮制，[71]採用大成樂章，[72]依當時日本幕藩體制，「以天朝為則，而藩封則類推而行」，提出具體的〈改定釋奠儀注〉1 卷，[73]並在寓所駒籠（今駒込・東京大學農學部）仿孔廟大成殿，佈置場地，親率水戶藩士子將祭奠孔子的禮儀規範、程序，講肄其間，帶著儒生實際演示。他龐眉皓髮，褒衣博帶，周旋規矩，蔚有洙泗之風。次年，又操練一期。

　　為便於說明，茲將李氏所設計和朱氏傳承的「釋奠禮」，列表對照，比較其異同。（按：相同的部份，以標楷體、畫線表示）

---

[70] 水戶彰考館員〈義公行實〉記載：「延寶元年，公將造大成殿於府下，假設殿堂於江戶駒籠別莊，使家士就朱之瑜習釋奠、啟聖公祭及祠堂墓祭儀節。」《朱舜水記事纂錄》別卷，東京：吉川弘文館，頁 3～4。

[71] 明李之藻《頖宮禮樂疏》卷 3〈儀注〉，臺北：國立中央圖書館，頁 330～340。

[72] 「大成樂章」為宋徽宗時大晟府撰，原有 12 首，經元傳至明代，選用其中 6 首：參神奏「咸和之曲」；行初獻禮奏「寧和之曲」；行亞獻禮奏「安和之曲」；行終獻禮奏「景和之曲」；撤饌奏「咸和之曲」；辭神奏「咸和之曲」；望瘞奏「咸和之曲」。而「咸和之曲」共有 3 首，曲調並不一樣，曲詞也不同，參神奏第 1 首，撤饌奏第 2 首，辭神奏第 3 首。

[73] 朱舜水〈改定釋奠儀注〉，《朱舜水集》卷 22，北京：中華書局，頁 602～611。又見《舜水朱氏談綺》卷中，上海：華東師大出版社，頁 306～323。後者略有刪減。據《續日本紀》卷 2 載，在這之前，即 701（大寶元）年 2 月，在大學寮內廟堂舉行日本第 1 回祭祀孔子「釋奠之禮」。此釋奠禮於 1467(應仁元)年，應仁之亂時廢止。江戶時代幕府儒官林　羅山於 1633（寬永 10）年，在上野忍岡先聖殿舉行釋奠禮。德川藩主德川氏也要恢復舉行古禮祭孔，故請朱舜水訂定釋奠禮儀。

附表四：明代釋奠儀注對照表：

出處	李之藻《頖宮禮樂疏・儀注》	朱舜水《朱氏舜水談綺・改定釋奠儀注》
本文	祭前一日，執事者設香案於牲房外，贊引者引獻官常服。 贊引唱：「詣省牲所。」唱：「省牲。」（執事者牽牲於香案前過） 贊引唱：「省牲畢。」（遂宰牲，以毛血少許盛於盤，其餘毛血以淨器盛貯，祭畢埋之。是日，觀樂并習儀）正祭日將行禮，	士三人，【擇謹慎周摯者為之】至東塾前，專理祀事。稟上命之，攝祭，則專理自令之。一人自東角門進，歷東丹墀，視盥洗諸物。升自東側階，視尊、爵、勺、羃，視籩、豆。至堂中，視各項陳設。過西榮，視簠、簋、登、鉶、俎、饌、盤之類。降自西側階，歷西丹墀，西角門，至東塾門外，跪，稟濯具。【言潔而且備，此即《詩・絲衣》朱《傳》所謂：告濯具也】 一人出東角門外，遍視牛、羊、豕訖。回至東塾門外，跪，稟牲牷博碩肥腯。【此即反告充也】 一人過西，入潔牲之所，遍視屠牲之具及鼎羃諸物訖。至東塾門外，跪，稟鼎羃諸物並皆潔淨。【此即啟鼎羃告潔也】 告畢，牽牲二由中門入，餘十二由西角門入，至潔牲所爓治。士十二人，自潔牲所捧毛血。正廟四人，開中門入，隨刑；餘八人，由東階陞。薦正廟，四盤，四配、兩哲、兩廡各一盤。薦訖，退至月臺。朝上叩一首，各散立。
	起鼓初嚴。（遍燃庭燎香燭）	起鼓初嚴。遍燃庭燎香燭。（專理祀事、監禮、典儀、監饌各官，至捲篷下行拜禮，序立） 典儀隨唱：「執事者各司其事。」（執事者至月臺行一拜禮訖。籩人司籩，豆人司豆，司尊者實酒於尊，餘俱同。正壇陳設，先簠、簋，次籩、豆、登、鉶並兩俎，陳於西榮前。登、鉶、俎俱自潔牲所，次陳登，次陳鉶。又，四人舉盤二至西榮階下。階上人，升肉於俎。每俎兩人，舉至正壇陳設，次陳饌盤）
	鼓再嚴。（樂舞生、執事者，各序立於丹墀兩傍）	鼓再嚴。（通贊、贊引祝至捲篷下行拜禮，樂舞生各序立於丹墀兩傍）
	鼓三嚴。（贊引引各獻官至戟門下立候）	鼓三嚴。（贊引引各獻官至戟門外立候）
	通贊唱：「樂舞生各就位。」（樂舞生各以序進，立於殿庭奏樂之所。司節	通贊唱：「樂舞生各就位。」（樂舞生各以序進，立於殿庭奏樂之所。司節者分引舞生至丹墀東西兩階，各序於舞佾之位。司

者分引舞生至丹墀東西兩階，各序於舞佾之位。司節在東，則退至東四班舞生之首；在西，則退至西四班舞生之首，相向立）

通贊唱：「執事者各司其事。」（各執事亦各以序進，就位訖）

通贊唱：「陪祭官各就位。」（眾官就位訖）

通贊唱：「分獻官各就位。」（各贊引引各分獻官至拜位，各贊引退立東西訖）

通贊唱：「獻官就位。」（贊引引獻官至拜位，贊引退立於獻官東西兩傍，相向立訖）

通贊唱：「瘞毛血。」（執事者捧毛血，正廟由中門出；四配、東西哲由左右門出；兩廡隨之。瘞於坎，遂啟俎蓋）

通贊唱：「迎神。」（舞生執羽籥，麾生舉麾）唱：「樂奏咸和之曲。」（擊柷作樂）

通贊唱：「鞠躬，拜、興；拜、興；拜、興；拜、興；平身。」（獻官以下俱拜訖，麾生偃麾，樂盡櫟敔）

通贊唱：「奠帛，行初獻禮。」（捧帛者各捧帛，執爵者各執虛爵。贊引詣獻官前）

唱：「詣盥洗所。」（引獻官至盥洗所，司盥者捧盆）

贊引唱：「搢笏。」（獻官搢笏。盥畢，進巾）

贊引唱：「出笏。」（獻官出笏）

贊引唱：「詣酒樽所。」（引獻官至酒樽所）贊引唱：「司樽者舉羃酌酒。」（執爵者以爵受酒，同捧帛者在獻官前行。先聖帛爵由中門入，四配帛爵由左門入，各於神案之側，朝上立。贊引隨引獻官亦由左門入）

唱：「詣　至聖先師孔子神位前。」（麾生舉麾）

節在東，則退至東四班舞生之首；在西，則退至西四班舞生之首，相向立）

通贊唱：「開門。」（管門者開戟門、中門訖。外施行馬。先時行馬在西側）

通贊唱：「陪祭官各就位。」（眾官由東角門入，就位訖。以後俱同）

通贊唱：「分獻官各就位。」（各贊引引各分獻官至拜位，各贊引退立東西訖）

通贊唱：「亞獻、終獻官各就位。」（各贊引引亞獻、終獻官至拜位，各贊引退立東西訖）

通贊唱：「獻官各就位。」（贊引引獻官至拜位，贊引退立獻官東西兩傍，相向立訖）

通贊唱：「瘞毛血。」（執事者捧毛血，正廟由中門出；四配、東西哲由左門出，東廡隨之，過西，西廡隨之，瘞於坎，西丹墀，將餘存毛血同瘞，遂啟俎蓋，簠、簋、籩、豆、登、鉶等蓋）

通贊唱：「參神。」（舞生執羽籥，麾生舉麾）唱：「樂奏咸和之曲。」（擊柷作樂）

通贊唱：「鞠躬，拜、興；拜、興；拜、興；拜、興；平身。」（獻官以下俱拜訖，麾生偃麾，樂盡櫟敔）

通贊唱：「行初獻禮。」（贊引引獻官升階，取一爵於坫，授執爵者，捧虛爵，四配四爵隨之）

贊引唱：「詣盥洗所。」（引獻官降階，至盥洗所，東面立，司盥者捧盆）

贊引唱：「搢笏。」（獻官搢笏。盥畢，進巾。贊引引獻官至洗爵所，北面立。洗爵，並洗四配爵，拭訖）

贊引唱：「出笏。」（獻官出笏）

贊引唱：「詣酒樽所。」（引獻官至酒樽所）

贊引唱：「司樽者舉羃酌酒。」（執爵者以爵受酒，司帛者捧帛，同捧爵者俱由中門入，至神案之側，朝上立。贊引引獻官由左門入）

唱：「詣　至聖先師孔子神位前。」（麾生舉麾）

唱:「樂奏寧和之曲。」（擊柷作樂，
贊引引獻官至神位前）

唱:「跪。」（獻官跪）

唱:「搢笏。」（獻官搢笏。捧帛者轉
身西向跪，進帛於獻官右，獻官接帛）

贊引唱:「奠帛。」（獻官獻帛，以帛
授接者，奠於神位前案上。執爵者
轉身西向跪，進爵於獻官右，獻官接
爵）

贊引唱:「獻爵。」（獻官獻爵，以爵
授接者，奠於神位前）

贊引唱:「出笏。」（獻官出笏）

贊引唱:「俯伏、興、平身。詣讀祝
位。」（讀祝位設於廟中香案前，贊
引引獻官至祝位，麾生偃麾，樂暫
止。讀祝者跪取祝文，退立於獻官之
左）

贊引唱:「跪。」（獻官並讀祝者皆跪）
通贊隨唱:「眾官皆跪。」（陪祭官俱
跪訖）贊引唱:「讀祝。」（讀祝者讀
畢，仍將祝文跪置於祝案上，退堂西
朝上）

贊引與通贊同唱:「俯伏、興、平身。」
（麾生舉麾，不唱。樂生接奏先未終
之樂）

贊引唱:「詣　復聖顏子神位前。」
（引獻官至神位前）

唱:「跪，搢笏。」（獻官搢笏。捧帛
者跪於獻官右，進帛於獻官，獻官接
帛）

贊引唱:「奠帛。」（獻官獻帛，以帛
授接者，奠於神位前案上。執爵者
跪於獻官右，進爵於獻官，獻官接爵）

贊引唱:「獻爵。」（獻官獻爵，以爵
授接者，奠於神位前）

贊引唱:「出笏。」（獻官出笏）

贊引唱:「俯伏、興、平身。」

贊引唱:「詣　宗聖曾子神位前。」
（儀同復聖，但捧帛、執爵者，跪於
獻官左，進帛訖）

贊引唱:「詣　述聖子思子神位前。」
（儀同前）

唱:「樂奏寧和之曲。」（擊柷作樂，贊引
引獻官至神位前）

唱:「跪。」（獻官跪）

唱:「搢笏。」（獻官搢笏。捧帛者轉身西
向跪，進帛於獻官右，獻官接帛）

贊引唱:「奠帛。」（獻官獻帛，以帛授接
帛者，奠於神位前案上。執爵者轉身西向
跪，進爵於獻官右，獻官接爵。此時司帛
者即將帛籩蓋訖，移至第三行籩下，朝西
奠訖）

贊引唱:「奠爵。」（獻官獻爵，以爵授接
爵者，奠於神位前）

贊引唱:「出笏。」（獻官出笏）

贊引唱:「俯伏、興、平身。詣酒樽所。」
（贊引引獻官由左門出，至四配酒樽所）

贊引唱:「司樽者舉冪酌酒。」（先時捧四
配已洗之爵者，以爵受酒，同捧帛者四
人，俱在獻官前行。贊引引帛爵獻官，俱
由左門入。帛爵至神位前，朝上立）

贊引唱:「詣　復聖顏子神位前。」（引獻
官至神位前）

唱:「跪，搢笏。」（獻官搢笏。捧帛者跪
於獻官右，進帛於獻官，獻官接帛）

贊引唱:「奠帛。」（獻官獻帛，以帛授接
帛者，奠於神位前案上。執爵者跪於獻官
右，進爵於獻官，獻官接爵。此時司帛者
移帛如正壇，但移於籩西南，朝北奠訖）

贊引唱:「奠爵。」（獻官獻爵，以爵授接
爵者，奠於神位前）

贊引唱:「出笏。」（獻官出笏）

贊引唱:「俯伏、興、平身。」

贊引唱:「詣　宗聖曾子神位前。」（儀同
復聖，但捧帛、執爵者，跪於獻官左，進
帛訖。移帛者，移於籩東北，朝南奠訖）

贊引唱:「詣　述聖子思子神位前。」（儀
同復聖）

贊引唱：「詣　亞聖孟子神位前。」（儀同前）

贊引唱：「詣　亞聖孟子神位前。」（儀同宗聖）

贊引唱：「詣讀祝位。」（讀祝位即在香案前，贊引引獻官至香案前，麾生偃麾，樂暫止。讀祝者跪取祝文，退立於獻官之左）

贊引唱：「跪。」（獻官並讀祝者皆跪）

通贊隨唱：「眾官皆跪。」（陪祭官俱跪訖）

贊引唱：「讀祝。」（讀祝者讀畢，仍將祝文跪置於祝案上，退堂西朝上）

贊引與通贊同唱：「俯伏、興、平身。」（麾生舉麾，不唱。樂生接奏先未終之樂）

贊引同唱：「復位。」（贊引引獻官至原拜位訖）

通贊隨唱：「行分獻禮。」（各贊引詣各分獻官前）

通贊隨唱：「行分獻禮。」（各贊引詣各分獻官前）

同唱：「詣盥洗所。」（各贊引引各分獻官至洗所，司盥者酌水）

同唱：「詣盥洗所。」（各贊引引兩哲、兩廡分獻官，升階。贊引引東廡獻官，循捲篷外過東，至東廡；西廡獻官循捲篷外至西廡。盥洗獻奠，並同正壇。兩哲分獻官，取爵於坫，東哲八爵，西哲八爵。四人捧爵前行，降階，至盥洗所，司盥者酌水）

贊引同唱：「搢笏。」（各分獻官搢笏，盥畢，進巾）

贊引同唱：「搢笏。」（各分獻官搢笏，盥畢，進巾。贊引引分獻官至洗爵所，北面立。洗爵進巾，拭訖）

贊引同唱：「出笏。」（各分獻官出笏）

贊引同唱：「出笏。」（各分獻官出笏，兩廡各有盥盆、爵洗、酒尊，帛儀同兩哲。但唱贊時，升階即入兩廡，與此稍異）

贊引同唱：「詣酒樽所。」（引各分獻官詣酒樽所）

贊引同唱：「詣酒樽所。」（引各分獻官詣酒樽所）

同唱：「司樽者舉冪酌酒。」（各執爵以虛爵受酒，與捧帛者俱在分獻官前，行各至堂及兩廡神案之側，朝神位立候正廟）

同唱：「司樽者舉冪酌酒。」（各執爵以虛爵受酒，與捧帛者俱在分獻官前，行各至堂及兩廡神案之側，朝神位立）

贊引唱：「詣東哲、西哲、東廡、西廡神位前。」（各贊引引各分獻官詣東哲、西哲，俱由左門進；東廡、西廡各詣廡至神位前）同唱：「跪。」

贊引唱：「詣東哲、西哲、東廡、西廡神位前。」（各贊引引各分獻官詣東哲、西哲，俱由左門進；各至香案前）

同唱：「搢笏。」（獻官並各分獻官搢笏，東哲、東廡捧帛者，轉身跪於分獻官右；西哲、西廡捧帛者，跪於分獻官左，進帛，分獻官接

同唱：「跪。」

同唱：「搢笏。」（各分獻官搢笏，東哲、東廡捧帛者，轉身跪於分獻官右；西哲、西廡捧帛者，跪於分獻官左，進帛，分獻官接帛）

贊引同唱：「奠帛。」（分獻官獻帛，以帛授接帛者，奠於神位前案上。捧爵者轉身進爵如進帛儀，分獻官接

贊引同唱：「奠帛。」（分獻官獻帛，以帛授接帛者，奠於神位前案上。捧爵者轉身進爵如進帛儀，此時司帛者，移帛於案

爵）
贊引同唱：「獻爵。」（分獻官獻爵，
以爵授接爵者，獻於神位前）

贊引同唱：「出笏。」（各獻官出笏）
贊引同唱：「俯伏、興、平身。」
贊引同唱：「復位。」（麾生偃麾，櫟
敔樂止。各贊引引各獻官至原拜位
立。執事者亦隨至樽所立候）
通贊唱：「行亞獻禮。」（贊引詣獻官
前）
唱：「詣酒樽所。」（引獻官至酒樽所）
贊引唱：「司樽者舉冪酌酒。」（各執
爵者以虛爵受酒，前行至廟，如初獻
儀。贊引引獻官亦由左門入）
唱：「詣　至聖先師孔子神位前。」
（麾生舉麾）
唱：「樂奏安和之曲。」（擊柷作樂，
贊引引獻官至神位前，如初獻獻爵之
儀，行禮訖。贊引引獻官如前出至原
位。麾生偃麾，櫟敔樂止。）
通贊唱：「行終獻禮。」（贊引引獻官
並執事者，儀同亞獻，但麾生舉麾）
唱：「樂奏景和之曲。」
行禮復位俱如初。惟執爵者不必出廟
外，俱在廟內兩傍立。候徹饌。麾生
偃麾，櫟敔樂止。）
通贊唱：「飲福受胙。」（進福酒者，
捧爵；進福胙者，捧盤，立於神位之
東，又令一執事，取正壇羊左肩胙，
置於盤）

贊引唱：「詣飲福位。」（飲福位乃讀
祝位也。又令二執事先立於廟內兩
傍，贊引引獻官至飲福位，捧酒、
福胙者，轉身向西，立於獻官傍，前
廟內二執事行於獻官西，與捧爵、捧
胙者相對）
贊引唱：「跪，撳笏。」（獻官跪，撳
笏。進福酒者跪於獻官右，進爵於獻
官）

南，西哲移於案北。分獻官接爵）
贊引同唱：「奠爵。」（分獻官獻爵，以爵
授接爵者，獻於神位前。先進五爵，捧爵
者，每位前奠一爵；次進三爵，即奠香案
上）
贊引同唱：「出笏。」（各獻官出笏）
贊引同唱：「俯伏、興、平身。」
贊引同唱：「復位。」（麾生偃麾，櫟敔樂
止。各贊引引各獻官至原拜位立。執事者
亦隨至樽所立候）
通贊唱：「行亞獻禮。」（贊引引亞獻官升
階至。以爵受酒，並同初獻。但捧爵者一
人，由中門入。贊引引亞獻官由左門入）
唱：「詣　至聖先師孔子神位前。」（麾生
舉麾）

唱：「樂奏安和之曲。」（擊柷作樂，贊引
引獻官至神位前，如初獻獻爵之儀，行禮
訖。贊引引獻官如前出至原位。麾生偃
麾，櫟敔樂止。）
通贊唱：「行終獻禮。」（贊引引獻官升階
取爵。並執事者，儀同亞獻，但麾生舉麾）
唱：「樂奏景和之曲。」（擊柷作樂，行禮
復位俱如初。惟執爵者不必出廟外，俱在
廟內兩傍立。候徹饌。麾生偃麾，櫟敔樂
止。）
通贊唱：「飲福受胙。」（執事者設一席於
廟中門外，中霤前，西楹之東，北向。贊
引引獻官升階，於捲篷東楹，進至所設席
南，過西就飲福位席端，朝上立。祝取正
壇爵一，取復聖、宗聖爵和之。進福胙者，
捧盤，立於神位之東，又令一執事，取正
壇羊左肩胙，置於盤）
贊引唱：「詣飲福位。」（令二執事先立於
獻官西，贊引引獻官至飲福位，祝與捧福
胙者出立於獻官東，獻官西二執事與捧
爵、捧胙者相對立）

贊引唱：「跪。」
通贊唱：「眾官皆跪。」
贊引唱：「撳笏。」（獻官撳笏。祝跪於獻
官右，進爵於獻官）

贊引唱：「飲福酒。」（獻官接酒飲訖，西傍接福酒者，跪於獻官左接爵；捧福胙者，跪於獻官右，進胙於獻官）

贊引唱：「受胙。」（獻官接胙訖，西傍接福胙者，跪於獻官左，接捧胙由中門出）

贊引唱：「出笏。」（獻官出笏）

贊引唱：「俯伏、興、平身、復位。」（贊引引獻官至原拜位）

通贊唱：「鞠躬，拜、興；拜、興；平身。」（各官俱拜訖）

通贊唱：「徹饌。」（麾生舉麾）

唱：「樂奏咸和之曲。」（擊柷作樂，執事者各於神位前，將籩、豆稍移動，復立於原位。舞生直執其籥與翟，同司節者在東，進立於東一班舞生之首；在西者，進立於西一班舞生之首。舉節朝上，分引舞生於丹陛東西，序立相向。樂盡，麾生偃麾，樂敔樂止）

通贊唱：「送神。」（麾生舉麾）

唱：「樂奏咸和之曲。」（擊柷作樂）

通贊唱：「鞠躬，拜、興；拜、興；拜、興；拜、興，平身。」（各官俱拜訖，樂盡，麾生偃麾，樂敔樂止）

通贊唱：「讀祝者捧祝，進帛者捧帛。」（執事者各詣神位前，待讀祝者先跪取祝文；捧帛跪取帛，齊轉身向外立）

通贊唱：「各詣瘞所。」（正殿由中門出，四配、十哲由左門出。兩廡執事者，取帛隨班出）

通贊唱：「望瘞。」（麾生舉麾）

唱：「樂奏咸和之曲。」（擊柷作樂，捧祝帛者過訖）

贊引唱：「詣望瘞位。」（各贊引引獻官、分獻官、陪祭官至瘞所）

贊引唱：「祝板！一帛一段，數至九段。」（待焚訖，樂盡，麾生偃麾，樂止）

贊引、通贊同唱：「禮畢。」

贊引唱：「飲福酒。」（獻官接爵，祭酒、啐酒，奠爵於席北端）

贊引唱：「出笏、俯伏、興、拜、興、拜、興、跪、搢笏、卒爵。」（西傍接福酒者，跪於獻官左，接爵；捧福胙者，跪於獻官右，進胙於獻官）

贊引唱：「受胙。」（獻官接胙，西傍接福胙者，跪於獻官左，接胙，捧胙由中門出。管門者啟行馬，出後復施）

贊引唱：「出笏。」（獻官出笏）

贊引、通贊同唱：「俯伏、興、平身。」（獻官、眾官皆同）

贊引唱：「復位。」（贊引引獻官至原拜位）

通贊唱：「鞠躬，拜、興；拜、興；平身。」（各官俱拜訖）

通贊唱：「徹饌。」（麾生舉麾）

唱：「樂奏咸和之曲。」（擊柷作樂，執事者各於神位前，將籩、豆稍移動，復立於原位。舞生直執其籥與翟，同司節者在東，進至於東一班舞生之首；在西者，進至於西一班舞生之首。舉節朝上，分引舞生於丹陛東西，序立相向。樂盡，麾生偃麾，樂敔樂止）

通贊唱：「辭神。」（麾生舉麾）

唱：「樂奏咸和之曲。」（擊柷作樂）

通贊唱：「鞠躬，拜、興；拜、興；拜、興；拜、興，平身。」（各官俱拜訖，樂盡，麾生偃麾，樂敔樂止）

通贊唱：「讀祝者捧祝，進帛者捧帛。」（執事者各詣神位前，讀祝者先跪取祝文；捧帛跪取帛，齊轉身向外立）

通贊唱：「各詣瘞所。」（正殿由中門出，四配、十哲由左門出。兩廡執事者，取帛隨班出）

通贊唱：「望瘞。」（麾生舉麾）

唱：「樂奏咸和之曲。」（擊柷作樂，捧祝帛者過訖）

贊引唱：「詣望瘞位。」（各贊引引獻官、亞獻官、終獻官、分獻官、陪祭官至瘞所）

贊引唱：「祝板。」（一帛一段，數至九段。待焚訖，樂盡，麾生偃麾，樂止）

贊引、通贊同唱：「禮畢。」（各官俱朝北一揖，回至露臺上。初獻官、亞、終獻官、

	分獻、陪祭各官，以次東邊西面立。專理 祀事、監禮、典儀、監饌各官，以次西邊 東面立。通贊、贊引、祝北面，以西為上， 圓揖）
備 註	《朱舜水集》（中華本・卷22，頁602～ 611）所收〈改定釋奠儀注〉，前面有說明， 後附「廟規」。

由上表所列朱氏改定的釋奠禮儀，作以下4點說明：

1. 朱氏的〈改定釋奠儀注〉乃傳承李氏〈儀注〉的精神及架構，僅針對部份程序，依實際的狀況加以「改定」設計，使祭孔典禮進行的更完善。這符合孔子回答子張問「十世可知也？」的觀點。[74]

2. 典禮前作充分準備，派員依序檢視祭典場所及各項必備的器物、祭品。正祭日釋奠禮的程序：起鼓三嚴揭開序幕，「執事者各司其事」，獻官、陪祭官、分獻官各就位。行（迎）參神禮、行初獻禮、行分獻禮、行亞獻禮、行終獻禮、行徹饌禮、行（送）辭神禮、行望瘞禮。而獻官於大成殿孔子神位前，行初獻禮、亞獻禮、終獻禮；於顏回、曾參、子思、孟子四配神位前，行初獻禮；分獻官則於東哲、西哲與東廡、西廡神位前，行分獻禮。

3. 釋奠禮的每一過程中，都存在著特殊的儀式。如「瘞毛血」，將太牢牛、羊、豕血，埋於庭院「坎」方，[75]以開啟典禮。行初獻禮時，獻官要經過跪、奠帛、獻爵3步驟，然後恭讀祝文。行亞獻禮及行終獻禮時，則只奠爵而已。行終獻禮時，還有一項「飲福受胙」，即正、分獻官飲祭祀所斟，經神所享之福酒與領受神降福份的祭肉，意謂參加典禮的人都將得到祝福。最後行望瘞禮，則是獻

---

[74] 孔子說：「殷因於夏禮，所損益可知也；周因於殷禮，所損益可知也。其或繼周者，雖百世可知也。」《論語・為政》，朱熹《四書集注》卷1，臺北：世界書局，頁12。

[75] 邵雍注《周易・說卦傳》「天地定位」句說：「乾南坤北，離東坎西。」指「坎」在西方。朱熹《周易本義》卷4，臺南：綜合出版社，頁116。五行之說，西為庚辛之方屬金。

官、陪祭官、分獻官至瘞所，望著祝文與香帛的焚燒，以表虔誠。

　　4. 朱氏在儀注前，明確規劃儀注中擔任釋奠的官員及各項執事人員凡 88 位，場面浩大。在儀注後，列有「廟規」，要求與祭者、入廟者遵守十「不許」的規定，[76]「以樂行乎禮」的儀式下進行，莊嚴肅穆，無形中使人心對先聖先賢的典型生起崇敬仰止之情，獲得昇華教化，也體認到尊師重道的傳統美德。

　　幕府儒臣人見竹洞知悉朱氏教導諸生演習釋奠禮儀之事的始末，記曰：[77]

> 水戶相公請朱翁而命儒主侍史數十員習奠釋之儀，翁考於禮典而敘其所曾觀者，作書定其式畫。相公本鄉別莊之一地，假作堂階圜以葦墙，為門塀之限，日日習禮。余與藤勿齋相約一日往觀之，朱翁立塀指揮，禮容齊整，諸生拜趨之儀肅肅可觀。

又說：[78]

> （水戶相公）又請翁使諸生習釋奠之禮，木主及簠簋籩豆樽俎，皆中國之制也。節亦往觀其習禮，翁正立庭中指揮諸生，禮容堂堂，有三代之遺風，國家若大用之，則我本邦可以興古禮。

從以上記載，可以明白朱氏對古今禮儀大典，皆能講究，致其精詳。而且在場指揮諸生習禮的景象，盛況非凡，直追三代行禮的規模。安東守約也接到朱氏寄來〈釋奠圖〉1 卷，知道水戶藩習釋奠禮的

---

[76] 朱舜水〈改定釋奠儀注〉，《朱舜水集》卷 22，北京：中華書局，頁 602、611。
[77] 人見竹洞〈舜水墨談〉，《朱舜水集補遺》卷 3，臺北：學生書局，頁 195。
[78] 人見竹洞〈舜水墨談〉，《朱舜水集補遺》卷 3，臺北：學生書局，頁 186。

訊息，寫信致意說：[79]

> 敬聞上公大使諸士習釋奠禮、伏讀圖及儀注，擊節歎曰：『千
> 百年未曾聞之事，尊聖好道之厚，天下之善孰大焉，真不世
> 出之明君也！』先生參考諸書，斟酌裁定，所謂百世以俟聖
> 人而不惑者也，其功豈鄙人所得而稱歟！加賀公亦歎稱。

讚美德川藩主推動習釋奠禮儀及朱氏改定釋奠儀注，對發揚儒學具
有深遠的意義。

　　直接參與的弟子服部其衷學成返加賀藩後，致函朱舜水報告學
習釋奠禮儀，在當地引起熱烈的反映，贏得朝野人士的讚賞說：[80]

> 兩年以來釋奠習儀，進退雍容，禮儀卒度，宰相樣（按：指
> 水戶藩主德川光圀）謂十數百年未有之禮。先生以教日本之
> 人莫大之恩，加賀守殿（按：指前田綱紀）謂先生以此禮教
> 後人，乃先生莫大之功。賀國（按：指加賀藩）多士謂三代
> 禮儀盡在於斯，凡觀者無不稱讚歎服曰：『不圖禮意之美，
> 迺至於此。』或曰：『一至此地，不嚴而肅，憍慢之氣不覺
> 銷鎔頓盡。』其間老成人至有泣下者，此僅老師緒餘耳。若
> 使老師大道得行，吾國之至魯至道不知作何觀也。

藉釋奠儀式莊重肅穆的演示，啟迪民心，儒家的仁德教化、禮樂制
度，逐漸受到重視，融入日本文化之中，影響深遠。所以，水戶藩、
加賀藩兩位藩主都歸功於朱舜水的貢獻，給予高度的評價。

　　當1691（元祿4）年，湯島聖堂（即昌平坂學問所）由林　羅
山上野忍岡家遷建湯島現址落成時，幕府第5代將軍德川綱吉親臨

---

[79] 安東守約〈上朱先生二十二首〉19，《朱舜水集》附錄3，北京：中華書局，頁756。
[80] 服部其衷〈寄朱舜水書〉，《朱舜水集補遺》卷1，臺北：學生書局，頁95。

主持意義重大的釋奠大典。之後，連續舉行了16回釋奠祭孔典禮。
[81]我們目前無充分資料證明此一連年舉行的釋奠大典是否採用了朱
舜水提出〈改定釋奠儀注〉的內容，然而，與朱舜水交往密切的幕
府儒臣如人見竹洞等人，很有可能從朱舜水在江戶寓所主持的二次
祭孔釋奠禮演習表現中得到啟示，進而向負責規畫的人士提出建
言。其次，朱舜水也提出建議依照中國古禮製作各種祭器、用具，
如簠、籩、豆、鉶等類禮器，以便採用，使祭典更貼近原來的風貌。
由禮儀舉行、奏樂、饋享祝文等，知釋奠的目的，在瞻仰孔子的「餘
烈遺風」，勗勉學子「依仁游藝」，並效法顏回等賢者「服膺聖教，
德冠四科」，這是儒家成聖教育追求的最高目標。

　　其次，在祭禮方面，朱氏接受人見懋齋、今井有順詢問：藩主
太夫人等陞配及祔享改葬祭祀的禮儀，他以謹敬直諒的態度，廣詢
博訪，詳考古禮，撰〈太廟典禮議四款并序〉，呈請藩主德川氏裁
示。[82]他建言：靖定太夫人當配廟、哀文夫人祔廟、靖伯世子祔廟、
太夫人入廟事宜。[83]水戶藩主德川氏本著崇儒好禮的信念，請朱舜
水考訂五廟之祭禮。[84]朱氏　：「五廟有牷有祫，儀文曲折，節目周
詳，若非精心探討，豈能有裨幽明？」[85]於是博採各家的說法，會
通經史材料，旁考古今衍變，折衷精華而作〈諸侯五廟圖說〉。[86]可

[81] 1703（元祿3）年，江戶發生大地震，湯島聖堂也被震垮，釋奠禮因而停止。《聖堂夜話》2，東京：斯文會，頁13。
[82] 朱舜水〈答源光圀書五首〉1，《朱舜水集》卷6，北京：中華書局，頁131。
[83] 朱舜水〈太廟典禮議四款并序〉，《朱舜水集》卷14，北京：中華書局，頁453～459。
[84] 朱舜水〈答奧村德輝書九首〉6說：「宰相上公欲習五廟之禮，不佞前年舊年，屢次力辭，上公堅欲一習，則今秋冬當有此舉。此為大饗，儀文繁縟，節目多端。」《朱舜水集》卷8，北京：中華書局，頁284。
[85] 朱舜水〈答古市務本書七首〉4，《朱舜水集》卷9，北京：中華書局，頁335。
[86] 今井弘濟、安積　覺〈舜水先生行實〉，《朱舜水集》附錄1，北京：中華書局，頁619。

惜目前文集中未見此圖說，僅收〈五廟圖序〉而已。[87]

　　第三，在喪禮方面，朱舜水依據古禮，非常講究各項環節，而且具有科學概念，不受俗說蠱惑。如求吉地葬墳，他認為只要藏風納氣，土色滋潤，留意周圍環境即可，不必理會堪輿家謬妄的說法。[88]曾向門人安東守約解說明朝衰衣之制和作棺圖及分合之式。[89]又，答佐藤盛辰問喪葬諸制中，詳敘銘旌、棺槨、神主、墓碑、墳形、喪服等規矩。[90]在《朱氏舜水談綺》書中繪圖說明棺製、碑式，教導日本友人和門生。[91]

（二）居敬存誠的風範

　　「居敬、存誠」是中國思想史上重要的論題之一，在宋代理學家作品中可見到精闢的闡釋。[92]朱舜水生性謹慎，為人雍穆，道貌儼然，平日言行之間，均持「內不欺己，外不欺人」、「本乎誠而主乎教，發於言而徵於行」的態度，恪守〈中庸〉篇中的道德觀念。[93]他也對日本學者提出「敬、誠」的見解。朱氏在〈敬六首〉2說：[94]

---

[87] 朱舜水〈宗廟圖序〉其 3〈五廟圖序〉，《朱舜水集》卷 15，北京：中華書局，頁 482～483。該〈圖說〉究竟是散佚，或者未完成？俟後查考。

[88] 朱舜水〈與吉弘元常書十五首〉4，《朱舜水集》卷 9，北京：中華書局，頁 289

[89] 朱舜水〈答安東守約書三十首〉13、19，《朱舜水集》卷 7，北京：中華書局，頁 182、188。

[90] 朱舜水〈答佐藤盛辰問七條〉，《朱舜水集》卷 10，北京：中華書局，頁 362～363。

[91] 朱舜水《朱氏舜水談綺》卷之上，上海：華東師範大學出版社，頁 97～111。文字部份收錄文集〈答或問棺製〉、〈答或問神主書法〉，《朱舜水集》卷 10，北京：中華書局，頁 366～367。

[92] 試舉 2 家言論為例，如程頤說：「誠然後敬，未及誠時，須敬而後能誠。」又，朱熹說：「因歎敬字工夫之妙，聖賢之所以成始成終者，皆由此，故曰：修己以敬。」黃宗羲《宋元學案》卷 15、48，臺北：河洛出版社，頁 88、54。

[93] 從朱舜水在〈誠二首〉、〈誠齋〉文中，多次引用〈中庸〉之言，可以佐證。《朱舜水集》卷 17，北京：中華書局，頁 459、501。

[94] 朱舜水〈敬六首〉2，《朱舜水集》卷 17，北京：中華書局，頁 493。

> 敬為德之聚，是敬乃德之本也；敬為禮之輿，是禮由敬以行
> 也。緝熙敬止，而無往不善，君子以之自強不息。

又於〈敬齋箴并序〉中進一步詮釋「敬」的意義。[95]「敬為禮之輿」，
語出《左傳》僖公 11 年春，周內史過告訴襄王的話，出於敬意之
禮才有意義。[96]「緝熙敬止」，語出《詩・大雅》〈文王〉。朱子詮釋
說：「敬止，言其無不敬而安所止也。引此而言聖人之止，無非至
善。」[97]謂能敬慎地保持光明之德而致無往不善的境界。若以敬為
基礎，內以敬其心，外以致其事，所以，居敬是一切道德的根本，
是君子一生應恪守的態度；[98]同樣的，禮儀必須有敬意，方能表達
個人內在的存養。

於 1675（延寶 3）年，朱氏對門人安東守約表示：[99]

> 不佞在此十七年，無有一人知我者，相愛則有之，相敬者比
> 比皆然。……往年在長崎通事穎川獨健家，來者必拜，過於
> 前者必拜，不佞未有不答之者。待最下之人，亦不敢輕
> 之。……不佞無他長，只一誠耳。

意指自 1659（萬治 2）年獲准寓居日本 17 年來，無論持己待人，
都秉持居敬存誠的態度，禮節周到，絲毫不苟。又說：[100]

> 相與之際，一誠而已。誠意不足，日致鼎重之養，猶為未盡

---

[95] 朱舜水〈敬齋箴并序〉，《朱舜水集》卷 20，北京：中華書局，頁 575。

[96] 左丘明《左傳》〈僖公 11 年春〉，《左傳》卷 13，京都：中文出版社影印十三經注疏本，頁 3908。

[97] 朱熹〈大學章句〉，《四書集註》卷 1，臺北：世界書局，頁 4。

[98] 朱舜水〈答野節問三十一條〉6 說：「居敬工夫，是君子一生本等，何時何事，可以少得？」謂「居敬」乃君子時刻不離的為人態度，《朱舜水集》卷 11，北京：中華書局，頁 386。

[99] 朱舜水〈寄安東省庵筆語〉，《朱舜水集補遺》卷 2，臺北：學生書局，頁 154。

[100] 朱舜水〈寄安東省庵筆語〉，《朱舜水集補遺》卷 2，臺北：學生書局，頁 160。

也。若夫誠意有餘，同為啜菽飲水，亦自有歡然之趣。

謂人際間交往，貴在誠意的表現，誠意夠了，自然會滋生友誼，贏得真情，即使粗茶淡飯，也很高興；相反的，若面對無誠之人，即使美饌當前，也會食之無味。他認為：「誠者始終不忒，表裏一致，敬信真純，往而必孚。」可以終身行之。[101]所以，朱舜水再慎重的教誨安東守約說：[102]

> 君臣相得，人生大願，然處之有道，而得之有命，盡其在我之誠敬而已，不須急急也。前以賢契之素行觀之，必無不得君之理，今果然矣。但君臣相悅之深，益宜事事敬慎。

謂事君之道，乃在誠敬，「誠者勿欺。勿欺，忠之本也。」而不必一味逢迎君王所喜，才是後日長久之計。安東氏為水戶本文集作序，即推崇朱氏「一言一行，以誠為本。」師生均體悟為人以誠的奧義。

其次，朱氏也撰〈誠齋〉一文贈予另一門人奧村德輝，文曰：[103]

> 誠者作室之基，培築鞏固，則堂構壺奧，凌雲九層，皆於斯託始焉。子今者，旭日之陽，能潛心好學，不荒於嬉，超於世俗遠矣。由是全其誠而不已，其何所不至乎？「誠者，天之道；思誠者，人之道。」子其慎思之而可乎？

將「誠」比喻為建築房子的奠基工程，基礎穩固了，高樓自然屹立不搖。意謂誠為一切進德的根基，強調誠的重要性。且提出「全誠

---

[101] 朱舜水應近藤定久之請而撰〈誠二首〉2，《朱舜水集》卷17，北京：中華書局，頁495。

[102] 朱舜水〈與安東守約書二十五首〉4，《朱舜水集》卷7，北京：中華書局，頁156。

[103] 朱舜水〈誠齋〉，《朱舜水集》卷17，北京：中華書局，頁501。

不已」4 字，即〈中庸〉：「至誠不息，不息則久。」之意，勉勵像「旭日之陽」的奧村氏，要潛心好學，勿荒誕嬉戲而受到影響。另外，為近藤定久寫了一篇〈誠〉，表達他的看法。文曰：[104]

> 劉忠宣公問曰：「一言而可以終身行之者。」溫公曰：「其誠乎！」誠則始終不忒，表裏一致，敬信真純，往而必孚。故曰：「君子誠之為貴。」

宋劉安世（1048～1125）請問其師司馬光（1019～1086）：「盡心行己之要，可以終身行之者」的典故，見《宋元學案》。[105]意謂終身若以「誠」為標竿，則始終都不會發生差錯，表裏如一，敬重守信，真摯純正，就會得到別人的信服。以司馬光一生不妄語，未嘗須臾離開誠字為榜樣，強調誠的珍貴性。

　　他為人處事皆以誠為基礎、為出發點，修養存誠的工夫，言行本乎敬，進而敦厚禮節作為準繩，篤行以達目的的風範，深受日本朝野人士敬佩。[106]朱氏逝後三百多年來，日本各界陸續舉行紀念會，樹立紀念碑、塑像、刊行文集等懷念的活動，[107]可謂受到他恂恂然誠敬儒風的感化而帶動的。

---

[104] 朱舜水〈誠二首〉2，《朱舜水集》卷 17，北京：中華書局，頁 495。

[105] 黃宗羲〈元誠學案〉，《宋元學案》卷 20，臺北：河洛出版社，頁 35。《學案》記載劉安世謚「忠定」，而《朱舜水集》作「劉忠宣公」。

[106] 如安東守約在〈祭朱先生文三首〉1 說：「嗚呼先生，質性剛毅，以誠為本，一生不偽。」《朱舜水集》附錄 2，北京：中華書局，頁 732。

[107] 如明治 45 年（1912）6 月，安東守男及侯爵德川賴倫、伯爵德川達孝等各界人士，於帝國教育會舉行朱舜水旅日 250 週年紀念會，並在舊址即東京第一高等學校（今東京大學）校園內樹立「朱舜水先生終焉之地」紀念碑，旁植櫻花，表示朱氏所喜愛。

全球水在日本的活動及其重點研究

伍　朱舜水對日本學術文化的貢獻（下）

一、指導纂修《大日本史》

　　清章學誠謂：「浙東之學，……通經服古，絕不空言德性。」又云：「浙東之學，言性命者必究於史，此其所以卓也。」[1]朱舜水出身餘姚，長期耳濡目染的接觸浙東學風，受到啟發，也重視史學。認為《左傳》一書，「用以啟迪後生，最為近而有益。」[2]讀通《通鑑》，「立身制行，當官處事，自然出人頭地。」學者如舍史而求經，是「舍本逐末，沿流失源。」何故？他解釋說：「經簡而史明，經深而史實，經遠而史近，……得之史而求之經，亦下學而上達耳。」又曰：「詳讀史之有益於治理。司馬光輯《通鑑》始於以魏斯、趙籍、韓虔為諸侯；亦猶孔子作《春秋》，始於魯隱公。聖賢之大經大法，於此見端焉。」[3]意即歷史是事實的反映，從讀史開始，可漸通義理。他這種經史並重，以史證經，「事在理中，不在物外」的觀念，帶給多位日本門生、友人良好的啟發，如安東守約不僅經學著述甚多，亦撰有《春秋前編》等書；人見懋齋、安積　覺等則應聘入史館，實際參與史籍編纂工作；人見竹洞和林　春信修纂《續本朝通鑑》等，都是有名的事例。本節僅就關於《大日本史》的事

---

[1]　章學誠《文史通義・內篇二・浙東學術》卷2，臺北：漢聲出版社，頁32～33。
[2]　朱舜水〈與安東守約書二十五首〉2，《朱舜水集》卷7，北京：中華書局，頁154。
[3]　朱舜水〈答奧村庸禮書十二首〉10、11，《朱舜水集》卷8，北京：中華書局，頁273、274。

項論述之。

規模龐大的《大日本史》編纂緣起，據史載謂，係水戶藩主德川光圀18歲時，偶讀《史記・伯夷叔齊列傳》後，仰慕伯夷的高義，撫卷而嘆說：「非藉史筆無以興起後人。」謂若無史家作傳，其事蹟將淹沒不彰，於是倡導纂修日本史書，留下祖先奮鬥的心血記錄，作為後世的借鏡。1657（明曆3）年在江戶藩邸設史局開始纂修。

1672（寬文12）年史局遷移小石川，並取杜預（222～284）〈春秋左氏傳序〉「章往考來」之義，[4]正式命名為「彰考館」。1683（天和3）年，由人見懋齋擔任首屆總裁。1684（貞享元）年，在小石川邸內愛岩坂上建造彰考館別館，奉祀文昌星像，作為修史守護神。1698（元祿11）年彰考館移到水戶。德川氏逝世後，彰考館分別在江戶、水戶兩地設江館和水館，仍繼續編纂工作。1720（享保5）年，將完成的本紀73卷、列傳170卷呈獻給幕府，朝廷賜名為《大日本史》。

此後，由於水戶藩經濟負擔沉重及人才不足，編修工程暫時告停。[5]寬政年間（1789～1800），又繼續修史，1829（文政12）年，第9世藩主德川齊昭廢除江館的作業，統一在水館進行編撰。幕末戰亂時，無法進行，只得中止。明治維新以後，栗田　寬等人奉命賡續編纂，迄1906（明治39）年，費了很多人心血和時間的修史事業終於殺青，完成德川光圀的宿願。其規模和影響超越了幕府官修的《本朝通鑑》正・續編278卷。[6]

綜觀《大日本史》397卷（包括本紀73卷、列傳170卷、志126卷、表28卷）的編纂，前後由12世藩主領導，招聘約130位

---

[4] 左丘明《左傳》卷1，東京：中文出版社影印十三經注疏本，頁3704。
[5] 水戶藩自第2任藩主德川光圀薨後的次年，即1701（元祿14）年起，每年財政收入不足35萬石，甚至連武士的俸祿也難以發放。
[6] 江戶幕府第2世將軍德川家光命林　羅山，依朱熹《通鑑綱目》體例，纂修的漢文體編年史。續編由林　鵝峰等人完成。

儒者參與，[7] 用漢文體書寫，歷時 250 年才完成的歷史巨著，以朱子學說大義名分論為中心史觀，體例是「效班馬之遺風」的紀傳體，「志」中分設神祇、氏族、職官、國郡、食貨、禮樂、兵、刑法、陰陽、佛事等 10 項，當是取徑于《漢書》的「志」，在仿傚中國正史用職官、食貨等各種名目的同時，也創造神祇、佛事等適合日本信仰歷史特點的項目。筆法則學朱熹的《資治通鑑綱目》，重褒貶，嚴是非之辨，本著實證的精神，廣泛的蒐集史料，綿密的評論，考證史實，註記出典，內容敘述上溯神武天皇（B.C.660～B.C.585 在位），下至南北朝統一，第 100 代的後小松天皇（1382～1412 在位）為止的日本歷史。其中將神功皇后當作皇妃而立傳，排除在皇位之外；確認大友皇子即位為弘文天皇而立天皇大友本紀；且以吉野朝廷為正統（即南朝），為此書三大特點，目的在促使皇統正統化並發揚尊王思想，顯現德川光圀主要要「據實闕疑，正閏皇統，是非人臣」的修史理念，[8] 成為水戶學派的思想根基，給江戶幕府末年的尊王倒幕，明治維新之發展帶來深遠的影響。

試就其中與朱舜水有關的第三項：「以吉野朝廷（南朝）為正統」論述之。

於 1331（元弘元）年發生「元弘之變」，楠木正成（按又作「楠正成」）等人，忠心追隨後醍醐天皇（1318～1339 在位）率先參與討伐鎌倉幕府，屢在赤阪城（今大阪）、千早城（今奈良與大阪之間金剛山西麓）及天王寺等地，以寡擊眾，竭力與幕府大軍周旋，成為各州勤王軍蜂起的關鍵。1333（元弘 3）年 5 月，打敗北條英時，推倒鎌倉幕府。次年，恢復天皇親政，改年號為建武，日本史

家稱之「建武中興」，楠木氏為功臣之一，授檢非違使左衛門尉，任河內、攝津、和泉等三州之守。

1336（建武 3）年，楠木氏與新田義貞合力將足利尊氏（1305～1358）驅逐至九州。同年，足利尊氏大舉東來，帶兵返京都。5月26日楠木氏與弟正季迎戰於湊川（今神戶市中央區），楠木氏戰敗切腹自殺，迫使後醍醐天皇出奔到吉野。於是足利尊氏擁立光嚴上皇的皇弟豐仁親王為天皇，稱光明天皇，並頒布足利法典，是為足利幕府（亦稱室町幕府）。

在吉野的後醍醐天皇朝，史稱南朝；在京都的光明天皇朝，史稱北朝。即所謂南北朝之爭，動亂持續了57年（1336～1392）。依北畠親房（1293～1354）所著《神皇正統記》的看法，神器的所在，即皇位所在的信念，因此，《大日本史》主張擁有神器的後醍醐天皇朝為正統，從觀念方面將幕藩體制形成後隨之而來的新身分制加以合理化，深獲後世日人認同。

效忠護駕後醍醐天皇的楠木正成於激戰中，壯烈犧牲，深受後人敬佩，尊稱「大楠公」。1692（元祿 5）年，水戶藩主德川氏基於尊王的信念，[9]指派中村顧言、佐佐宗淳前往湊川實地勘察，蒐集其行狀等文獻，買其旁近之地（今廣嚴寺），建造紀念墓碑，親題：「嗚乎忠臣楠子之墓」，表彰其節義，供後人憑弔景仰。碑陰刻了朱舜水於1661（寬文元）年，在長崎所撰〈楠正成像贊〉中的第一篇，[10]高度稱頌楠木氏的節義精神。贊曰：[11]

9　高須芳次郎《水戶義公・烈公集》〈解題〉謂宣傳楠木正成的事蹟，實際上就是宣揚尊王思想。東京：日東書院，頁23。

10　安積 　覺〈跋今井魯齋弔楠公文〉說：「文恭嘗在長崎，應人需而著像贊，今鐫碑陰，以垂將來。而此文亦得藏諸廣嚴寺，以備觀覽。」謂經安東守約介紹，請朱舜水為友人楠木氏像贊辭。《澹泊史論》附錄，臺北：新文豐文化公司，頁165。又，稻葉君山說：「『楠公父子訣別圖贊』，寬文十年，加賀侯松雲公囑之瑜所撰。」即1670（寬文 10）年，朱氏應加賀藩主之請，也在狩野探幽畫「楠公父子訣別圖」（今前田利為藏）上題贊語。《朱舜水全集》〈凡例〉14，東京：文會堂，頁9。石

忠孝著乎天下，日月麗乎天。天地無日月，則晦蒙否塞；人心廢忠孝，則亂賊相尋，乾坤反覆。余聞楠公諱正成者，忠勇節烈，國士無雙，蒐其行事，不可概見。大抵公之用兵，審強弱之勢於幾先，決成敗之機於呼吸。知人善任，體士推誠。是以謀無不中，而戰無不克，誓心天地，金石不渝，不為利回，不為害怵。故能興復王室，還於舊都。諺云：「前門拒狼，後門進虎。」廟謨不臧，元兇接踵。構殺國儲，傾移鐘虡。功垂成而震主，策雖善而弗庸。自古未有元帥妒前，庸臣專斷，而大將能立功於外者。卒之以身許國，之死靡佗。觀其臨終訓子，從容就義，託孤寄命，言不及私。自非精忠貫日，能如是整而暇乎？父子兄弟，世篤忠貞，節孝萃於一門，盛矣哉！至今王公大人以及里巷之士，交口而誦說之不衰，其必有大過人者。惜乎載筆者無所考信，不能發揚其盛美大德耳。

朱氏文集卷 19 收錄的「贊」，凡 50 篇，贊頌的日本人，僅楠木氏父子二人而已，可謂難得之作。本篇題在「楠公父子訣別圖」贊語，標舉忠、孝為道德的基本，為「天下的大節」，如日、月一般，照耀天地。而溯其源，則在於恩義之情。為人子，有感親恩則行孝；為人臣，有感君恩則忠君。文旨與〈忠孝辯〉所闡釋的內涵一貫。[12] 碑陰文末，德川光圀跋曰：

右故河、攝、泉三州守贈正三位近衛中將楠公贊，明徵士舜水朱之瑜魯璵之所撰，勒代碑文，以垂不朽。

原道博與稻葉氏的看法相同。《朱舜水》第 3，東京：吉川弘文館，頁 240。

[11] 朱舜水〈楠正成像贊三首〉1，《朱舜水集》卷 19，北京：中華書局，頁 571～573。後來成為日本教忠的主要資料，明治以後收入學校教科書，家喻戶曉，流傳廣遠。今水府明德會彰考館藏朱氏〈楠正成像贊〉1，係門人佐佐宗淳手書。

[12] 朱舜水〈忠孝辯〉，《朱舜水集》卷 13，北京：中華書局，頁 435～437。

這塊碑文表現了楠木氏之忠、德川氏之義及朱氏之文，而有「三絕」的美譽。東聚伯頎《紐雨亭隨筆》也評論說：[13]

> 攝州湊川楠公碑陰，舜水先生文。敘事簡約，而楠公忠勤，
> 中興成敗，一筆能振收之。

百川　元則推崇其價值，將這篇碑文與義公〈梅里先生碑銘〉、烈公〈弘道館記〉〈種梅記〉、藤田東湖〈正氣歌〉，並稱水戶學傳世名篇。[14]朱氏另外撰有〈楠正行像贊〉，也為狩野益信所繪櫻井驛「楠公出陣圖」題贊，[15]這幾篇禮贊楠木正成父子的文章，加上門人安東守約〈楠正成公傳〉及安積　覺〈楠正成傳贊〉，[16]頗能振奮人心，對當時尊王思想的發展，產生正面的啟迪作用。[17]

　　依事實而言，到朱氏病逝時，該史書編纂剛進行約 25 年的草創階段而已，可能是外國人身分的緣故，因此未見他列名直接參與工作的記載，[18]然而，立原翠軒等〈與谷義父書〉中羅列了對總裁、纂修學者的評語，謂朱氏「博物謹慎，學識超邁」，[19]故學者所稱朱

---

[13] 引自彭國棟〈日本典籍所載明末遺老之史實〉，《文史薈刊》第 1 輯，頁 25。

[14] 百川　元《水戶論語》序，東京：教材社，頁 2。

[15] 原畫藏秋元子爵家，櫻井驛位於今大阪府島郡島本町。朱舜水題畫辭是〈楠正成像贊三首〉3，見《朱舜水集》卷 19，北京：中華書局，頁 572。

[16] 安東守約〈楠正成公傳〉，為〈三忠傳〉之 1，菰口　治《安東省庵》，東京：明德出版社，頁 45。安積　覺〈楠正成傳贊〉，《大日本史贊藪》卷 3，東京：春陽堂，頁 167。

[17] 安東守約〈二忠傳〉說：「國自有武將以來，未有公也。世傳其兵法，以為楠流。」奉楠木氏為兵法武學「楠木流」之祖。柳川：柳川山門三池教育會，頁 8。幕末志士吉田松陰（1830～1859）曾三次經過湊川，均前往拜楠木氏墓，讀朱氏撰陰文，不禁感動落淚。明治初期，為提倡尊王思想，日本掀起了紀念楠木正成的活動。1872（明治 5）年，在楠木氏墓的所在地，建造湊川神社（又名楠公神社）紀念他。

[18] 安東守約雖然在〈上朱先生二十二首〉22 函中說：「敬聞上公大會諸儒，著《日本史記》，想先生定為總裁，然則宜與馬、班、歐陽諸公幷傳不朽。」這僅止於傳聞的推測而已。《朱舜水集》附錄 3，東京：中華書局，頁 759。經查雨谷　毅《彰考館總裁略傳》附總裁及史員表，朱氏未列名其中。東京：幕文社，書後附表。

[19] 立原翠軒等〈與谷義父書〉，引自高須芳次郎《水戶學派の尊皇及び經綸》第 11

舜水在日本指導儒者編纂《大日本史》的說法，應確有其事。乃指他在前期階段編纂方向及建立史觀二方面所作的貢獻。

依《彰考館總裁略傳》所列彰考館前 6 任總裁：人見懋齋、吉弘元常、佐佐宗淳、安積　覺、中村顧言、酒泉　弘，都是朱舜水的門生及友人。[20]其中，以安積　覺受到朱氏史學思想的啟發最大，安積氏在〈與村簣溪、泉竹軒書〉中歷敘學習《通鑑》的緣由說：[21]

> 僕讀《通鑑》，外總州郡之大體，內正賢豪之系譜，推獎之篤，雖或踰分，而勤苦之習，頗有由焉。幼時嘗侍朱文恭，晝則游惰，夜則昏睡，惟記先生應接賓客，教授弟子之暇，至夜分所讀者，《通鑑》與陸宣公奏議耳。當時不知《通鑑》臭味果何如？雖至中歲頗能好之。……故粗舉系譜，旁注族屬，則親疏新舊，粲然可見，便于檢閱。人皆以為迂闊，而僕則恬然不省也。

信內強調少時經常見到恩師研讀《通鑑》，印象深刻，留下日後精勤鑽研《通鑑》的契機。纂修《大日本史》準則的發凡起例，是 1689（元祿 2）年，由吉弘元常與佐佐宗淳等史官商議擬訂，再經安積覺刪修而成。又，奉藩主之命，撰〈神功皇后論〉、〈帝大友論〉。1719（享保 4）年起，執筆寫《大日本史》論贊，宣揚大義名分的精神，更充分展現其優秀的史學、史才與史識，贏得不少贊賞。安積氏的史學思想雖導源於朱子，而指導之功則應歸諸朱舜水。朱舜水與同鄉黃宗羲未曾往來，然而，使人訝異的是黃氏門下有萬斯同

章，東京：雄山閣，頁 219。

[20] 雨谷　毅《彰考館總裁略傳》，東京：幕文社，頁 1～24。

[21] 引自青山延于《文苑遺談》卷之 2〈安積　覺〉，《近世儒家史料》中，東京：井田書店，頁 33。

（1638～1702），樹立了《明史》的基幹；朱氏門生安積　覺等，也奠定《大日本史》的規模，兩者各具特色，均足以在中、日史學上相輝映。

在編纂方法上，講究客觀的搜集史料，異本校勘，考訂史實，直述史事，從而闡明國家道德，明君臣之分，申論尊王思想，這可謂朱舜水一向教導學生，與友人筆談的主張不謀而合。

附表五：《大日本史》編纂紀要表

西元干支	日本紀年	重　要　紀　事	備　註
1657 丁酉	明曆 3	2 月，德川光圀在江戶（今東京）駒込別莊設立史局，禮聘儒者今井弘濟、安積　覺、人見懋齋、佐佐宗淳等人著手編纂日本史。	
1661 辛丑	寬文 1	8 月，德川光圀繼任水戶藩第 2 世藩主。	
1672 壬子	寬文 12	5 月，將史局遷到礫川（今小石川）水戶藩本邸，正式命名為「彰考館」。田　止邱作〈開彰考館記〉，說明其設立宗旨。	
1676 丙辰	延寶 4	吉弘元常、佐佐宗淳等人，奉命往奈良搜集史料，輯為《南行雜錄》。	
1683 癸亥	天和 3	11 月，彰考館設總裁一職，請人見懋齋任首屆總裁。	
1684 甲子	貞享 1	天神阪史館成立，奉祀文昌君。	
1685 乙丑	貞享 2	佐佐宗淳、秋山久積等人，奉命與丸山可澄等巡行鎮西及諸州，訪搜名社古剎所藏遺簡，輯為《古簡雜纂》。	
1686 丙寅	貞享 3	在水戶城內設立彰考館別館，進行編輯《禮儀類典》。	
1688 戊辰	元祿 1	佐佐宗淳擔任彰考館第 2 屆總裁。	
1690 庚午	元祿 3	10 月，德川光圀退休，由長兄次子德川綱條繼任水戶藩第 3 世藩主。	
1693 癸酉	元祿 6	6 月，安積　覺擔任彰考館第 3 屆總裁。	
1694 甲戌	元祿 7	是年，吉弘元常擔任彰考館第 4 屆總裁。	
1696 丙子	元祿 9	夏，安積　覺、佐佐宗淳、中村顧言、吉弘元常等人商議修史義例。	
1697	元祿 10	2 月，栗山潛鋒擔任彰考館第 5 屆總裁。	

丁丑		12月，〈百王本紀〉即神武帝至小松帝的部份完成。
1699 己卯	元祿 12	是年，酒泉　弘擔任彰考館第 6 屆總裁。
1700 庚辰	元祿 13	12月，德川光圀薨。
1701 辛巳	元祿 14	12月，《禮儀類典》514 卷完成。
1715 乙未	正德 5	4月，《大日本史》本紀 73 卷、列傳 170 卷完稿（正德本）。 12月，將《大日本史》（本紀和列傳）祭告德川光圀。
1716 丙申	享保 1	元月，藩主德川綱條下令繼續編纂《大日本史》志、表部份。
1720 庚子	享保 5	10月，呈獻正德本《大日本史》給德川幕府。 是年，安積　覺完成《大日本史・論贊》。
1734 甲寅	享保 19	7月，德川幕府准許《大日本史》（紀、傳）梓行。
1786 丙午	天明 6	6月，立原翠軒擔任彰考館總裁。
1807 丁卯	文化 4	8月，藤田幽谷和高橋坦室擔任彰考館總裁。
1809 己巳	文化 6	2 月，藤田幽谷和會澤正志齋建議刪除安積　覺撰《大日本史・論贊》。
1831 辛卯	天保 2	10月，會澤正志齋擔任彰考館總裁。
1838 戊戌	天保 9	2月，藤田東湖作〈弘道館記〉。
1843 癸卯	天保 14	10月，青山延于擔任彰考館總裁。
1871 辛未	明治 4	7月，彰考館移至弘道館內。
1906 丙午	明治 39	10 月，《大日本史》編纂完成，本紀、列傳、志、表凡 397 卷，歷時 250 年。

根據資料：朱謙之整理《朱舜水集》（中華本）；徐興慶編注《朱舜水集補遺》（補遺本）；雨谷　毅撰《彰考館總裁略傳》。

二、規劃理想的教育體制

　　日本歷代以來都很重視教育，史載於 668（天智 7）年頒布「近

江令」，創設官學，[22]大致仿傚唐代的教育制度。而 701（大寶元）年頒布的「大寶律令」和 718（養老 2）年制定的「養老律令」中，均設有「學令」一項，規定中央設立「大學寮」（簡稱大學），是培養中央官吏的教育機構。大學寮的入學資格有嚴格的等級身分限制，5 位以上官吏的子弟可以自由入學，6、7、8 位官吏的子弟，只有才華出眾者經特別許可方可入學，而庶民的子弟根本沒有資格入學。最初設明經道（儒學科）和算道（數學科），後來增設文章道及明法道。各地方設置「國學」，招生的對象主要是地方權貴子弟，如尚有缺額，才允許優秀的庶民子弟入學。課程設計基本上和大學寮相同，加上醫學與藥學等科目。至於庶民子弟，則接受私塾教育，多半由僧侶擔任教學，授課以專業性知識為主，如工藝美術、木工、雕塑等，具有實用價值。

江戶時代政局比較穩定，經濟持續發展，教育也因而日趨發達。如 1601（慶長 6）年 9 月，德川幕府就在伏見圓光寺設立學校，令僧俗入學，正式實施教育。至 1630（寬永 7）年，德川家光將上野忍岡 5300 多坪土地賜給林 羅山設私塾，名為弘文館。1690（元祿 3）年，該館遷到湯島，擴大規模，改為直屬幕府的昌平坂學問所（或稱昌平黌），教導貴族子弟及武士。後來各藩也陸續設立了270 多所藩校，教育藩士儒學、漢詩文、兵學和經濟等；在庶民教育方面，有民間設立專上程度學校 370 多所，普通程度私塾（寺子屋）1400 多間。依英國 R.P.多爾在《江戶時代の教育》中的調查統計，在江戶時代，日本人中有 60%已經基本上具備讀寫和計算能力。[23]這一數據顯示，國民識字率已漸提高，儒教道德也普及於民眾。教育水準與其他國家相比較，也毫不遜色，奠定日後維新發展

---

[22] 日本初設學校的年代，見仁見智，有多種說法，此處採臺大高明士教授的說法。高明士《日本古代學制與唐制的比較研究》，臺北：學海出版社，頁 303。

[23] R.P.多爾（松居弘道譯）《江戶時代の教育》，東京：岩波書店，頁 78。

的根基。

朱舜水在寓日的 23 年期間，多次跟藩主、友人、門生談到教育上的課題，而且提出具體的建言供參考。

朱舜水曾就讀南京松江府儒學，也多次參加科舉考試，因此熟悉明代的學校和科舉制度。基本上，他認為推行教育，可以收到「親父子、正君臣、定名分、和上下、安富尊榮、定傾除亂」深遠的效果，[24]所以主張應多設立學校，普及教育，才能培育人才，化民成俗，提高道德水準，維持社會的長治久安。他說：[25]

> 建學立師，乃所以習長幼上下之禮，申孝弟之義，忠君愛國而移風易俗也。

又說：[26]

> 庠序學校，誠為天下國家之命脈，不可一日廢也。……是故興道致治之世，君相賢明，其學校之制，必鳌然具舉，煥乎可觀。於是人才輩出，民風淳茂，而運祚亦以靈長。

勸友人謂日本具有多項良好的條件，不應自以「東夷」、「褊小」而忽視教養人民的工夫，強調教育對教化人心，促進國家整體發展的重要性，與《禮記・學記》的思想相近，屬於儒家的教育觀。

朱舜水在長崎那段日子裏，曾致書門人安東守約，關心日本將設學校的消息說：「上公（按：指藩主德川光圀）大約有建學校之舉。」又說：[27]

> 聞貴國京江戶有設學校之舉，甚為喜之，貴國諸事俱好，只

---

[24] 朱舜水〈元旦賀源光圀書八首〉6，《朱舜水集》卷 6，北京：中華書局，頁 118
[25] 朱舜水〈答加藤明友書〉1，《朱舜水集》卷 5，北京：中華書局，頁 74。
[26] 朱舜水〈學校議〉，《朱舜水集》卷 14，北京：中華書局，461～462。
[27] 朱舜水〈與安東守約書三十首〉11，《朱舜水集》卷 7，北京：中華書局，頁 161。

> 欠此耳。然此事是古今天下國家第一義，如何可以欠得？今
> 貴國有聖學興隆之兆，是乃貴國興隆之兆也。

可知他非常重視教育事業，將「敬教勸學」當作是國家發展昌明平
治的重要命脈，古今天下國家的「第一義」，不可一日或廢。朱氏
也曾懇切的向長崎鎮巡黑川正直表示：「聞水戶上公以姬旦之尊，
欲興庠序之教，此誠貴國萬年之聖政，丕顯於後昆，增光於史冊，
是何等重典也。」[28]也說：「敬教勸學，建國之大本；興賢育才，為
政之先務。」[29]闡明興教任賢的意義主要在於使人民習禮申義，忠
君愛國，去除腐敗枉法的貪官污吏，從而達到移風易俗，國家興隆
的目的，影響非常深遠。學校既設，教育發達，則人才濟濟，養成
淳樸的社會風氣，國運亦必因而昌明平治。反之，學校不立，教育
隳廢，則人材不出，民風澆薄，習於奔競功利，則國家必然會走向
衰敗。故朱舜水沉痛的表示：[30]

> 近者中國之所以亡，亡于聖教之隳廢。聖教隳廢，則奔競功
> 利之路開，而禮義廉恥之風息，欲不亡得乎？知中國之所以
> 亡，則知聖教之所以興矣。

意謂加強儒學道德教育，是促使社會祥和不可缺少的方法。他將中
國明朝教育失敗而導致國家危亡的教訓，告訴藩主務必振興教育，
才不會重蹈覆轍。

1664（寬文4）年，小宅生順奉命至長崎與朱舜水見面時，即
表示他曾經提出振興教育的計劃，如蒙藩主採行，則想推薦朱舜水
主持其事。他說：[31]

---

[28] 朱舜水〈答長崎鎮巡黑川正直書〉，《朱舜水集》卷5，北京：中華書局，頁76。
[29] 朱舜水〈勸興〉，《朱舜水集》卷17，北京：中華書局，頁501。
[30] 朱舜水〈答安東守約書三十首〉14，《朱舜水集》卷7，北京：中華書局，頁183。
[31] 小宅生順〈西遊手錄〉，《朱舜水記事纂錄》附錄，東京：吉川弘文館，頁12～13。

> 拙作〈擬興國學書〉先生已見之，若其書有稱寡君之旨，而
> 國學之制施行，則施教之師，想乏其人，僕得便宜，則欲薦
> 先生。當今教授之師，其祿足養七八口，萬一有招，則可東
> 遊否？

徵詢朱舜水的意見。朱舜水回答說：

> 興國學事是國家大典，而在貴國為更重。僕深有望於貴國，
> 但以僕之才德菲博，何遽足為貴國庠之師？至若招僕，不論
> 祿而論禮，恐今日未易輕言也。惟看貴國主尊意何如耳。貴
> 國主讀書好禮，雅意欲興聖人之學，必有非常之識，亦非今
> 日可遙度也。

依當時朱舜水困窘的處境而言，猶不慕名利，保持讀書人不卑不
亢的本色，答以須本著「不論祿而論禮」的原則，他才能接受這
份發揚聖人之學的重任。[32] 實則德川光圀早有構想要在水戶邦建學
宮，大興文教，曾徵詢過朱氏的意見，[33] 而朝野各界也正期待這項
教育事業的推動，因此，朱舜水慎重其事的告訴長崎鎮巡黑川正
直說：[34]

> 因思上公之於僕，為兩國之望，而聖教又王道之首務，貴國
> 六十六州，群后百辟，鴻儒鉅公，卿士大夫以及成德小子、
> 民間俊髦，引領拭目而望此舉。若使小有違錯，此誠聖學興

---

[32] 朱舜水〈答長崎鎮巡黑川正直書〉也說：「至於鑱廩金帛之資，僕生平志不在此，使諸人不寒餒足矣。又何必以多寡為處？」為了興學，他表示只要能溫飽即可，不計報酬多少。《朱舜水集》卷5，北京：中華書局，頁76。

[33] 朱舜水〈答源光圀問十一條〉7，朱氏對曰：「聖廟，即學校也。中為聖廟，西為明倫堂，北為尊經閣，東北為啟聖宮，或西或東為射圃，以較射為義，故曰校也。每府每縣，必建學立師。」這與他後來規劃〈學宮圖說〉的理念是一貫的。《朱舜水集》卷10，北京：中華書局，頁349。

[34] 朱舜水〈答長崎鎮巡黑川正直書〉，《朱舜水集》卷5，北京：中華書局，頁76。

廢之關。

「聖學」意指「儒學」，乃王道流傳百世，顯揚前賢德行，培育人才的重要標竿。為了發揚儒學，教化人民，當然義不容辭，朱舜水委婉的向藩主表明意願說：[35]

> 上公儻能更治善俗，經邦弘化，謹庠序之教，申孝弟之義，而為萬古之光。以僕之所聞於師者，庶或可以贊裏萬一。

於是 1670（寬文 10）年，朱舜水接下這份規劃興建學校的艱巨任務。朱氏學識淵博，精於工藝，設計大體上采自明代地方學校的建置，商榷古今，剖微索隱，設計圖案，提出一份完整的建築設計書〈學宮圖說〉，[36] 上呈水戶藩主。此圖說涵蓋了中國優良傳統的教育理想，也表現出朱氏個人的教育信念和多元的才藝。

　　人見竹洞非常關心此事，曾向朱舜水請教明倫堂的規模，表示企望之情說：[37]

> 余問明倫堂之製，翁詳說之，且自作其圖以示之。後水戶相公（按：指藩主）命良匠就翁審問堂製，而巧模其形，以分寸準丈尺作明倫堂。其丈尺許，殿寢、門階、窗戶、樓庫、兩廡各備，不違纖毫，輪奐可觀。若乃國學大興經始斯堂，悉從此形製，則中華之盛無加之乎吁！國學未興，吾儕霓望俟之。

除此，圖中建築群還設有文廟、啟聖宮、尊經閣、學舍、進賢樓、射圃、門樓、鐘鼓樓、中軍廳、旗鼓廳、金鼓亭、饌房、墻垣等殿

---

[35] 朱舜水〈答源光圀問十一條〉3，《朱舜水集》卷 10，北京：中華書局，頁 347。
[36] 朱舜水〈學宮圖說〉，《朱氏舜水談綺》卷中，上海：華東師大出版社，頁 132～304。
[37] 人見竹洞〈舜水墨談〉，《朱舜水集補遺》卷 3，臺北：學生書局，頁 195。

堂棟樑、廊廡、柱子，皆極精巧，有營造法式的架構。如依照現在的學校藍圖而言，已包括大禮堂、圖書館、各類型專業教室、學生宿舍以及操場、大門、圍牆等，在當時的日本，可謂為頗具規模的高等學府了。這份圖說，他親自口述指畫指導工匠，約而小之，經1年工夫，才完成一座比例為卅比一的大成殿木雕模型，[38]今存放在水戶水府明德會彰考館。

　　雖然，水戶藩主係幕府懿親，但興辦學校尚屬創舉，「蓋由茲事體大，當時有謙讓未遑之想。」囿於幕藩體制，所以，想以朱氏的學宮圖說為藍本，建立一所藩塾的計畫並未付諸實施。不過，1798（寬政10）年2月，幕府將軍德川家齊命老中伊豆守松平信明為總奉行，率若年寄攝津守堀田正敦等人整建昌平坂學問所孔廟，次年10月落成。其中大成殿，即依據朱舜水設計的木製模型的規模而興建。[39]這座學宮的主體構建思想保持了中國古代以祭祀空間為精神象徵，教育內涵、倫理教化功能和建築物之間有清楚的脈絡可尋的廟學合一的格局，充分展現明代學宮的建築特色。此設計圖，百餘年後竟然獲得日本幕府將軍等朝野的讚賞重視，故水戶藩第7世藩主德川治保於1801（享和元）年6月，派遣史臣立原　萬赴祠堂祭告朱舜水這項好消息。[40]之後各藩要建學宮，都倣效朱氏的設計圖

---

[38] 今井弘濟、安積　覺〈舜水先生行實〉記載：「上公乃使梓人依其圖而以木模焉，大居其三十分之一。棟梁枅椽，莫不悉備。而殿堂結構之法，梓人所不能通曉者，先生親指授之；及度量分寸，湊離機巧，教喻縝密，經歲而畢。」《朱舜水集》附錄1，北京：中華書局，頁619。

[39] 青山拙齋《文苑遺談》卷1：「寬政中，幕府命有司造昌平坂孔廟，而莫詳其制度。聞本藩有大成殿木樣，傳旨求觀。本藩具木樣上之。幕府乃倣其制度，以造大成殿。及成，幕府臨觀，嘉制度之始備。傳旨本藩賞諭焉。文公乃遣使，祭告先生廟云。」文中「幕府」，指第11代將軍德川家齊；而「文公」，指水戶藩第7世藩主德川治保。《近世儒家史料》中，東京：井田書店，頁10。又，《聖堂物語》第5，東京：斯文會，頁25～26。

[40] 彰考館員《朱舜水記事纂錄》卷2，東京：吉川弘文館，頁52。

樣。[41]

　　值得一記的是，水戶藩主德川光圀興學建校的願景，由第 9 代藩主德川齊昭於 1840（天保 11）年，依朱氏設計的建築圖樣動土興建，次年 8 月，落成開館，名曰弘道館。朱舜水費心設計的作品終於呈現不凡的樣貌，培育優秀的藩士人才，影響深遠。[42]

　　朱舜水又撰〈學校議〉一文，介紹明代學校的狀況，呈給德川藩主。他將明代全國的學校規制分為六等：1、孔子之鄉的闕里學；2、南京應天府和北京順天府的國子學；3、各省會區之學；4、府州學；5、偏僻州縣學；6、邊遠新設地區學。並評估當時水戶藩的實際情形，提出建議說：「今茲所圖，二之下，四之中也。」[43]在六等中選擇二至四等，作為建學校的藍本，勿流於簡陋。關於設置地點方面，藩主為防備國都發生變故，禍及學校，主張應建在郊外，使能垂之久遠。但是，朱舜水持不同意見，於是致書小宅生順和人見　傳，懇請代為轉達勸說：學校要建在國都，而且孔廟與學校不宜懸隔，這樣便于朔望行香及春秋丁祭等儀式的舉行，並為創下將來辦學校教育的制度。[44]後來人見竹洞寫信給朱舜水談到這件事情：[45]

　　　　建學一事，前所擇不便，以翁言其便別占一地，如前日所言
　　　　東方陽和之所起，以上公之仁風，翁之和氣，則雖為東周豈

---

[41] 黃遵憲〈日本雜事詩〉卷 1 注曰：「朱舜水客水戶，復繪其式為建學宮，諸藩效之，規模一如中土，聞會津尤閎敞。」《人境廬詩草箋注》附錄 1，上海：古籍出版社，頁 1120。

[42] 江戶幕府第 15 代將軍德川慶喜，係出身弘道館。1868（明治元）年，部份建築被戰火焚毀。日本政府於 1937（昭和 12）年，指定為國家特別史跡。1964（昭和 39）年更將館內正門、正廳及至善堂，列為重要「文化財」。

[43] 朱舜水〈學校議〉，《朱舜水集》卷 14，北京：中華書局，頁 461～462。何佑森認為朱氏這篇〈學校議〉的觀點，源自陳子龍等選輯《明經世文編》的書院。〈清代經世思潮〉，《漢學研究》第 13 卷第 1 期，頁 4。

[44] 朱舜水〈答小宅生順野傳論建聖廟書〉，《朱舜水集》卷 9，北京：中華書局，頁 322。

[45] 人見竹洞〈復朱舜水書〉，《人見竹洞詩文集》卷 2，東京：汲古書院，頁 232。

　　不得乎？三年有成者，可以期俟焉。

轉達德川藩主尊重他建學國都的建議，並期待三年以後，教育有
成，移風化俗。加賀藩主前田綱紀也計畫設立宗廟，特派五十川剛
伯來請教朱氏有關事項。[46]

　　從以上所述例證可以得知，朱舜水重視教育的理念及實際規劃
的成果表現，促進了日本教育事業的發展，也擴大了中國儒學在日
本的傳播層面。

三、提高使用漢語的水準

　　語言文字是文化的符號，是文化的載體。唯有透過語言文字為
媒介，才能瞭解不同民族的文化風貌。所以，提高外語能力，是吸
收外來文化的要件之一。

　　江戶時代的學者渴望吸收外來的知識，增廣見聞，但是，由於
德川幕府實施嚴格的鎖國政策，使他們僅能經由貿易商，接觸到由
長崎輸入的中國和荷蘭圖書資訊，時日一久，自然形成漢學與蘭學
興盛的風氣。[47]其中漢文書籍是由中國商船運抵的。依大庭　脩的
統計，在江戶時代輸入了八千多種漢籍。[48]這些漢籍輸入日本後，
又經過學者句讀，以及用片假名注音標點的覆刻（即和刻）本大量

---

[46] 朱舜水〈與藤井德昭書六首〉1 說：「加賀公欲立宗廟，令剛伯來問。」《朱舜水集》
　　卷 5，北京：中華書局，頁 105。

[47] 吉川幸次郎在〈江戶時代における外國書の輸入と覆刻〉中說明江戶時代幕府、
　　各藩積極購買、覆刻漢籍的盛況。《古典について》II，東京：筑摩書房，頁 83
　　～87。蘭學，江戶時代中期後，透過荷蘭語研究西方學術的一門學問。研究領域
　　包括醫學、數學、兵學、天文學、化學等學科，如杉田玄白所著《蘭學事始》，是
　　入門書之一。

[48] 大庭　脩《江戶時代における唐船持渡書の研究》，吹田：關西大學東西學術研究
　　所，頁 210。吉川幸次郎舉例說：「加賀百萬石の藩主前田綱紀曾經特別派人到長
　　崎買書。滿載『唐本』の船一入長崎港，就令人整船都買下來。」由此可以推想，
　　當時日本各界熱烈購買漢籍的情形。《日本漢學小史》，臺北：臺灣書店，頁 43。

刊行，因此逐漸發展出各種解讀中國文獻的方法，如訓讀、音讀、直音等不同讀法。[49]

　　名漢學家吉川幸次郎在《日本漢學小史》中指出：朱舜水對日本的貢獻之一，在於增進日本學者的中國語文能力。他舉例說：[50]

> 當時的日本人，愈來愈想廣泛地閱讀中國書，但因其很難了解，常有讀不懂的地方。就是博學的林　羅山都曾向朝鮮的使者問過基本的問題。朱舜水的來日，這些不便想來都消除了。

其中提到的林氏，係日本朱子學派代表人物，擔任幕府大學頭，學術聲望很高，據說他把當時能到手的中國書籍都讀遍了，如對譯日、漢動植物名稱，編成《多識編》；也解釋傳自中國的料理用語典故，撰《庖丁書錄》[51]等書，供人參考；更在四書五經等許多中國經典上，加上「道春點」（訓點，即句讀標點）的日本讀法，使典籍普及化。[52]然而，由吉川氏所舉出博學的林氏也有看不懂漢文的情形，應該可以真實地反映當時日本學者研讀漢籍的困難點。

　　又如文集所收日本學者向朱氏提出的問題，有許多都是淺近的字義、字音。朱舜水由於不懂日語，只能直接以唐音教學，這在當時的時空學習環境，不啻是一股空谷足音，給日本漢學界帶來研讀漢籍方式的改革。日本中村新太郎也認為：朱舜水幫助了當時如木

---

[49] 訓讀（反讀、顛讀）是指平安朝初期，利用ヲコト點；鎌倉足利時代，加上·二點、レ點的日本語　語順和語法來讀解漢文。各家讀法有別，有學者認為訓讀，給後代的日本人研讀中國書籍，增加許多麻煩。但在當時，卻不失為一種發明和貢獻，使日本人對中國書籍容易理解。1912（明治45）年，日本文部省制定公布統一的訓讀法。音讀是摹仿漢字發音（包括漢音、吳音、唐音三種）；直音（即素讀）是直接以漢語發音讀漢文。

[50] 吉川幸次郎（侯靜遠譯）《日本漢學小史》18，臺北：臺灣書店，頁56。

[51] 林　羅山《庖丁書錄》1卷，收入《日本隨筆大成》11回，東京：吉川弘文館，頁859～874。

[52] 道春點朱熹《四書集註》、《詩集傳》等刊本，於1627（寬永4）年起陸續發行。

下貞幹、山鹿素行等有名的學者閱讀著作、研究問題。[53]

　　其實，朱舜水剛到日本時，不懂日語，為無法直接與日本友人溝通而困擾過，如在〈與奧村庸禮書廿二首〉3 感歎說：[54]

> 無限心中事，欲一為傾瀉，及至相逢，輒復吞噎。總之，語言不便，而書文不同，又不可託之傳說耳。故相見時多耿耿不可言者。既不與言，可與言者又不得與之言。四海漂零，形影相弔，一至於斯，如何可言？

因語言不通，而無法傾訴內心的感受，倍增孤寂的情懷。又告訴奧村氏說：「不佞事無一不可對人言，奈無可言之人，不得不結舌茹蘗耳。即遇可言之人，要須假口舌於人，則終無可言之時也。」[55]表示要借助譯者來談話，即使遇到想交談的對象，也不能暢所欲言。後來在給小宅生順的信中，提起曾在藩主面前碰過尷尬的情景，謂：「……譯者之言，弟不能解。但言四人皆大名公，並李崆峒立朝骨鯁之狀，譯者又不能達。」[56]朱舜水對這種凡事都須透過譯者表達，甚至無法使對方充分理解的困境，感到不方便。

　　首先，朱舜水以筆談方式溝通。

　　日本儒者都精通漢文，所以，筆談的方式溝通問答，是雙方都能接受的交涉管道。人見竹洞曾向小宅生順說：[57]

> 項日朱舜水應水戶之招，遠自崎港來，足下往歲既已面接，今猶心熟矣。僕一兩會悟，我以筆為舌，他以眼為耳，每相對杳然如泛虛舟而已。

---

[53] 中村新太郎(張柏霞譯)《中日二千年》，臺北：文鏡文化公司，頁299。

[54] 朱舜水〈與奧村庸禮書廿二首〉3，《朱舜水集》卷8，北京：中華書局，頁257。

[55] 朱舜水〈答奧村庸禮書十二首〉7，《朱舜水集》卷8，北京：中華書局，頁271。

[56] 朱舜水〈與小宅生順書三十六首〉27，《朱舜水集》卷9，北京：中華書局，頁308。

[57] 人見竹洞〈寄小宅生順書〉，《朱舜水集補遺》卷1，臺北：學生書局，頁123。

這是朱氏應水戶藩主德川氏之聘，自長崎到江戶時，人見氏初次跟朱氏認識見面，言語有所隔閡，見面卻無法充分溝通的寫照。如小宅生順的《西遊手錄》、人見竹洞的《舜水墨談》，都是留傳至今難得的資料。前者是 1664（寬文 4）年，小宅氏奉命赴長崎訪求儒者時，與朱舜水筆談 6 次的記錄。而後者係 1665（寬文 5）年，朱舜水應聘到江戶，與江戶幕府儒臣人見竹洞相交 18 年的部份筆談內容。

其次，朱舜水直接以漢語原音教導學生。

朱氏直接以漢語吟誦漢文，門人安積　覺、今井弘濟、五十川剛伯、服部其衷等人，都得到不錯的成績。朱舜水在答奧村庸禮的信上稱讚服部其衷說：[58]

> 儘能記誦，音聲亦不異唐人之子，甚清亮。近日學語，譬如雛鶯，亦間關可聽，漸能作譯人。

肯定服部氏的學習效果顯著，發音正確，將可以擔任通譯。而安積覺 40 歲時回憶當年學習漢語的情形說：[59]

> 覺自十三歲春，師事文恭，……今犬馬之齒將頹，而學業不成。今所存者，稍辨華音一事，由其課程嚴峻，晨讀夕誦，故至今不忘耳。

經朱氏嚴格的教導，奠定安積氏良好的華語程度。因此，梁容若說：「安積　覺的漢文所以傑出于德川時代，就因為他少年從朱舜水受句讀，放棄了日本回環顛倒的訓讀法。」[60]肯定朱氏直接用漢語研

---

[58] 朱舜水〈答奧村庸禮書十二首〉9，《朱舜水集》卷 8，北京：中華書局，頁 273。

[59] 安積　覺〈朱文恭遺事〉，《朱舜水集》附錄 1，北京：中華書局，頁 625。

[60] 梁容若〈漢文與日文的比較研究〉，《中日文化交流史論》，北京：商務印書館，頁 52。

讀經典的教育方式，培養出他優異的漢文水準。

儒者雨森芳洲探聽過朱氏另一位門人今井氏，當年使用華語的概況說：[61]

> 今井小四郎從幼親炙朱之瑜，後為水戶府文學，深通唐音，做文敏捷。余少年時問其弟子曰：『四郎讀書專用唐音耶？』答曰：『固用唐音，訓讀亦不廢。』意者，此乃學唐人中之傑然者也。

雨森氏是木下貞幹的得意門生之一，而木下氏為朱舜水的友人，所以，文中所記載今井氏精通「唐音」，文思敏捷的造詣，應屬可信的事例。

間接而言，這種風氣逐漸流傳，加上主張唐音直讀的古學派荻生徂徠等學者大力推動，使直讀漢文的方式得以被日人接受。1716（享保元）年，在長崎聖堂設唐韻勤學會，教導漢語，培育不少人才，形成學習漢語的重鎮。

第三，朱舜水解說大量漢語詞彙的意義，促進中、日間文化的理解與交流。

德川幕府為了吸收、瞭解中國文物，多方派人向前來日本的中國人士詢問確定動植物的漢名，即進行名稱比定工作，當時稱為「同定」研究。[62]這方面，朱舜水留下了不錯的成果，如由今井弘濟分類記錄，朱氏解說的事物名稱語詞，有天地 57、居處 72、人倫 106、

---

[61] 雨森芳洲《橘窗茶話》卷下，東京：日本隨筆大成刊行會(第 2 期第 4 卷)，頁 409。

[62] 大庭　修說：「享保 11 年 8 月，岐來又奉幕府之命，與朱來章一起回答魚貝 145 種、植物 34 種、鳥獸 13 種的漢名，即進行了動植物的日、漢比定工作。」文中「岐來」，是指應聘來日本行醫的周岐來。於 1726（享保 11）年 8 月，2 人將回答的內容，輯為《周朱復言》。此書可作為朱舜水對漢、日文辭彙比定工作貢獻的佐證。《江戶時代中國典籍流播日本之研究》附篇第 1 章，杭州：杭州大學出版社，頁 449。

形體 95、衣服 150、飲食 68、寶貨 27、器用 267、禽獸 83、鱗介
94、米穀 62、草木 133，凡 12 類 1214 詞，漢和並記，間有說明，
經安積　覺彙整編入《舜水朱先生談綺》卷下，[63]含括日常生活所
需的詞彙，使日本學者克服了閱讀漢籍上的難題。另外，偶而有人
詢問方言的詞彙，朱氏都會就所知舉例加以說明，如答覆人見竹洞
說：[64]

> 來教「坏撲了」，乃方言也，坏音醅，即土墼也，撲而易壞，
> 故云然耳。然於他用，亦或有不用者。前於上公所，曾言宋
> 儒語錄多用方言，政謂此等。恐須以原文相示，殆確。宋儒
> 多豫人，方言多豫語，裹足即行滕也，乃不前之意。

信中除了解釋詞彙意義之外，也提出「宋儒語錄多用方言」的看法，
所以，張載（1020～1077）、二程子、朱熹等人作品中使用的文字帶
有豫州語言。安積　覺〈朱文恭遺事〉中也列出他說明「長工」、「黃
桑」、「木犀雨」、「光棍」、「老棍」等各地用語的意義。[65]日本朱子學
派名儒新井白石著《東雅》，所引用朱舜水關於果蓏樹竹，禽鳥鱗介
的名物解釋，大抵出於《舜水朱先生談綺》和文集「問答」部份。[66]
又如朱氏門人酒泉　弘著有《明語要錄》、《助語考》、《達而和名》
諸書，主要也是得到朱舜水的教導啟發。寬政三博士之一尾藤二洲

---

[63] 朱舜水《朱氏舜水談綺》卷下，上海：華東師範大學出版社，頁 325～430。
[64] 朱舜水〈答野節書二十八首〉26，《朱舜水集》卷 8，北京：中華書局，頁 231。
又，在〈答野節問三十一條〉有二條相關的記載，其一，人見氏問：「裹腳者古所
謂偪者乎？」朱氏答說：「偪也，縛也，行滕也，邪幅也，同是此物。」其二，人
見氏問：「行纏何物？」朱氏答說：「行纏者，俗名搭膊，又曰料繳。邪縫之，可
大可小，即橐也。」這也是解釋詞義的例證。引同上，頁 392。
[65] 安積　覺〈朱文恭遺事〉，《朱舜水集》附錄 1，北京：中華書局，頁 627。
[66] 周作人〈關於朱舜水〉說：「近來偶閱新井白石的《東雅》，見其中常引舜水說，
以關於果蓏樹竹，禽鳥鱗介各門為多，有些注明出於《朱氏談綺》。」《藥味集》，
臺北：里仁書局，頁 2。《東雅》收入市島謙吉編校《新井白石全集》第 4，有安
積　覺序。東京：吉川半七發行，1906（明治 39）年刊。

（1745～1813）在所著《冬讀書余》中引了朱舜水答覆吉弘元常問：「『唱喏』字義如何？」的筆語。[67]石原道博根據這項記載，判斷尾藤氏閱讀過朱氏的作品。[68]

　　從以上 3 點說明，即可以瞭解，十七世紀朱舜水在日本，以漢語傳播中華文化的樣貌，對擴充日語詞彙、充實其文化內涵都有貢獻。因此，譚汝謙（1941～）將 1660（萬治 3）年作為中、日兩國之間譯書史的起點，[69]是有其根據的。

---

[67] 尾藤二洲《冬讀書余》卷 1，關儀一郎編《日本儒林叢書第 2 冊隨筆部》2，東京：東洋圖書刊行會，頁 14。

[68] 石原道博〈朱舜水十二考〉6，《茨城大學文理學部紀要》第 15 號，頁 5。

[69] 譚汝謙〈近三百年中日譯書事業與文化交流〉，《近代中日文化關係研究》，香港：日本研究所，頁 107。

潛水在日本的活動及其歷程研究

結　論

　　文化交流乃國際間促進了解，文明進步的重要管道。中、日兩國之間，由於地緣接近，故歷代的文化交流活動頻繁且多元。

　　十七世紀中葉，明、清鼎革之際，中國士人義不帝秦，避往東瀛的，不乏術有專攻的飽學之輩，而朱舜水是比較有系統地將中華儒家思想、學校教育、釋奠禮儀、文物制度、語文等，介紹到日本的學者。他個性耿介，為人剛毅，威武不屈，貧賤不移，崇尚慷慨氣節，一生穿著明朝衣冠，志切恢復故國，臨終猶以「明徵君」自誓，莊敬守禮，一本乎誠，崇高的人格，贏得當時日本儒學界人士的敬重。

　　他一生嚴以自持，發於言必徵於行，毫無矯飾，留給後人的印象是一位白髮蒼蒼、深藏若虛、孤獨高潔的儒者。[1]是故清黃遵憲《日本雜事詩》（七絕）詩曰：[2]

> 海外遺民竟不歸，老來東望淚頻揮；終身恥食興朝粟，更勝西山賦〈采薇〉。

描述朱氏忠心與孤寂的晚年心境，而不願屈服異族統治的信念，大義凜然的氣概，至死無悔，可以媲美伯夷、叔齊的表現。

　　朱舜水在日本之所以能作出這麼大的貢獻，可以說是外在（時

---

[1]　朱舜水〈答小宅生順書十九首〉11 說：「弟非中國中興與胡塵迅掃，終無歸理。」《朱舜水集》卷 9，北京：中華書局，頁 318。又，朱舜水〈寄安東省庵筆語〉8 說：「今有四十年不著棋，比十八九歲低十子。詩尚不做，以其妨工也。」《朱舜水集補遺》卷 2，臺北：學生書局，頁 156。這二句話可以作為佐證。

[2]　黃遵憲《日本雜事詩》卷 1，錢仲聯《人境廬詩草箋註》附錄 1，上海：古籍出版社，頁 1120。

代背景）和內在（個人學養）兩種因素配合而成的。

就外在因素而言，朱舜水不幸遭遇朝綱蕩然的明末局勢，他雖盡力匡救而終遭失敗，不得已乃浮海避難，使他有海外遇知己的機緣；更巧的是他來到日本時，適逢德川幕府大力鼓吹儒學，禮聘碩學儒者，指定朱子學說為官學；且興建學校，人民的求知慾提高。在如此天時、地利、人和的環境中，朱舜水的思想內涵，就自然而然的深植在日本有識之士的心中。

就內在因素而言，由於他的氣節不凡，篤學力行，德業圓融，亦懂得實務技藝，使日本朝野人士推崇不已。如朱舜水數度向入室弟子安東守約吐露的心聲說：[3]

> 若使聖道得行，能為日本立萬世之功，除萬世之害，則不必急於死。

他用生命具現了北宋張載「為天地立心，為生民立命，為往聖繼絕學，為萬世開太平」的偉大襟懷。所以，促成了水戶藩主德川光圀禮賢下士，採納小宅生順的推薦，肯定朱舜水崇高的才德文行，待以賓師之禮，[4]於是朱舜水順理成章有機會與江戶各界，如水戶學派、日本朱子學派、古學派代表人物及幕府官員，作良好的互動，進而有思想上的交流與啟迪；也教導門生達 17 名，傳承思想。[5]與朱舜水交往過的人物，依職務而分，有領導一方的藩主，也有幕府、各藩的儒臣，以及學德兼備的儒者；就所屬地區而言，除了江戶、

---

[3] 朱舜水〈寄安東省庵筆語〉，《朱舜水集補遺》卷 2，臺北：學生書局，頁 155。

[4] 水戶藩主德川光圀也曾接觸心越、張斐 2 人，但是，他們所受到的禮遇則遠不如朱舜水。

[5] 石原道博《朱舜水》第三〈朱舜水論〉謂：依《文集》統計，他的日本知友、弟子凡 60 餘位。東京：吉川弘文館，頁 234。然而，經統計《文集》（中華本）中出現的朱氏日本友人凡 84 位（含水戶藩主德川氏父子）、弟子凡 17 位，參見本書第貳章附表三，頁 124-129。

水戶的儒者之外，還有來自加賀藩金澤、柳川藩筑後、平安等地的，因此，對日本的學術文化產生了深遠的影響。

綜而言之，我們可以列出以下的結論：

1. 他一生以儒家思想為立身處世的原則，以誠為本，無論在形式上與精神上一點都不含糊，足為典範，畏友人見竹洞贊美說：「余與先生一遭而觀其志，交之而尚其賢。」[6]這是朱氏為人風格十分貼切的寫照。

2. 主張實理實學，「道」就在民生彝倫之間。朱氏向日本友人、門生廣泛介紹了華夏的政治制度、文物制度，同時還傳授建築工程、農藝園林以及衣冠裁製等多項技藝。給久亂初治的幕藩體制下，各種文物制度的建立帶來相當大的啟發。

3. 對日本江戶時代學術發展有多元化的貢獻。一般而言，日本吸收外來文化，是有選擇性的，其選擇的標準即依是否適合當時的國情而定。朱舜水因緣際會將中華文化傳播到日本，在中、日文化交流史上，留下不朽的一頁；如「大義名分」說，更成為二百年後日本明治維新的一粒種子。[7]故梁啟超以「畸儒」稱之。[8]朱舜水不凡的表現，正印證了在長崎認識的友人黃檗宗明僧化林對他的深切期許，化林說：[9]

> 恭惟老兄振洙泗于殊俗，續雅道于斯世，東關嚮作，木鐸殼傳，弟雖處方外，能不遠沾德意哉？但改德易轍持之以漸，制禮作樂勿泥於古，使天下之人知有吾儒之教。不炫俗亦不駭俗，斯則盡善盡美，不負老兄大振起一番也。

[6] 人見竹洞〈舜水朱先生贊〉，《人見竹洞詩文集》卷2，東京：汲古書院，頁323。
[7] 蘇峰學人《《德川幕府上期思想篇》刊行に就て》，德富豬一郎《德川幕府上期思想篇》，東京：民友社，頁3、7。
[8] 梁啟超《中國近三百年學術史》7，臺北：臺灣中華書局，頁73～84。
[9] 化林〈寄朱舜水書〉，《朱舜水集補遺》卷1，臺北：學生書局，頁68。

殷殷致意，叮嚀以發揚儒學思想為務，臻於美善的境界。

4. 處心積慮，費盡十數年歲月高舉抗清復明的大纛，力圖恢復，雖然受到挫折，終不遂願，仍堅持到底，這種以社稷安危為己任的表現，使學界迄今仍由衷仰慕；其淵博學識與冰清玉潔的人格，使中、日有識之士，永懷不已。

朱舜水奉獻 38 年的歲月，為恢復故國，乃至在日本發揚儒家思想而奮鬥不懈的情操，可說是位具有讀書人本色，人格、學識都令人景仰的「大丈夫」，其生命光輝照耀在十七世紀日本儒學史和中日文化交流發展史上，垂範後世。

參 考 文 獻

（依編著者姓氏筆劃排列）

一、朱舜水作品

朱謙之整理，1981　《朱舜水集》　北京：中華書局。（中華本）

安積　覺編，1988　《朱氏舜水談綺》　上海：華東師大出版社。（復刻本）

馬　浮編，1956　《朱舜水全集》　臺北：世界書局。（馬浮本）

徐興慶編，1992　《朱舜水集補遺》　臺北：臺灣學生書局。（補遺本）

高須芳次郎編，1933　《朱舜水篇》（水戶學全集 4 附）　東京：日東書院。

高須芳次郎編，1940　《朱舜水集抄》（水戶學大系 6 附）　東京：井田書店。

許嘯天編，1935　《朱舜水集》（選集）　上海：群學社。

臺銀經研室編，1963　《朱舜水文選》　臺北：臺灣銀行。（臺灣文獻叢刊 182）

稻葉君山編，1912　《朱舜水全集》　東京：文會堂書店。（稻葉本）

佚名，未署年代　《舜水先生外集附遺文》　寫本（線裝五冊，東洋文庫藏 IV/2-E/809）

二、史料

（一）中文

王　韜著，1971　　《扶桑遊記》　　臺北：文海出版社。

左丘明撰，1972　　《左傳》　京都：中文出版社影印十三經注疏本。

朱　熹集註，1969　　《四書集註》　　臺北：世界書局。

全祖望著，1977　　《鮚埼亭集》　　臺北：華世出版社。

李之藻撰，1970　　《頖宮禮樂疏》　　臺北：國立中央圖書館。

邵廷采著，1987　　《思復堂文集》　　杭州：浙江古籍出版社。

周炳鱗纂修，1982　　《餘姚縣誌》　　臺北：成文出版社。

周作人著，1982　　《周作人先生文集》　　臺北：里仁書局。

周樹人著，1989　　《魯迅作品全集》　臺北：風雲時代出版公司。

范　曄撰，1975　　《後漢書》　　臺北：新文豐出版公司。

孫希旦集解，1984　　《禮記集解》　　臺北：文史哲出版社。

章學誠著，1973　　《章氏遺書》　　臺北：漢聲出版社。

康有為著，1972　　《康南海文集》　　臺北：文海出版社。

陳子龍等選輯，1962　　《明經世文編》　　北京：中華書局。

陳智超編，1994　　《旅日高僧東皋心越詩文集》　　北京：中國社會
　　科學出版社。

國史館纂修，1986　　《清史稿校註》　　臺北：國史館。

黃宗羲著，1974　　《明儒學案》　　臺北：河洛出版社。

　　　　　1975　　《宋元學案》　　臺北：河洛出版社。

黃遵憲著，1981　　《日本雜事詩》　　上海：古籍出版社。

歐陽修等撰，1978　　《唐書》　　臺北：新文豐出版公司。

羅大經著，1968　　《鶴林玉露》　　臺北：臺灣開明書店。

（二）日文

人見竹洞著，1991　《人見竹洞詩文集》　東京：汲古書院。

小宅生順撰，1914　《西遊手錄》　東京：吉川弘文館。

山鹿素行著，1916　《山鹿素行全集》　東京：帝國教育學會。

木下貞幹著，1970　《恭靖先生遺稿》　東京：續續群書類從完成會。

今井宇三郎等編，1973　《水戶學》　東京：岩波書店（日本思想大系 53）。

五弓久文編，1978　《事實文編》　東京：ゆまに書房。

水戶藩史料頒布所編，1917　《水戶藩史料別記》　東京：吉川弘文館。

田邊茂雄編，1928　《長崎實錄大成》　長崎：長崎文庫刊行會。

安積　覺著，1970　《澹泊齋文集》　東京：續續群書類從完成會。

早川純三郎等編，1928　《日本隨筆大成》　東京：吉川弘文館。

伊藤維楨著，1970　《古學先生文集》　東京：岩波書店。

朱舜水記念會編，1912　《朱舜水》　東京：朱舜水記念會事務所。

雨谷　毅編，1928　《義公と朱舜水との關係資料》（1～3）　水戶：彰考館。

雨森芳洲著，1928　《橘牕茶話》　東京：日本隨筆大成刊行會。

佐藤直方著，1991　《韞藏錄》　臺北：新文豐出版社（叢書集成續編）。

物質高見等編，1976　《廣文庫》　東京：名著普及會（復刻版）。

青山　勇撰，未署年代　《朱文恭遺事》　稿本（日本國會圖書館古典籍資料室藏 827 函 69 號）。

原　念齋著、源　了圓等譯注，1994　《先哲叢談》　東京：平凡社（東洋文庫 574）。

栗田　寬著，1896　《天朝正學》　東京：國光社（日本國會圖書館藏 YDM01・44・9）。

栗山　愿著，1991　《弊帚集》　臺北：新文豐出版公司（叢書集
　　成續編）。

高須芳次郎編，1933　《水戶義公、烈公集》　東京：日東書院（水
　　戶學全集4）。

　　1940　《安積澹泊集》　東京：井田書店（水戶學大系6）。

彰考館輯，1914　《朱舜水記事纂錄》　東京：吉川弘文館（日本
　　國會圖書館藏344・433）

齊藤德太郎編，1943　《近世儒林編年志》　東京：全國書房。

德川光圀修，1937　《大日本史》　東京：春陽堂書店。

關儀一郎編，1942　《近世儒家史料》（上、下）　東京：井田書
　　店。

三、專書

（一）中文

大庭　修著（戚印平、王勇、王寶平譯），1998　《江戶時代中國
　　典籍流播日本之研究》　杭州：杭州大學出版社。

丸山真男著（王中江譯），2000　《日本政治思想史研究》　北京：
　　生活、讀書、新知三聯書店。

土中田著，1994　《江戶時代日本儒學研究》　北京：中國社會科
　　學出版社。

王進祥著，1976　《朱舜水評傳》　臺北：臺灣商務印書館。

王輯五著，1981　《中國日本交通史》　臺北：臺灣商務印書館。

王瑞生著，1982　《朱舜水其人及其影響》　臺北：華正書局。

　　1987　《朱舜水學記》　臺北：漢京文化公司。

王家驊著，1990　《儒家思想與日本文化》　浙江：人民出版社。

王　茂等著，1992　《清代哲學》　安徽：人民出版社。

王曉秋著，1994　《中日文化交流史話》　臺北：臺灣商務印書館。

木宮泰彥著（陳捷譯），1973　《中日交通史》　臺北：三人行出版社。

中村新太郎著（張柏霞譯），1986　《中日二千年》　臺北：文鏡文化公司。

石田一良著（王勇譯），1994　《文化史學：理論與方法》　臺北：淑馨出版社。

朱重聖主編，1981《中國之文化復興》　臺北：中國文化大學出版部。

朱謙之著，2000　《日本的朱子學》　北京：人民出版社。

　　　　2000　《日本的古學及陽明學》　北京：人民出版社。

朱雲影著，1981　《中國文化對日韓越的影響》　臺北：黎明文化公司。

朱力行著，1982　《朱舜水的一生》　臺北：世界書局。

吉川幸次郎著（侯靜遠譯），1970　《日本漢學小史》　臺北：臺灣書店。

牟宗三著，2003　《牟宗三全集》　臺北：聯經出版公司。

何冠彪著，1991　《明末清初學術思想研究》　臺北：臺灣學生書局。

　　　　1996　《明清人物與著述》　臺北：臺灣商務印書館。

　　　　1997　《生與死：明季士大夫的抉擇》　臺北：聯經出版公司。

宋越倫著，1953　《朱舜水傳》　臺北：中央文物供應社。

　　　　1966　《中日民族文化交流史》　臺北：正中書局。

李　嘉著，1981　《東瀛人物逸事》　臺北：四季出版公司。

李則芬著，1970　《中日關係史》　臺北：臺灣中華書局。

李威周著，1992　《中日哲學思想論集》　山東：齊魯書社。

李甦平著，1989　《轉機與革新：論中國畸儒朱之瑜》　北京：中國人民大學出版社。

　　　1992　《聖人與武士：中日傳統文化與現代化之比較》　北京：中國人民大學出版社。

　　　1993　《朱舜水》　臺北：東大圖書公司。

　　　1998　《朱之瑜評傳》　南京：南京大學出版社。

町田三郎、潘富恩編，2003　《朱舜水與日本文化》　北京：人民出版社。

林仁川著，1987　《明末清初私人海上貿易》　上海：華東師大出版社。

侯外廬著，1956　《中國思想通史》　北京：人民出版社。

馬厄利爾‧詹遜著（吳偉明譯），1996　《德川日本》　臺北：前衛出版社。

高明士著，1986　《日本古代學制與唐制的比較研究》　臺北：學海出版社。

梁啟超著，1969　《中國近三百年學術史》　臺北：臺灣中華書局。

　　　1972　《中國歷史研究法（附補編）》　臺北：臺灣中華書局。

　　　1981　《朱舜水先生年譜》　臺北：臺灣商務印書館。

梁容若著，1956　《中國文化東漸研究》　臺北：中華文化出版事業委員會。

　　　1985　《中日文化交流史論》　北京：商務印書館。

張立文等編，1998　《中日文化交流的偉大使者──朱舜水研究》　北京：人民出版社。

張其昀等著，1985　《中日文化論集》（續編）　臺北：中華文化出版事業委員會。

張舜徽撰，1982　《清人文集別錄》　臺北：明文書局。

張鶴琴著，1987　《日本儒學序說》　臺北：明文書局。

郭　垣著，1964　《朱舜水》　臺北：正中書局。

陳立夫編，1972　《孔子學說對世界之影響》第 2 輯　臺北：復興書局。

陳殿忠等著，1991　《中日交流史中的華僑》　遼寧：人民出版社。

陳德清著，1976　《朱舜水之生平及其思想》　臺中：省立臺中師專。

陶　清著，1997　《明遺民九大家哲學思想研究》　臺北：洪葉文化公司。

許政雄著，1993　《日本儒學史概論》　臺北：文津出版社。

黃源典著，1991　《朱舜水及其學術思想》　臺北：東大圖書公司。

童長義著，1993　《神儒交涉──江戶儒學中「誠」字的思想研究》　臺北：商鼎文化出版社。

楊向奎著，1985　《清儒學案新編》第 1 卷　濟南：齊魯書社。

新渡戶稻造著（蘇癸珍譯），1982　《武士道》　臺北：協志出版社。

樊和平著，1995　《儒學與日本模式》　臺北：五南出版公司。

賴橋本著，1978　《朱之瑜》　臺北：臺灣商務印書館。

戴季陶著，1954　《日本論》　臺北：中央文物供應社。

戴瑞坤著，1981　《陽明學說對日本之影響》　臺北：中國文化大學出版部。

鍾屏蘭著，1989　《朱舜水研究》　高雄：復文書局。

譚汝謙著，1988　《近代中日文化關係研究》　香港：日本研究所。

蘇尚耀著，1985　《跟日本史有關的中國人》　臺北：自印本。

羅伯特‧N‧貝拉著（王曉山等譯），1994　《德川宗教：現代日本的文化淵源》　香港：牛津大學出版社。

（二）日文

一瀨灸吉著，1938 《誠》 大阪：文友堂書店。

小松原濤著，1962 《陳元贇の研究》東京：雄山閣。

大久保一龍著，1935 《德川光圀と水戶學》 東京：大同館。

山口 修著，1996 《日中交涉史──文化交流の二千年》 東京：東方書店。

久保得二著，1904 《近世儒學史》 東京：博文館（帝國百科全書第 172 編）。

上垣外憲一著，1989 《雨森芳洲》 東京：中央公論社。

中山久四郎著，1935 《日本文化と儒學》 東京：刀江書院。

中川竹洞編，1938 《勤王讀本》 東京：大都書房。

井上哲次郎著，1921 《日本朱子學派之哲學》 東京：富山房。

　　　　　　1921 《日本古學派之哲學》 東京：富山房。

今關天彭著，1933 《日本流寓の明末諸士》 北京：今關研究室。

內山知也等著，1990 《湯島聖堂と江戶時代》 東京：斯文會。

王家驊著，1988 《日中儒學の比較》 東京：六興出版社。

日本學協會編，1957 《大日本史の研究》 東京：立花書房。

本多文雄著，1936 《水戶學の淵源》 水戶：弘文社。

石田一良著，1960 《伊藤仁齋》 東京：吉川弘文館。

石原道博著，1945 《明末清初日本乞師の研究》 東京：富山房。

　　　　　　1989 《朱舜水》 東京：吉川弘文館。

立林宮太郎著，1917 《水戶學研究》 東京：國史研究會。

伊東利男著，1901 《明治の茨城》第 2 卷 東京：千秋社。

伊藤千真三著，1936 《水戶學精神》 東京：進教社。

名越時正著，1971 《水戶學の道統》 水戶：鶴屋書店。

　　　　　　1975 《水戶學の研究》 京都：神道史學會。

　　　　　　1984 《水戶史學先賢傳》 水戶：錦成社。

　　　　　　1985 《水戶光圀とその餘光》 水戶：水戶史學會。

1991　新版《水戶光圀》　水戶：水戶史學會。

1992　《水戶學の達成と展開》　水戶：水戶史學會。

吉川幸次郎著，1966　《古典について》　東京：筑摩書房。

安積　覺著，1991　《澹泊史論》　臺北：新文豐出版公司（叢書集成續編）。

百川　元著，1940　《水戶論語》　東京：教材社。

西村文則著，1936　《水戶學再認識》　東京：長谷川書房。

1941　《水戶學入門》　東京：長谷川書房。

但野正弘著，1991　《佐佐介三郎宗淳》　水戶：水戶史學會。

杉村英治著，1989　《望鄉の詩僧：東皋心越》　東京：三樹書房。

岩橋遵成著，1927　《近世日本儒學史》　東京：寶文館（倫理叢書第六編）。

1969　《徂徠研究》　東京：名著刊行會。

武內義雄著，1939　《儒教の精神》　東京：岩波書店。

松本三之介著，1984　《近世日本の思想像：歷史的考察》　東京：研文出版。

松本純郎著，1945　《水戶學の源流》　東京：朝倉書店。

雨谷　毅著，1915　《彰考館總裁略傳》　東京：箒文社。

肥後和男著，1973　《水戶學と明治維新》　水戶：常盤神社社務所。

阿部吉雄等撰，1975　《日本の朱子學》　東京：明德出版社（朱子學大系 13）。

柳川山門三池教育會編，1977　《柳川人から見た安東省庵とその著『三忠傳』》　柳川：山門三池教育會。

津田左右吉著，1938　《支那思想と日本》　東京：岩波書局。

若林喜三郎著，1986　《前田綱紀》　東京：吉川弘文館。

徐興慶著，1997　《近世中日文化交流史の研究》　福岡：自印本。

高須芳次郎著，1935 《水戶學の新研究》 東京：明治書院。

　　　1936 《水戶學派の尊皇及び經綸》 東京：雄山閣。

　　　1942 《水戶學派の人人》 東京：大東出版社。

　　　1943 《近世日本儒學史》 東京：越後屋書房。

　　　1943 《水戶學講話》 東京：今日問題社。

深作安文著，1940 《水戶學要義》 東京：目黑書店。

野口武彥著，1967 《德川光圀》 東京：朝日新聞社。

　　　1979 《江戶の歷史家》 東京：筑摩書房。

菅　端友著，1927 《弘道館記述義詳解》 東京：藤田東湖先生著文刊行會。

菊池謙二郎著，1943 《水戶學論藪》 東京：誠文堂新光社。

黑野吉金著，1994 《幕末、維新期における水戶學の位置──尊皇思想を中心に》 東京：日本橋研究所。

源了　圓著，1973 《德川思想小史》 東京：中央公論社。

　　　1980 《近世初期實學思想の研究》 東京：創文社。

鈴木三八男著，1989 《日本の孔子廟と孔子像》 東京：斯文會。

　　　1989 《聖堂夜話》 東京：斯文會。

　　　1989 《聖堂物語》 東京：斯文會。

福田耕二郎著，1991 《水戶彰考館─その學問と成果─》 水戶：水戶史學會。

福島政雄著，1944 《近世先哲の教育と思想》 東京：藤井書店。

菰口　治等著，1985 《安東省庵、貝原益軒》 東京：明德出版社。

德川公繼宗七十年祝賀記念會編，1939 《近世日本の儒學》 東京：岩波書店。

德富豬一郎著，1936 《德川幕府（上期・下卷）思想篇》 東京：民友社。

瀨谷義彥著，1940 《水戶學の史的考察》 東京：中文館書店。

　　1985 《水戶の光圀》 水戶：茨城新聞社。

四、期刊（學位）論文

（一）中文

山室三良（邱棨鐬譯），1975 〈安東省庵其人其學及其詩〉 《華學月刊》第 47 期，頁 23～30。

王中田，1992 〈江戶時代日本儒學研究（論綱）〉 《中國文化月刊》第 149 期，頁 30～45。

王金林，1983 〈朱舜水的"實理實學"思想及其對水戶學派的影響〉 《延邊大學學報》東方哲學研究專號，頁 79～87。

王　恢，1954 〈朱舜水先生之生平〉 《人生》（香港）第 93 號，頁 10～13。

王家儉，1989 〈晚明的實學思想〉 《漢學研究》第 7 卷第 2 期，頁 279～302。

王賓客，1954 〈朱舜水之民族思想及其學旨〉 《大陸雜誌》第 8 卷第 8 期，頁 17～21。

王　煜，1982 〈《朱舜水集》札記〉 《華學月刊》第 125 期，頁 16～20。

　　1982 〈讀《李贄集》和《朱舜水集》〉 《中華文化復興月刊》第 15 卷第 7 期，頁 62～65。

王鳳賢，1994 〈朱舜水教育思想簡評〉 《浙江學刊》第 88 期，頁 107～108。

　　1995 〈朱舜水政治思想概述〉 《浙江學刊》第 90 期，頁 114～115。

1995 〈評朱舜水的倫理道德思想〉 《浙江學刊》第 92 期，頁 115～116。

1996 〈評朱舜水的學術思想傾向〉 《浙江學刊》第 96 期，頁 116～118。

毛子水，1955 〈朱舜水先生學行略識〉 《中日文化論集》2（臺北：中華文化出版事業委員會），頁 1～14。

古清美，1982 〈朱舜水〉 《中國歷史人物廣播講座專集》（臺北：教育部），頁 227～231。

田原 剛，1978 〈朱舜水研究〉 國立臺大中研所碩士論文。

石原道博（吳友仁譯），1967 〈關於所謂「明歸化人舜水尺牘」〉 《中日文化論集》（臺北：中華大典編印會），頁 305～323。

朱力行，1976 〈朱舜水傳〉 《餘姚史料》第 1 期，頁 33～34。

1977 〈朱舜水頌德碑在日本揭幕〉 《餘姚史料》第 2 期，頁 153～157。

朱謙之，1982 〈朱舜水與日本〉 《中日文化交流史論文集》（北京：人民出版社），頁 189～194。

成岳沖，1997 〈論朱舜水的思想體系〉 《江漢論壇》第 1 期，頁 50～54。

何佑森，1991 〈明末清初的實學〉 《臺大中文學報》第 4 期，頁 37～51。

1995 〈清代經世思潮〉 《漢學研究》第 13 卷第 1 期，頁 1～14。

吳東權，1959 〈啟發日本近代文化的朱舜水〉 《教育與文化》第 222 期，頁 33～38。

吳明嘉，1990 〈朱舜水及其對日本之貢獻〉 《屏中學報》第 1 期，頁 28～38。

李甦平，1983 〈朱之瑜的哲學思想及其對日本哲學的影響〉 《社

會科學輯刊》第 3 期，頁 21～26。

　　1989　〈論朱舜水的實踐哲學思想〉　《國文天地》第 5 卷第
　　3 期，頁 54～57。

李興盛，1979　〈朱舜水及其在日本〉　《黑龍江大學學報》（哲
　　學社會科學版）第 2 期，頁 130～131。

杜元載，1963　〈朱舜水與日本文化〉　《青年學術年會論文集》
　　（臺北：幼獅文化公司），頁 149～152。

余崇生，1994　〈朱舜水對日本儒學的影響〉　《鵝湖》第 19 卷
　　第 8 期，頁 38～43。

近藤朋子，1988　〈日本朱子學與藤原惺窩之思想〉　國立臺灣師
　　大國研所碩士論文。

林俊宏，1998　〈朱舜水詩析論〉　《永達工商專學報》第 11 期，
　　頁 50～60。

施溪潭，1966　〈明末流寓日本的大儒──朱舜水〉　《古今談》
　　第 22 期，頁 9～10。

胡行之，1936　〈朱舜水之海外因緣〉　《越風》第 13 期，頁 23
　　～26。

韋祖輝，1985　〈明遺民東渡述略〉　《明史研究論叢》第 3 輯　江
　　蘇：古籍出版社，頁 302～317。

　　1992　〈朱舜水與日本德川時代惺窩學派分化〉　《中國史研
　　究》第 2 期，頁 88～96。

馬　瀛，1912　〈明朱舜水先生言行錄〉　《東方雜誌》第 10 卷
　　第 2 號，頁 13～18。

翁志鵬，1992　〈經邦弘化，康濟艱難─紀念朱舜水逝世 310 周年〉
　　《杭州大學學報》第 22 卷第 2 期，頁 83～90。

翁咸新，1973　〈明季遺儒朱舜水先生〉（1～4）　《暢流》　第 48
　　卷第 2～5 期，頁 5～7、頁 27～28、頁 24～26、頁 29～33。

荀　任，1905　〈朱、張二先生傳〉　《國粹學報》第 1 年乙巳，
　　　第 12 號，頁 1～5。

袁行霈，1985　〈弔朱舜水〉　《中日文化與交流》第 2 輯（北京：
　　　中國展望出版社），頁 185～188。

張伯謹，1980　〈在日本謁朱舜水墓記〉　《東方雜誌》復刊第 13
　　　卷第 7 期，頁 42～43。

張鶴琴，1983　〈日本儒學的古學派〉　《東方雜誌》第 17 卷第 5
　　　期，頁 24～29。

張曉虎，1986　〈朱之瑜〉　《清代人物傳稿》（上）（北京：中華
　　　書局），頁 264～272。

張立文，1990　〈評《轉機與革新──論中國畸儒朱之瑜》〉　《哲
　　　學動態》第 4 期，頁 19。

梁容若，1953　〈讀梁任公著《朱舜水年譜》〉　《大陸雜誌》第 7
　　　卷第 9 期，頁 10～13。

梁啟超，1923　〈黃梨洲、朱舜水乞師日本辯〉　《東方雜誌》第
　　　20 卷第 6 號，頁 54～56。

覃啟勛，2002　〈朱舜水治學理論初探〉　《武漢大學學報（人文
　　　科學版）》第 55 卷第 4 期，頁 404～408。

郭　垣，1951　〈民族志士朱舜水〉　《反攻》第 37 期，頁 16～
　　　18。
　　　1984　〈明末孤忠朱舜水的一生〉　《藝文誌》第 231 期，頁
　　　28～32。

郭魯林，1969　〈傳播中國文化於東瀛的朱舜水先生〉　《浙江月
　　　刊》第 1 卷第 9 期，頁 12～13。

陳克強，1967　〈朱舜水及其民族思想〉　《暢流》第 35 卷第 10
　　　期，頁 4～5。

陳荊和，1968　〈朱舜水「安南供役紀事」箋註〉　《中國文化研

究所學報》（香港）第 1 期，頁 208～245。

陳福康，2002　〈鄭思肖《心史》在日本〉　《中華文史論叢》第
　　68 輯，頁 309～327。

陳鵬仁，1980　〈朱舜水先生在日本〉　《東方雜誌》復刊第 13
　　卷第 7 期，頁 44～48。

陸　離，1976　〈朱舜水不「回歸」〉（上、中、下）　《浙江月刊》
　　第 8 卷第 3、4、6 期，頁 22～23、27～28、11～13。

溫茂華，1969　〈奠定明治維新精神的朱舜水〉　《學園》第 4 卷
　　第 7 期，頁 3、6。

彭國棟，1959　〈日本典籍所載明末遺老之史實〉　《文史薈刊》
　　第 1 期，頁 24～25。

童長義，1998　〈德川大儒伊藤仁齋與明遺臣朱舜水〉　《中國歷
　　史學會史學集刊》第 30 期，頁 219～243。

　　1999　〈日本文化思想研究的主體性〉　《東亞近代思想與社
　　會》（臺北：月旦出版社），頁 413～453。

　　1999　〈日本儒教史研究的回顧與展望－以伊藤仁齋研究為例〉
　　《思與言》第 37 卷第 2 期，頁 9～68。

黃玉齋，1958　〈明鄭成功等的抗清與日本〉　《臺灣文獻》第 9
　　卷第 4 期，頁 99～126。

　　1959　〈明鄭成功北伐三百週年紀念（己亥篇）〉　《臺灣文
　　獻》第 10 卷第 1 期，頁 1～65。

　　1961　〈明鄭史料與日本林羅山家〉　《臺北文物》第 10 卷第
　　2 期，頁 49～61。

　　1962　〈鄭成功時代與日本德川幕府〉　《臺灣文獻》第 13
　　卷第 1 期，頁 114～134。

　　1963　〈明鄭成功時代對於日本文化的貢獻〉　《臺灣文獻》
　　第 14 卷第 4 期，頁 207～229。

1969　〈朱舜水與我國對日本文化的貢獻〉　《臺灣文獻》第
　　　20 卷第 3 期，頁 125～148。

黃得時，1990　〈禮失求諸野（下）──中華文化在日本〉　《中
　　　外雜誌》第 47 卷第 3 期，頁 25～30。

董有華，1990　〈朱舜水譽滿扶桑〉　《浙江月刊》第 22 卷第 6
　　　期，頁 7～8。

趙子富，1994　〈朱之瑜與中國學校科舉制度在日本的傳播〉　《文
　　　史知識》第 12 期，頁 47～51。

蒙培元，1982　〈朱之瑜〉　《中國古代著名哲學家評傳》續編 4
　　　（濟南：齊魯書社），頁 337～384。

蔡　培，1944　〈水戶瑞龍山展朱徵君舜水先生墓記〉　《支那》
　　　10 月號，頁 30～31。

劉　凌，1989　〈朱舜水和《談綺》〉　《古籍整理出版情況簡報》
　　　第 208 期，頁 32～37。

劉志清，1963　〈朱舜水先生傳略及其學術思想〉　《人生》（香
　　　港）第 311 期，頁 13～19。

劉程遠，1972　〈朱舜水與日本文化〉　《建設》第 21 卷第 4 期，
　　　頁 14～16。

鄭毓瑜，2002　〈流亡的風景──〈遊後樂園賦〉與朱舜水的遺民
　　　書寫〉　《漢學研究》第 20 卷第 2 期，頁 1～28。

賴橋本，1978　〈朱舜水與日本文化〉　《國文學報》第 7 期，頁
　　　57～64。

盧守耕，1978　〈鄉賢朱舜水先生及其對於日本學術思想及建國之
　　　影響〉　《餘姚史料》第 3 期，頁 30～34。

錢　穆，1980　〈讀《朱舜水集》〉　《中國學術思想史論叢》8　（臺
　　　北：東大圖書公司），頁 12～19。

錢　明，1981　〈朱舜水的政治、學術思想及其對日本的影響〉　《浙

江學刊》總第 15 期，頁 109～114。

1986 〈黃梨洲朱舜水關係辨〉 《杭州大學學報》第 16 卷第 4 期，頁 28～34。

1995 〈朱舜水遺跡在日本〉 《浙江學刊》總第 92 期，頁 117～118。

1995 〈朱舜水事跡在故國的早期傳播〉 《浙江學刊》總第 94 期，頁 109～110。

1996 〈清末民初的朱舜水熱〉 《浙江學刊》總第 100 期，頁 86～90。

2000 〈朱舜水事跡回傳故國考之一〉 《孔孟月刊》第 39 卷第 4 期，頁 25～31。

戴瑞坤，1987 〈一代儒宗朱舜水先生〉 《逢甲學報》第 20 期，頁 1～25。

藍文徵，1959 〈朱舜水之思想〉 《東海學報》第 1 期，頁 149～163。

（二）日、英文

山本武夫，1970 〈《朱舜水文集》の成立をめぐって〉 《古記錄の研究》（東京：續群書類從完成會），頁 821～834。

久野勝彌，1975 〈栗山潛鋒〉 《水戶史學》第 3 號，頁 73～79。

1983 〈竹軒酒泉　弘〉 《水戶史學》第 18 號，頁 57～65。

中山久四郎，1944 〈朱舜水と文化交流溝通〉 《支那》第 35 卷第 5 號，頁 17～19。

1957 〈朱舜水と日本文化〉 《東京支那學報》第 3 號，頁 115～119。

1959 〈朱舜水先生年譜〉 《斯文》第 24 號，頁 5～8。

今關天彭，1943 〈朱舜水とその餘韻〉 《書苑》第 7 卷第 3 號，

頁 6～12。

1963 〈朱舜水の人物附張非文のこと〉 《東洋文化》復刊
第 5 號,頁 30～39。

戶協 武,1982 〈朱舜水先生記念碑におけるあいさつ〉 《日
中文化交流》第 322 號,頁 2～3。

木下英明,1984 〈舜水朱之瑜〉 《水戶史學》第 17 期,頁 51
～60。

1985 〈朱舜水の楠正成像贊について〉 《水戶史學》第 22
號,頁 30～53。

北鄉 康,1976 〈朱舜水の史學思想について〉 《水戶史學》
第 4 號,頁 24～30。

田中佩刀,1991 〈木下順庵先生のことなど〉 《斯文》第 100
號,頁 63～68。

石原道博,1949 〈經世濟民の道——朱舜水の思想と生涯〉 《教
育と社會》第 4 卷第 7 期,頁 22～26。

1954 〈鄭成功與朱舜水〉 《臺灣風物》第 4 卷第 8、9 期
合刊,頁 11～28。

1955 〈朱舜水之諱字與朱氏談綺〉 《臺灣風物》第 5 卷第
4 期,頁 7～16。

1955 〈板倉氏藏板「鄭成功贈歸化舜水書」に就て〉 《臺
灣風物》第 5 卷第 5 期,頁 4～7。

1956 〈朱舜水と康有為〉 《臺灣風物》第 6 卷第 5、6 期
合刊,頁 4～10。

1957 〈溫知彰考——朱舜水への關心など——〉 《茨城縣
史研究》第 9 號,頁 32～37。

1963 〈鄭成功、朱舜水、心越關係の二史料〉 (《典籍論
集》東京:岩吉博士古稀記念事業會),頁 49～56。

1964 〈朱舜水十二考〉 《茨城大學文理學部紀要》（人文科學）第 15 號，頁 1～12。

1964 〈朱舜水の世系について〉 《東洋史論叢》 東京：鈴木俊教授還曆記念會，頁 13～26。

1965 〈朱舜水關係史料補說〉 《茨城縣史研究》第 1 號，頁 48～59。

1973 〈朱舜水の映像——中國、ベトナム、日本に賭けた夢———〉 《月刊東風》第 17 號，頁 106～110。

1977 〈新建朱舜水碑記——德川光圀西山莊のほとりに〉 《日本歷史》第 346 號，頁 77～81。

1979 〈向陵朱舜水碑の周邊〉 《向陵》第 21 卷第 1 號，頁 87～89。

名越時正，1974 〈前期水戶學の國體論〉 《水戶史學》創刊號，頁 6～23。

1975 〈安積澹泊〉 《水戶史學》第 2 號，頁 45～48。

1982 〈菊潭吉弘元常〉 《水戶史學》第 16 號，頁 49～59。

吉田一德，1959 〈水戶義公光圀、今井弘濟と明末志士〉 《歷史地理》第 89 卷第 2 號，頁 8～22。

宋 越倫，1959 〈朱舜水を思う〉 《斯文》第 24 號，頁 1～4。

但野正弘，1974 〈佐佐宗淳〉 《水戶史學》創刊號，頁 63～66。

李 獻璋，1967 〈慶寬時代の長崎唐人をめぐる諸問題〉（中） 《中國學誌》，頁 89～183。

松下 忠，1967 〈朱舜水の詩文論〉 《斯文》第 49 號，頁 15～27。

松本純次郎，1942 〈朱舜水小考〉 《史學雜誌》第 54 卷第 7 號，頁 74。

松井雄水，1937 〈朱舜水墓〉 《掃苔》第 6 卷第 8 號，頁 238。

後藤蕭堂，1915　〈明末乞師孤忠張非文〉　《史學雜誌》第 26
　　卷第 8 號，頁 67～91。

徐　興慶，1989　〈鎖國後長崎來航の明人について――張非を中
　　心に〉　《九州史學》第 95 號，頁 37～48。

　　1991　〈朱舜水の學說について――柳川古文書館所藏の書翰
　　を中心に〉　《九州中國學會報》第 29 卷，頁 83～102。

　　1994　〈近世中日文化交流の一考察――「存誠長崎筆談」に
　　よる〉　《華岡外語學報》第 1 期，頁 21～39。

　　1995　〈日本に所藏されている朱舜水關係の未刊書簡〉《華
　　岡外語學報》第 2 期，頁 17～36。

張　其昀，1958　〈現代日本と中國文化――朱舜水渡日三百年を
　　前にして〉　《斯文》第 20 號，頁 1～6。

薄井己亥，1982　〈蘇える朱舜水〉　《水戶史學》第 16 號，頁
　　84。

藤澤　誠，1966　〈朱舜水の古學思想と我が古學派との關係〉
　　《東京支那學報》第 12 號，頁 27～43。

藤堂明保，1982　〈朱舜水先生記念碑の建立〉　《日中文化交流》
　　第 320 號，頁 1。

C. Y. Wang：1994　"Chu Shun Shui：His Contributions to and Influence
　　on Japan"《Chinese Culture Quarterly》35：9，p.p.15～23。

五、其他（報章）

（一）中文

王水照，1986.10.16.　〈舜水風範　長留東瀛〉　北京《文學報》。

王進祥，1976.6.7.　〈關於《朱舜水評傳》〉　臺南《中華日報》，

副刊。

朱力行，1976.7.1.　〈道義一貫・日中心交──記朱舜水逝世二百九十五週年日本建碑記〉　臺北《臺灣新生報》8 版。

安懷音，1952.3.19.　〈朱舜水二三事〉　臺北《中央日報》副刊。

宋越倫，1971.11.21～25.　〈朱舜水與日本〉1～5　臺北《臺灣新生報》5 版。

花萼樓主，1968.4.4.　〈朱舜水的學說及其弟子〉　臺北《中央日報》副刊。

陸　離，1973.7.7～15.　〈朱舜水與日本人〉1～9　臺北《臺灣新生報》8 版。

黃得時，1980.5.30.　〈朱舜水其人其事〉　臺北《中央日報》副刊。

劉焜輝，1969.10.7.　〈朱舜水墓瞻拜記〉　臺北《中央日報》副刊。

（二）日文

石原道博，1960.8.24.　〈朱舜水〉　東京《朝日新聞》7 版「學界余滴」。

石原道博，1976.6.4.　〈義公隱棲の地にも朱舜水の碑を建立〉　東京《朝日新聞》，（夕刊）7 版「文化」。

水鹽水在日本的活動及其重觀冊究

Summary

It's near and the transportation is convenient between China and Japan. People are coming and going and also culture products are trading frequently between two countries during Tang and Sui Dynasty. In Ming and Ching Dynasty which the situation were changed, some intellectuals sailed across the sea to Japan to seek the hide out. They people have contribution about Japan culture development, such as Chu Shun-Shui who is friendly, straight forward and upright as well as honest, he taught his Japanese friends and students with all he has learned, that made teachings of Confucianism in Edo times were really developed and also have influenced all. From the angle of Ming and Ching development, this article is intended to honor Chu Shun-Shui who suffered the hard time for disseminating Confucianism in overseas and his spirit. Chu Shun-Shui who put all the efforts and contribute so much for Confucianism that is how he became so important in all-Japan activities.

There are 7 chapters. First chapter is introduction. I will talk about why I personally want to discuss this. Sinology of Edo times was an important influence during the period of Japan became modern from the Meiji restoration. At that time, Chu Shun-Shui who sailed across the sea to Japan was employed to disseminate Confucianism due to primary and secondary causes that mand him to create a successful situation in the China and Japan culture history. Secondly, review all the studies about Chu Shun-Shui from Chinese and Japanese scholars and talk about the strengths and weakness. Thirdly, using record analysis method to write this article by the culture-changing angle.

The second chapter will talk about all the activities that Chu Shun-Shui had in Japan and will be talked in order. In this chapter we will discuss the activities he had during the 38 years he was in Japan: overseas period, fatigued in Nagasaki period, Edo times lecture period. We will talk about it as a vertical-section method.

In the third chapter, we will study the relationship between Chu Shun-Shui and his Japanese friends and students. Knowing his interaction relationship from the ways Chu Shun-Shui contacted with Tokukawa Mitsukuni, friends and students and we will then realize how he influenced all and we will discuss that by a cross-section method.

The forth chapter, we will study the relationship between Chu Shun-Shui and every Confucianism school in Edo times. From the talking by writing and the mails between Chu Shun-Shui and the representatives of Mito, Chu,Classical schools; we could try to discuss their close relationship with the age. Also, to proof that what Chu Shun-Shui disseminated was Confucianism basic on Confucius and Mencius ideology.

In chapter five and six, we will talk about all the contribution the Chu Shun-Shui had to Japanese culture: 1.To promote king ideology; 2.To emphasize theory and learning thoughts; 3.To guide for editing 'Japanese History'; 4.To plan an ideal education system; 5.To cultivate honest and upright customs; 6.Raise the usage of Chinese level.

Finally, chapter seven is the conclusion that talk about Chu Shun-Shui played an important role for Chinese and Japanese culture in 17 century.

索引

地名索引

永錄火在日本的活動及其直接母親說

跋語

林俊宏

　　十多年前，我為了編述臺灣作家年譜而查詢參考文獻的過程中，對梁任公編《朱舜水先生年譜》所記載，譜主朱氏處於亂世，避居日本，猶堅持其一貫信念，不屈不撓的讀書人風範，對江戶時代帶來多元化貢獻的傳奇性，留下深刻的印象。

　　負笈東京期間（1987～1993），利用課餘之暇，藉地利之便，訪察各處史蹟，追懷他當年流亡東瀛的生活景況及典型言行，蒐集有關朱氏的論文資料。基於這些機緣，四年前，決定撰寫這篇論文，以發揚其潛德的幽光。首先從研讀朱氏文集著手，參考學者發表的論著，構思論文架構，經多次請教師長，與友人討論，才找出研究的重點和方向。在資料方面，除了在坊間選購、向各圖書館借閱、抄錄、影印之外，為避免遺珠之憾，四次專程赴東京、水戶蒐集相關文獻，希望在古今中、日學者研究成果的基礎上，也能提出個人研究的心得，較有系統地詮釋朱舜水在日本活動的經緯及對日本儒學的貢獻。

　　在撰寫論文時，殫思竭慮，推敲朱氏作品的精義，心中不時浮現十七世紀日本江戶時代的生活情境，似與安東守約、人見竹洞、安積　覺等人同聞其謦欬，深刻感受到朱氏崇高人格散發出來的氛圍。為了慎重起見，希望本論文內容得到學者專家審查、批評的高見，作為修正闡釋的論點和取材的指南，以切近朱氏在日本活動的樣貌，於是從第貳、參章各抽出一部份，改寫為單篇論文，分別在學校法人昌平黌儒學文化研究所主辦「21世紀儒學文化に関する国

際会議」（日本福島・2000）宣讀 1 篇、《鵝湖》月刊（總號第 317、340 號）發表 2 篇、《永達學報》（第 12 期）發表 1 篇，由評論審查學者提出的修改意見，獲益良多。

四年來，承蒙恩師　青山　宏博士（日本大學大學院文理學部教授）殷切教誨，指導研究方針；學長大山昌道先生（日本大學）熱心協助，惠贈資料；玉置 淳先生賢伉儷暨長公子玉置 徹兄時寄關懷，情誼感人；又有侯淑娟博士（東吳大學）、孫雄先生（永達技術學院）、韓杰先生等多位老師及友人熱心協助、撥冗審閱部份初稿，提供改正意見；另外，得國家圖書館日韓資料室、日本國會圖書館、水戶市立圖書館、土浦市立圖書館和臺灣大學、清華大學、東海大學、永達技術學院等各校圖書館，同意利用其館藏資料，方便研究，謹此一併表示由衷的謝意。

國家圖書館出版品預行編目

朱舜水在日本的活動及其貢獻研究／林俊宏著-- 一版.
　　臺北市：秀威資訊科技，2004[民 93]
　　面 ； 　公分. -- 參考書目：頁 含索引
　　ISBN 978-986-7614-17-9(平裝)
　　1.（明）朱舜水 － 傳記
　　2.（明）朱舜水 － 學術思想 － 哲學
　　3. 儒家 － 日本

126.9　　　　　　　　　　　　　　93001474

 語言文學類　AG0013

朱舜水在日本的活動及其貢獻研究

作　　者／林俊宏
發 行 人／宋政坤
執行編輯／林秉慧
圖文排版／張慧雯
封面設計／黃偉志
數位轉譯／徐真玉　沈裕閔
圖書銷售／林怡君
網路服務／徐國晉
出版印製／秀威資訊科技股份有限公司
　　　　　台北市內湖區瑞光路 583 巷 25 號 1 樓
　　　　　電話：02-2657-9211　　　傳真：02-2657-9106
　　　　　E-mail：service@showwe.com.tw
經 銷 商／紅螞蟻圖書有限公司
　　　　　台北市內湖區舊宗路二段 121 巷 28、32 號 4 樓
　　　　　電話：02-2795-3656　　　傳真：02-2795-4100
　　　　　http://www.e-redant.com

2006 年 7 月 BOD 再刷
定價：340 元

讀 者 回 函 卡

感謝您購買本書，為提升服務品質，煩請填寫以下問卷，收到您的寶貴意見後，我們會仔細收藏記錄並回贈紀念品，謝謝！

1. 您購買的書名：_____

2. 您從何得知本書的消息？

　　□網路書店　□部落格　□資料庫搜尋　□書訊　□電子報　□書店

　　□平面媒體　□ 朋友推薦　□網站推薦　□其他_____

3. 您對本書的評價：(請填代號　1.非常滿意 2.滿意 3.尚可 4.再改進)

　　封面設計____　版面編排____　內容____　文/譯筆____　價格____

4. 讀完書後您覺得：

　　□很有收獲　□有收獲　□收獲不多　□沒收獲

5. 您會推薦本書給朋友嗎？

　　□會　□不會，為什麼？_____

6. 其他寶貴的意見：_____

_____

_____

_____

讀者基本資料

姓名：_____　年齡：_____　性別：□女 □男

聯絡電話：_____　E-mail：_____

地址：_____

學歷：□高中(含)以下　　□高中　　□專科學校　　□大學

　　　□研究所(含)以上 □其他_____

職業：□製造業 □金融業 □資訊業 □軍警 □傳播業 □自由業

　　　□服務業 □公務員 □教職　□學生 □其他_____

To：114

台北市內湖區瑞光路 583 巷 25 號 1 樓

秀威資訊科技股份有限公司　　　收

寄件人姓名：

寄件人地址：□□□

(請沿線對摺寄回,謝謝!)

秀威與 BOD

BOD（Books On Demand）是數位出版的大趨勢，秀威資訊率先運用 POD 數位印刷設備來生產書籍，並提供作者全程數位出版服務，致使書籍產銷零庫存，知識傳承不絕版，目前已開闢以下書系：

一、BOD 學術著作—專業論述的閱讀延伸
二、BOD 個人著作—分享生命的心路歷程
三、BOD 旅遊著作—個人深度旅遊文學創作
四、BOD 大陸學者—大陸專業學者學術出版
五、POD 獨家經銷—數位產製的代發行書籍

BOD 秀威網路書店：www.showwe.com.tw
政府出版品網路書店：www.govbooks.com.tw

永不絕版的故事・自己寫・永不休止的音符・自己唱